Klemme | Kants »Grundlegung zur Metaphysik der Sitten«

W0310894

Heiner F. Klemme

Kants »Grundlegung zur Metaphysik der Sitten«

Ein systematischer Kommentar

Reclam

Meinen Töchtern Hanna und Luisa

RECLAMS UNIVERSAL-BIBLIOTHEK Nr. 19473
2017 Philipp Reclam jun. GmbH & Co. KG,
Siemensstraße 32, 71254 Ditzingen
Gestaltung: Cornelia Feyll, Friedrich Forssman
Druck und Bindung: Canon Deutschland Business Services GmbH,
Siemensstraße 32, 71254 Ditzingen
Printed in Germany 2017
RECLAM, UNIVERSAL-BIBLIOTHEK und
RECLAMS UNIVERSAL-BIBLIOTHEK sind eingetragene Marken
der Philipp Reclam jun. GmbH & Co. KG, Stuttgart
ISBN 978-3-15-019473-7

Auch als E-Book erhältlich

www.reclam.de

Inhalt

Vorwort

»Ich kann einen andern niemals überzeugen
als durch seine eigenen Gedanken.«
(Immanuel Kant, um 1765)

Der Herbst 1784 hat in der Philosophie Epoche gemacht. Fast zeitgleich schließt Kant seine Arbeiten an zwei Manuskripten ab. Mit ihrer Publikation verändert sich die philosophische Signatur der Moderne. Bereits im Dezember des Jahres erscheint in der *Berlinischen Monatsschrift* der Aufsatz »Beantwortung der Frage: *Was ist Aufklärung*?«. Anscheinend ein Satz für die Ewigkeit: »*Aufklärung ist der Ausgang des Menschen aus seiner selbst verschuldeten Unmündigkeit*« (8:35). Wir können diese Definition problematisieren, ablehnen, zu widerlegen versuchen, aber wir können sie nicht ignorieren. Auch deshalb nicht, weil uns Aufklärung nach Kant geboten ist: »Sapere aude! Habe Muth dich deines *eigenen* Verstandes zu bedienen! ist also der Wahlspruch der Aufklärung!« (Ebd.) Doch was geht mich heute noch der »Wahlspruch der Aufklärung« an, möchte man fragen. Was kümmert mich meine Unmündigkeit, wenn die Stimmung gut, die Familie gesund und die Felder bestellt sind?

Doch unter dem Banner der Aufklärung sind auch diejenigen Menschen verpflichtet sich zu versammeln, denen ihre »selbst verschuldete Unmündigkeit« lieb und teuer geworden ist. Das begründet sich durch ein Prinzip, das Thema von Kants zweitem Manuskript ist. Es erscheint mit einiger Verzögerung im April 1785 unter dem Titel *Grundlegung zur Metaphysik der Sitten* im Druck.[1] Das Thema dieses Buches ist der kategori-

1 Wie alle von Hartknoch in Riga zwischen 1781 (*Kritik der reinen Vernunft*) und 1787/88 (*Kritik der praktischen Vernunft*) verlegten Werke Kants ist auch die *Grundlegung* in Halle gedruckt worden. –

sche Imperativ. Dieser Imperativ stellt das Prinzip der Moralität dar. Er gebietet uns, ausschließlich nach solchen Regeln (Maximen) unseres Wollens zu handeln, die sich zu einer (gedachten) allgemeinen Gesetzgebung auf bestimmte Weise verhalten. Unter einem Gesetz versteht Kant eine praktische Regel, die aufgrund ihrer Vernünftigkeit von allen Vernunftwesen gebilligt werden kann. Ein Gesetz gilt allgemein und notwendig.

Was wie das Organisationsprinzip einer preußischen Garnisonsstadt klingt, steht in Wahrheit im Dienste der Freiheit und markiert einen radikalen Bruch mit der moralphilosophischen Tradition. Der Mensch ist nach Kant nur denjenigen Gesetzen im Gebrauch seines freien Willens unterworfen, die er sich als Vernunftwesen selbst gibt. Weder Gott, noch Natur, noch Fürst, sondern die reine (empirisch unbedingte) Vernunft selbst ist der Grund unserer Pflichten. Der kategorische Imperativ erhebt die Pflicht nicht auf die Ebene eines Fetischs. Er ist vielmehr das Prinzip eines Willens, der nur deshalb ein *eigener* Wille sein kann, weil er sich durch die *eigene* (und zugleich *allgemeine*) Vernunft bestimmt. Die reine Vernunft gibt uns das Gesetz, sie ist unser »eigentliches Selbst« (457, vgl. KrV B 158). Nach ihrer Façon sollen wir als Menschen in der Welt tätig werden.

Mit dem kategorischen Imperativ ist ein neuer Begriff von Autonomie und Selbstbestimmung, der Achtung vor dem moralischen Gesetz und der Würde des Menschen, des Reichs der Zwecke und eben auch der Aufklärung verbunden. Ähnlich,

Für eine nähere Beschäftigung mit der *Grundlegung* sind zwei studentische Nachschriften von Kants Vorlesungen über Naturrecht (*Naturrecht-Feyerabend*; 27:1317–1394 und Kant 2010–2014) vom Sommer 1784 und über Moralphilosophie (*Moral Mrongovius II*; 29:595–642) vom Winter 1784/85 hilfreich.

wie ich nach dem kategorischen Imperativ handeln soll, weil ich dies als reines Vernunftwesen immer schon will, soll ich mich meines *»eigenen* Verstandes« bedienen. Die Vernunft ist etwas Allgemeines, aber sie muss sich in dem Gebrauch konkretisieren, den jeder einzelne Mensch von diesem Vermögen macht. Die reine Vernunft will praktisch, sie will im Gebrauch unseres freien Willens erhalten werden. Sie ist der Grund, warum wir als Endzwecke der Natur existieren. Wenn es keine Vernunft gibt, dann gibt es auch keine Freiheit. Wenn es keine Freiheit gibt, dann gibt es keine Unmündigkeit und kein vernünftiges Verlangen danach, diesen Zustand in einem Prozess der selbstinitiierten Aufklärung zu überwinden. Wir wären nur ein Stück Natur. Nicht der Rede wert. Mit der reinen Vernunft setzt die Natur dem Menschen die Krone auf. Jetzt muss er sich ihrer auch würdig erweisen.

Der vorliegende Kommentar möchte einführend mit der *Grundlegung* und mit der in ihr entwickelten Lehre vom kategorischen Imperativ als dem Grundprinzip von Kants gesamter Philosophie der Freiheit vertraut machen. Dies geschieht in enger Auseinandersetzung mit den Begriffen und Methoden, die er in dieser Schrift selbst zur Anwendung bringt. Hinweise auf die äußerst umfangreiche Sekundärliteratur können nur hin und wieder gegeben werden. Die Diskussion der heute teilweise äußerst spezialisierten Forschung hätte den Rahmen der vorliegenden Einführung gesprengt. Zudem birgt ein Zuviel an Sekundärliteratur die Gefahr, den Blick für das Wesentliche zu verlieren: Kants philosophisches Anliegen und die Art und Weise, in der er seine Argumentation entwickelt. Eine Auswahl an informativen Publikationen findet sich in den Literaturhinweisen.

Der Kommentar ist aus der Perspektive der *Grundlegung*, nicht (beispielsweise) der Analytischen Philosophie und Metaethik geschrieben worden. Aus diesem Grunde werden auch keine Begriffe zur Anwendung gebracht, die dieser Schrift äußerlich und fremd sind. Erfahrungsgemäß stiften sie mehr Verwirrung als Klarheit. Ist Kants Ethik deontologisch oder teleologisch? Vertritt Kant einen Internalismus oder Externalismus moralischer Gründe und Motive? Über Fragen wie diese lässt sich trefflich streiten. Der Kommentar beteiligt sich nicht an diesem Streit, sondern thematisiert die Voraussetzungen, unter denen ein solcher Streit erst geführt werden kann.

In der »Einleitung« wird zunächst über einige philosophische Motive informiert, die Kant mit und in dieser Schrift verfolgt. In Teil I werden Grundlagen und Voraussetzungen historischer und philosophischer Art angesprochen, die für das Verständnis der *Grundlegung* von erheblicher Relevanz sind. Eine erschöpfende Erörterung der Quellen von Kants Ethik hätte dabei natürlich auch den Rahmen des vorliegenden Kommentars gesprengt. Die Teile II–IV folgen der Gliederung von Kants Schrift. Der abschließende Teil V ist einigen Gedanken zum philosophischen Charakter von Kants reiner Moralphilosophie vorbehalten.

Für die Lektüre früherer Fassungen dieses Kommentars (oder Teile von ihm), für hilfreiche Hinweise und Kritik danke ich vor allem Manfred Baum (Wuppertal), Reinhard Brandt (Marburg), Gabriel Rivero (Mannheim) sowie Antonino Falduto, Katerina Mihaylova und Falk Wunderlich (Halle).

Zur Zitierweise

Die *Grundlegung* wird (mit kleineren Korrekturen) nach der von Theodor Valentiner (Stuttgart 1961 u. ö.) auf der Grundlage von Band 4 (S. 385–463) der Akademie-Ausgabe von Kants *Gesammelten Schriften* (Berlin 1900 ff.) veranstalteten Ausgabe unter Angabe der Seitenzählung der Akademie-Ausgabe zitiert. Die *Kritik der reinen Vernunft* wird wie üblich nach der Paginierung der ersten und zweiten Originalausgabe von 1781 (A) und 1787 (B) zitiert. Zitate aus anderen Schriften Kants werden durch Verweis auf die Band- und Seitenzählung der Akademie-Ausgabe belegt.

Einleitung

Die *Grundlegung* ist das Resultat einer mehrere Jahrzehnte umfassenden Beschäftigung Kants mit dem Problem der moralischen Verbindlichkeit: Wie ist es möglich, dass wir in unserem Wollen durch die Vernunft selbst zum Vollzug konkreter Handlungen (Pflichten) verbunden oder verpflichtet werden? Pointiert formuliert, löst Kant dieses Problem unter Rückgriff auf eine Auffassung von Freiheit und Gesetz, wie sie zuvor Jean-Jacques Rousseau (1712–1778) im Bereich der politischen Philosophie vertreten hat: Die Gesetze, die wir uns *selber* geben, widersprechen unserer Freiheit nicht, sie heben sie nicht auf. Wir bedürfen dieser Gesetze vielmehr, um unsere »sittliche Freyheit« zu erlangen. In den Worten der deutschen Originalübersetzung des *Contrat social* (1762) ausgedrückt: Die »sittliche Freyheit« allein macht »den Menschen zum Wahren Herrn über sich selbst […]; dahingegen die Leitung der Begierden Sclaverey, und nur die Beobachtung der Gesetze, die man sich selbsten vorschreibet, Freyheit ist.« (1763, 72; II 8) Freiheit ist nicht irgendeine Eigenschaft des Menschen. Sie erhebt ihn über alles andere in der Natur. Die Freiheit befreit den Menschen von der Herrschaft der Natur. An seiner Freiheit ist dem Menschen als Vernunftwesen am meisten gelegen. Da Freiheit eine Befugnis, das Gesetz aber eine Notwendigkeit ausdrückt, durch die diese Befugnis begrenzt wird, ist das Gesetz nur dann mit dem Gedanken einer Herrschaft über sich selbst vereinbar, wenn wir uns dieses Gesetz selbst geben. Wir sind zugleich Adressaten und Ursprung des Gesetzes, nach dessen Vorstellung wir als reine Vernunftwesen handeln. Es ist diese Idee, die Idee einer Vermittlung von Freiheit und Gesetz, die den Menschen zum Souverän seines Freiheitsgebrauchs erklärt, die Kant seit seiner Lektüre von Rousseau nicht mehr losgelassen hat. In »der Herrschafft über sich selbst«, führt

Kant in einer Vorlesung über Moralphilosophie aus, besteht die »unmittelbare Würde« (2004, 205) des Menschen. Sie macht ihn von allen Dingen unabhängig. In einer Vorlesung über Anthropologie vom Winter 1781/82 spricht er von der »Maxime« und dem »Grundsatz« der »Selbsterhaltung der gesunden Vernunft, nicht des Menschen sondern der Vernunft, d. i. ich muß nichts annehmen, was den freien Gebrauch der Vernunft unmöglich machen würde.« (25:1049–1050)

Zwar hatte bereits ein Philosoph wie Christian Wolff (1679–1754) betont, dass der Mensch aufgrund seiner Freiheit »vermittelst seiner Vernunfft« sich selbst »ein Gesetze« (1720, § 24) sei, vom »Richterstuhle der Vernunft« (1754, Vorrede, iii) gesprochen und mit Cicero darauf hingewiesen, »daß die Rechtswissenschaft nicht aus den zwölf Tafeln, noch aus den Befehlen der Prätoren, sondern allerdings aus dem innersten der Philosophie herzuholen sey.« (1754, Vorrede, IV) Und Kants hallescher Kollege Georg Friedrich Meier (1718–1777) nannte den freien Willen »die Krone aller Kräfte der menschlichen Seele« (1764, I, § 8). Aber kein Philosoph der Moderne hatte die Freiheit so sehr in den Mittelpunkt der Bestimmung des Menschen gestellt wie Rousseau. Keiner war auf die Idee gekommen, den Menschen zum Urheber sittlicher Gesetze zu machen. Mit Rousseau beginnt der moralische Kosmos sich um den Menschen und der Mensch sich um seine Freiheit und Selbstgesetzgebung zu drehen.

Kant zeigt sich seit seiner Lektüre von Rousseaus Schriften Anfang der 1760er Jahre vom Freiheitspathos des Genfer Philosophen beeindruckt. Erst in seiner Schrift von 1785 gelingt ihm jedoch der große theoretische Wurf: Autonomie ist der Schlüssel zum Verständnis unserer Pflichten. Der Ursprung und die Quelle des uns zu bestimmten Handlungen verpflichtenden moralischen Gesetzes ist die reine Vernunft. Als vernünftige Wesen verpflichten wir uns selbst. Die Freiheit in das Zentrum der Bestimmung des Menschen zu stellen, bedeutet für Kant zweierlei: Dass die Freiheit des Menschen sein »eigentliches Selbst« ausmacht, und dass der Mensch im Gebrauch seiner Freiheit verbunden ist, sich einem Gesetz zu unterwerfen, welches er sich selbst gibt.

Wie aber können wir einem Gesetz unterworfen sein, welches wir uns selbst aufgrund unserer vernünftigen Natur geben? In welchem Verhältnis steht das moralische Gesetz (das Gesetz der Freiheit) zu den Gesetzen der Natur? In welchem zu unseren Gefühlen und Begierden? Was ist der Ursprung der Notwendigkeit? Welches ist die Quelle der moralischen Verbindlichkeit? Wie verhält sich die Notwendigkeit zur Verbindlichkeit? Wie können wir das moralische Gesetz erkennen? Gibt es einen freien Willen?

In der *Grundlegung* wendet sich Kant der Beantwortung dieser und anderer Fragen im Rahmen von Überlegungen zu, die der »Aufsuchung und Festsetzung *des obersten Prinzips der Moralität*« (392) dienen. Das *»oberste Prinzip der Moralität«*: das ist der kategorische Imperativ. Rousseau spricht vom allgemeinen Willen (»volonté générale«), Kant vom Willen als Grund einer allgemeinen Gesetzgebung. Dass die Frage nach dem kategorischen Imperativ als Frage nach seiner *Möglichkeit* formuliert werden muss, notiert Kant bereits in einer aus dem Jahr 1772 stammenden Reflexion:

> »Die Gantze Schwierigkeit bey dem Streit über das principium der moral ist: wie ein categorischer imperativus möglich sey, der nicht conditional ist, weder sub conditione problematica noch apodictica (der Geschicklichkeit. Klugheit). Ein solcher imperativus sagt, was ursprünglich, primitive Gut ist.«[1]

1 19:141–142. In einer seiner Vorüberlegungen zu den *Prolegomena zu*

Kant beansprucht nicht, das Prinzip der Moral erfunden oder konstruiert zu haben. Es liegt dem moralischen Selbstverständnis der Menschen seit alters her zu Grunde. Die Philosophie kann aufklären und entdecken, sie kann im Bereich der Moral aber nichts erfinden. In seiner Vorlesung über Anthropologie (1772/73) schreibt er, dass »die ganze Moral nur eine analysis des vorraths von Begriffen und Reflexionen« ist, »die der Mensch im dunckeln schon hat. Ich lehre da nichts neues« (25:20). In der *Kritik der reinen Vernunft* heißt es entsprechend:

> »Ich nehme an, daß es wirklich reine moralische Gesetze gebe, die völlig a priori (ohne Rücksicht auf empirische Bewegungsgründe, d. i. Glückseligkeit,) das Tun und Lassen, d. i. den Gebrauch der Freiheit eines vernünftigen Wesens überhaupt bestimmen [...]. Diesen Satz kann ich mit Recht voraussetzen, nicht allein indem ich mich auf die Beweise der aufgeklärtesten Moralisten, sondern auf das sittliche Urteil eines jeden Menschen berufe, wenn er sich ein dergleichen Gesetz deutlich denken will.«[2]

einer jeden künftigen Metaphysik, die als Wissenschaft wird auftreten können (1783) wiederholt er diese Frage: »Es haben schon längst Moralisten Eingesehen daß das Princip der Glückseeligkeit niemals eine reine Moral sondern nur eine Klugheitslehre die sich auf ihren Vortheil versteht, gebe. [...] daß aber der moralische Imperativ unbedingt seyn müsse [...]. Nun ist die Frage wie ist ein categorischer Imperativ möglich wer diese Aufgabe auflöset, der hat das echte Princip der Moral gefunden. [...] Ich werde die Auflösung in Kurzem darlegen« (23:60; vgl. 27:1324).

2 KrV A 807 / B 835. In einer Logik-Vorlesung (1782) drückt Kant seine Vermutung aus, dass wir in der Moral »nicht weiter [...] gekommen« sind »als die alten Stoiker« (1998, 302; vgl. 529, 5:126–127 und 9:32).

Die Prinzipien der praktischen Vernunft haben in ihrem praktischen Gebrauche »objektive Realität« (KrV A 808 / B 836). Wir erkennen also ihre »objektive Realität«, sobald wir sie uns »deutlich denken«.

Dass die *Grundlegung* trotz aller Vordenker und aller Erbschaften, die sie antritt, »eine neue Epoche in der Geschichte der Philosophie« (Stäudlin 1824, 96) eröffnet, ist seinen Lesern von Anfang an bewusst gewesen. Dies hängt einerseits mit den in ihr entfalteten neuartigen Begriffen von reiner praktischer Vernunft und Gesetz, andererseits mit seiner radikalen Kritik am ethischen Eudämonismus, d. h. also an der Lehre vom Glück als dem höchsten Gut oder Zweck unseres Handelns, zusammen. Gingen die maßgeblichen Philosophen vor Kant davon aus, dass Tugend und Pflicht als Funktionsbegriffe des (wahren) menschlichen Glücks zu verstehen sind, vertritt der Königsberger Philosoph die Ansicht, dass die Moralität unseres Handelns durch die einseitige Berücksichtigung unseres Glücks untergraben wird. Die einzige Quelle der Verbindlichkeit ist die reine Vernunft.

Fragen wir nach den Bedingungen, unter denen eine praktische Regel ein moralisches Gesetz sein kann, stoßen wir auf die reine Vernunft mit ihren Begriffen a priori. Diese Begriffe[3] bestimmen unseren Willen, d. h. sie machen ihn zu dem, was dieser Wille seinem Wesen nach ist. Das moralische Gesetz *ist* die sich selbst durch ihre eigenen Begriffe zum Handeln bestimmende reine Vernunft. Freiheit und Notwendigkeit widersprechen sich nicht. Ohne Notwendigkeit gibt es keine Freiheit, weil sich die Freiheit ohne das Gesetz selbst zerstört. Die Form, das Wesentliche der Vernunft, ist die Notwendig-

3 Im engeren Sinne handelt es sich nur um einen einzigen Begriff, nämlich den Freiheitsbegriff (die Idee der Freiheit), dem die Naturbegriffe gegenüberstehen (vgl. 328 ff., 5:134, 5:171–172).

keit (vgl. 17:312). Wenn es überhaupt ein moralisches Gesetz gibt, dann muss es »absolute Notwendigkeit bei sich führen« (389; vgl. 463). Die Notwendigkeit einer Handlungsregel macht diese zu einem Gesetz. Ein Gesetz gilt allgemein, für alle Vernunftwesen.

Kant unterscheidet zwischen der Eigenschaft des moralischen Gesetzes, von »absoluter Notwendigkeit« zu sein, und seiner Funktion als »Grund einer Verbindlichkeit« (389). Grund einer moralischen Verbindlichkeit kann das moralische Gesetz zwar nur deshalb sein, weil es von »absoluter Notwendigkeit« ist (vgl. 19:142). Aber das moralische Gesetz kann nur diejenigen Wesen verpflichten, die ihrer eigenen Natur nach diesem Gesetz *nicht* mit Notwendigkeit folgen. Ein reines Vernunftwesen handelt mit Notwendigkeit nach dem moralischen Gesetz. Aber es ist nicht verpflichtet (verbunden), dies zu tun. Es muss zur Befolgung des Gesetzes nicht *genötigt* werden. Die Verbindlichkeit des moralischen Gesetzes wird in einem kategorischen Imperativ ausgedrückt. Es verwendet sich an Wesen, die ihrer eigenen Natur nach auch unvernünftig handeln könnten. Die reine Vernunft verpflichtet den Menschen jedoch, nach Prinzipien zu handeln, nach denen reine Vernunftwesen mit Notwendigkeit handeln, bloß weil sie vernünftig sind. Der Mensch aber strebt immer auch nach seiner eigenen Glückseligkeit. Das Verlangen nach ihr motiviert ihn, Handlungen zu vollziehen, die mit der Idee einer allgemeinen Gesetzgebung nicht vereinbar sind.

Kant mutet seinen Lesern einiges zu. Nach einer programmatischen, Inhalt, Methode und systematischen Kontext erläuternden Vorrede präsentiert er seine Überlegungen in drei Abschnitten. Niemals zuvor ist in der Geschichte der Ethik der Versuch unternommen worden, den Bedeutungsgehalt eines praktischen Prinzips aus verschiedenen epistemischen Perspektiven zu beleuchten, die nach einer bestimmten Logik aufeinanderfolgen: Alle sittliche Erkenntnis ist entweder bloß »gemeine« oder schon »philosophische« Vernunfterkenntnis. Und die »philosophische« Vernunfterkenntnis ist entweder »populäre Moralphilosophie«, »Metaphysik der Sitten« oder »Kritik der reinen praktischen Vernunft« (392). Und niemals zuvor hat ein Autor sich zu schreiben erlaubt, dass die Analyse der »gemeinen sittlichen Vernunfterkenntnis« in eine »Kritik der reinen praktischen Vernunft« münden wird, in der das, was die gemeine Vernunft dunkel denkt, zur begrifflichen Deutlichkeit gebracht werden wird. Kant nimmt sich die Freiheit, den Egalitarismus von Rousseau, der in seinem *Emile* (1762) die natürliche Sittlichkeit des Menschen betont hat, mit der Metaphysik von Wolff und Alexander Gottlieb Baumgarten (1714–1762) zusammenzuführen. Jeder Mensch, ob Bauer oder Bettelmann, hat Einsicht in die ihn in seinem Wollen verbindende Kraft und Würde des moralischen Gesetzes. Jedoch kann es uns nur als Metaphysiker und Vernunftkritiker gelingen, dieses Gesetz auf den Begriff zu bringen. Wir können die Moral »gar nicht fühlen« (29:625). Wir müssen sie denken, in Begriffe fassen. Gelingt dies, dann erweist uns die Theorie der Moral auch einen praktischen Dienst, werden wir uns im Leben besser moralisch orientieren können.

Dass keine Interpretation und kein Kommentar die eigenständige Lektüre eines philosophischen Textes ersetzen können, mag eine Binsenweisheit sein. Für die *Grundlegung* bestätigt sie sich auf nachdrückliche Weise. Die in ihr entfaltete Dynamik des Denkens kann in keinem Meta-Text simuliert werden. Dieser kann immer nur Hilfestellungen von der Art geben, die in Anspielung auf Kants Aufsatz »Was heißt: sich im Denken orientieren?« (8:131–147) als Orientierung im eigenen Denken über das Denken Kants bezeichnet werden könnte. Im Denken über Kants Denken sollte zweierlei nicht vergessen werden:

Erstens wird schnell klar, dass Kants eigenes Denken von begrifflichen Voraussetzungen lebt und mit philosophischen Erwartungen einhergeht, die sich in der Übernahme und in der Auseinandersetzung mit bestimmten Philosophen und Traditionen zeigt. Es scheint deshalb hilfreich zu sein, in einem Kommentar wie dem vorliegenden zumindest gelegentlich die Kontexte zu erläutern, in denen sich Kant orientiert.

Zweitens kann dies mit gleichem Recht von uns Interpreten gesagt werden. Was dies für die Interpretation eines philosophischen Textes im Einzelnen bedeutet, bedürfte vieler Worte, für die hier nicht der Ort ist. Für die vorliegende Interpretation gilt zumal, dass sie nach dem Prinzip hermeneutischer Angemessenheit geschrieben ist. Sie wendet sich an Leser, die auf die Gründe und Argumente neugierig sind, die Kant im Rahmen der Grundlegung einer Disziplin vorträgt, die er »Metaphysik der Sitten« oder (in einer Vorlesung) »Metaphysic der Freyheit« (29:599) nennt.

Ob die *Grundlegung* den Leser philosophisch zu überzeugen vermag, steht selbstverständlich auf einem anderen Blatt. Aber er sollte über sie nicht urteilen, ohne sie zuvor durchdacht zu haben. Und er wird diese Schrift kaum mit Gewinn lesen können, wenn er sie von vornherein aus der Perspektive einer sich selbst gewissen (Post-)Moderne beurteilt, die die Rede von *der* Vernunft im Singular für ein zweckfreies Sprachspiel hält. Der Schatten der Vernunft ist die Kontingenz, der Zufall, die Beliebigkeit, die Subjektivität unseres Glaubens und Meinens. Bewegen wir uns im Schatten der Vernunft, orientieren wir uns nicht an Gründen. Wir wollen überreden, manipulieren, Macht ausüben, Interessen realisieren. Die Vernunft hat ihre Grenzen, aber sie ist für uns alternativlos. Davon jedenfalls ist Kant überzeugt.

Trotz aller berechtigten relativistischen Einsprüche und Bedenken sind wir gut beraten, das normative Potenzial von Kants praktischer Philosophie nicht zu unterschätzen, seine Auffassungen nicht von vornherein historisierend zu entschärfen. Wir sollten uns auch im Klaren darüber sein, dass im Namen von Tradition und Konvention, Gefühl und Erfahrung geübte Vernunftkritik und Metaphysikverachtung Größen sind, die Kant sehr gut vertraut waren. Wir sollten dem Philosophen aus Königsberg die Chance geben, uns zu überzeugen. Ob Metaphysik vielleicht doch als Wissenschaft möglich ist? Und ob eine Vernunft praktische Wirklichkeit hat, die der Ursprung von Regeln des Wollens ist, die für alle Vernunftwesen gelten? Sollte es keine unseren Willen unbedingt bindenden Regeln (praktische Gesetze) geben, würde die Moral jedenfalls eine Angelegenheit von Anthropologie und Psychologie sein. Moral würde nichts anderes sein als ein System von hypothetischen Imperativen. Wenn es überhaupt einen moralischen Standpunkt gibt, dann wird er Kants Auffassung nach durch die reine Vernunft definiert. Sie ist die Quelle der Notwendigkeit, die »das Eintrittsbillett in die Kantische Philosophie« (Brandt 2014, 352) darstellt. Es gehört zu den Erwartungen, die wir an Kants *Grundlegung* stellen, dass sie uns zu verstehen hilft, wie die ihrem Begriff nach auf das Unbedingte und Notwendige zielende reine Vernunft praktisch werden kann.

I. Grundlagen und Voraussetzungen

Philosophie und Freiheit

Philosophie ist eine Wissenschaft. Ihr wissenschaftlicher Charakter beruht auf Begriffen, Prinzipien und Zwecken, die ihren Ursprung in einem Vermögen haben, welches Kant »Verstand«, »Vernunft« oder auch »das Vermögen der Spontaneität« nennt. Insofern der Philosoph diese Begriffe und Prinzipien durch den Gebrauch seiner reinen Vernunft erkennt, »studiert er die Gesetzgebung der Vernunft.« (1998, 540; vgl. 520–521) Denken ist kein Widerfahrnis, nicht etwas, das mit uns und in uns geschieht. Denken ist vielmehr Ausdruck einer Spontaneität, derer wir uns bewusst sind, sobald wir sie in Anspruch nehmen. Im Denken verknüpfen wir unsere Begriffe miteinander. Denken ist aber nicht identisch mit Erkennen. Wir können uns Gegenstände denken, die wir nicht erkennen können. Wir wissen nicht, ob es sie gibt.

Ein berühmtes Beispiel ist Gott: Wir können uns einen Begriff von ihm machen, seine Existenz aber nicht förmlich erkennen. Ebenso wenig können wir beweisen, dass Gott nicht existiert. Der Begriff »Gott« gehört nicht zu den reinen Verstandesbegriffen, die objektive Realität haben, wenn sie auf sinnlich gegebene Vorstellungen bezogen werden. Diese Idee ist Kants Auffassung nach eine Vernunftidee. Als Vernunftwesen denken wir uns Gott als erste Ursache der Existenz der Welt. Denn der Gedanke, dass die Welt ohne Ursache in ihre Existenz getreten ist, ist unvernünftig. Reine Begriffe können also auch eine Bedeutung haben, obwohl wir uns mittels ihrer auf keinen in Raum und Zeit gegebenen Gegenstand beziehen.

Ein anderes Beispiel ist der Begriff der Freiheit. Kant definiert Freiheit in einer Bedeutung des Wortes als »eine *absolute*

Spontaneität der Ursachen, eine Reihe von Erscheinungen, die nach Naturgesetzen läuft, *von selbst* anzufangen«. Dies ist die »transzendentale Freiheit« (KrV A 446 / B 474). Traditionell wird Gott transzendentale Freiheit zugeschrieben: Er ist die erste Ursache der Welt. Sie bezeichnet aber auch die Eigenschaft einer Ursache, Ereignisse *in* der Welt zu bewirken, die in ihrem eigenen Wirken unter den Gesetzen der Natur stehen. Worauf es Kant mit dem Begriff der Handlung ankommt, ist der Gedanke, dass sie einem Menschen nur dann zugerechnet (imputiert) werden kann, wenn er sie gewollt hat, wenn es also eine freie Handlung ist.

Beziehen wir die Frage nach der transzendentalen Freiheit auf den Menschen, müssen wir zwischen der Spontaneität unseres Denkens und unseres Willens unterscheiden. Es ergibt nach Kant keinen Sinn, den Begriff der transzendentalen Freiheit auf unser Denken zu beziehen, wohl aber auf unseren Willen. Denn es ist unser Wille, durch den wir handelnd in die Geschehnisse der Welt eingreifen. Ist unser Wille frei? Sind wir befähigt, Handlungen in der Welt zu bewirken, ohne in unserem Wollen unter den allgemeinen Gesetzen der Natur zu stehen? Verfügen wir über eine Form der Spontaneität des Handelns, so wie es in dieser Welt vielleicht kein anderes Lebewesen aufzuweisen vermag? Die Freiheit ist eine transzendentale Idee, also ein Begriff, dessen objektive Realität nicht durch Verweis auf einen sinnlichen Anschauungsgehalt aufgewiesen werden kann. Aber immerhin handelt es sich um eine Idee unserer reinen Vernunft. Wir können diese Idee widerspruchsfrei denken. Und wir können (davon ist Kant in der *Kritik der reinen Vernunft* überzeugt) beweisen, dass es keinem Kritiker des Begriffs der Freiheit (den Kant einen »Fatalisten« nennt) gelingen wird, seine reale Unmöglichkeit zu beweisen. Die theoretische Philosophie erklärt die transzendentale Freiheit zu einem *möglichen* Begriff.

Neben dem Begriff der transzendentalen Freiheit verwendet Kant den Begriff der praktischen Freiheit. In welchem Verhältnis diese beiden Begriffe der Freiheit zueinander stehen, ist nicht mit letzter Eindeutigkeit zu entscheiden. Das liegt zum einen an unklaren Positionsbestimmungen Kants, zum anderen aber daran, dass er im Verlaufe der Jahre seine Auffassungen geändert haben mag, ohne dies immer hinreichend deutlich gemacht zu haben. Prinzipiell scheint es aber keine praktische Freiheit ohne transzendentale Freiheit zu geben. Würden wir einen Begriff von praktischer Freiheit ohne das Vermögen eines Subjekts, selbst Ursache der Handlungen zu sein, annehmen, wäre Freiheit nichts anderes als ein Modus empirischer Kausalität. Freiheit wäre Natur. In der *Kritik der praktischen Vernunft* wird Kant dies die »Freiheit eines Bratenwenders« (5:97) nennen. Das ist ironisch, ist spöttisch gemeint. So wie ein über offenem Feuer installierter Drehmechanismus den Braten gleichmäßig wendet, würde der Mensch über (wie wir sie nennen können) Handlungsfreiheit verfügen, wenn er das tun könnte, was er entsprechend seiner unter den Gesetzen der Natur stehenden Begierden tun möchte. In diesem Falle wäre der Mensch aber eine Sache, ein Automat, dem seine Handlungen nicht zugerechnet werden können. Ihm fehlte ein wesentliches Element praktischer Freiheit: Die im Begriff des freien Willens gedachte »absolute Spontaneität der Handlung« (KrV A 448 / B 476).

Es bestehen zwei wichtige Differenzen zwischen einer (wie wir sie nennen können) *bloß* transzendentalen und der praktischen Freiheit:

Erstens bedeutet die praktische Freiheit eine Weise der Verursachung, die unter einem spezifischen Gesetz der Kausalität steht. Dieses vom Gesetz der Natur spezifisch unterschiedene Gesetz nennt Kant das »Gesetz der Freiheit«, das

»moralische Gesetz« oder auch das »praktische Gesetz«. Ein Moralgesetz ist das Gesetz eines freien Willens, der *als* freier Wille in der Welt wirkt. Bestimmt der Wille sich selbst durch das Gesetz dieser Freiheit zum Handeln, stehen seine Handlungen unter einer doppelten Gesetzlichkeit: Auf der einen Seite können die Handlungen aus der Perspektive der Naturgesetzlichkeit wie gewöhnliche Ereignisse in Raum und Zeit beschrieben werden. Auf der anderen Seite sind diese Handlungen durch Begriffe zu charakterisieren, die sich jeglicher naturalistischen Reduktion entziehen. Wenn der Mensch nach Begriffen zu handeln vermag, deren Ursprung er selbst als ein Vernunftwesen ist, dann ist er auch frei zu wählen, ob er nach der einen oder der anderen Kausalität wirksam werden möchte.

Vorausgesetzt, dass transzendentale Freiheit eine zwar mögliche, ihrer objektiven Realität nach aber problematische Idee der reinen Vernunft ist: Was können wir dann zum Realitätsgehalt der praktischen Freiheit sagen? Diese Frage beantwortet sich durch die *zweite* Differenz, die zwischen diesen beiden Freiheitsbegriffen besteht. Die praktische Realität unserer transzendentalen Freiheit muss durch Überlegungen gerechtfertigt, bewiesen oder plausibilisiert werden, die genuin praktisch sind. Sie betreffen unseren Willen, nicht unseren Verstand. Wie kann dies gelingen? Sicherlich nicht dadurch, dass die praktische Philosophie eine Form von Freiheit förmlich zu beweisen versucht, die aus der Perspektive der theoretischen Vernunft eine bloße Idee ist. Es muss jedoch der praktischen Philosophie gelingen, der Idee der Freiheit eine praktische Bedeutung zu geben. Prinzipiell sind drei Strategien denkbar:

Erstens könnten wir unsere praktische Freiheit durch Erfahrung zu beweisen versuchen. Diese Strategie scheint Kant in der *Kritik der reinen Vernunft* zu verfolgen. In ihr argumentiert er, dass wir unsere unmittelbar auf uns wirkenden sinnlichen Begierden durch »Überlegungen« (KrV A 802 / B 830) überwinden können, die die Vernunft über unser langfristiges Gut anzustellen in der Lage ist. Dieses Argument lebt von der Unterscheidung zwischen sinnlichen Begierden auf der einen und unserer Vernunft auf der anderen Seite. Beide können unsere »*freie Willkür*« (ebd.) bestimmen. Wir erkennen unsere praktische Freiheit (die »Kausalität der Vernunft in Bestimmung des Willens«) insofern »durch Erfahrung«, als wir sie »als eine von den Natururgsachen« (KrV A 803 / B 831) erkennen. Wie diese Vernunft jedoch der Grund von »objektiven *Gesetzen der Freiheit*« des Willens sein kann, die »sagen, was geschehen soll, ob es gleich vielleicht nie geschieht« (ebd.), bleibt unklar.

Zweitens könnten wir auf das unmittelbare Bewusstsein des Gesetzes der Freiheit verweisen. Wenn wir ein Bewusstsein dieses Gesetzes haben (das Kant auch das »moralische Gesetz« nennt), dann verfügen wir über praktische Freiheit. Wir müssen das tun können, was wir tun sollen. Diese Strategie schlägt Kant in der *Kritik der praktischen Vernunft* mit seiner Lehre vom »Faktum der Vernunft«[1] ein.

Drittens böte sich an, auf das unmittelbare Bewusstsein einer praktischen Spontaneität zu verweisen, welches sich im Wollen selbst zeigt. Wären wir uns unmittelbar der Freiheit unseres Willens in den Akten unseres Wollens bewusst, hätten wir die Freiheit in praktischer Hinsicht be-

1 5:31. Kant führt in diesem Zusammenhang seine Unterscheidung zwischen der Freiheit als der »*ratio essendi* des moralischen Gesetzes« und dem moralischen Gesetz als der »ratio cognoscendi der Freiheit« (5:4 Anm.) ein. Zu dieser Unterscheidung siehe bereits Baumgarten (2004, § 216).

wiesen. Diese Strategie scheint Kant in der *Grundlegung* zu verfolgen. Wir werden uns später mit ihr ausführlich beschäftigen.

Allen drei Strategien gemeinsam ist der Rückbezug auf Begriffe, deren Bedeutung a priori gegeben ist: Sie sind erfahrungsunabhängig, nicht empirisch (also a posteriori) gegeben. Würden sie auf Erfahrung beruhen, würde die Philosophie der Freiheit ein Teil der Philosophie der Natur sein. Es würde keine Differenz zwischen dem Sein und dem Sollen geben. Der Wille würde ein sinnlich bestimmter Wille sein. In seiner praktischen Philosophie muss Kant demnach den Nachweis führen, dass die reine Vernunft unseren Willen bestimmt – dass sie dem in theoretischer Perspektive als bloß möglich erkannten Begriff der Freiheit eine praktische Bedeutung geben kann.

Freiheit ist ein komplexer Begriff. Kant verbindet ihn mit den Begriffen der Urheberschaft, der Selbstgesetzgebung und auch mit dem Gedanken der Willkürfreiheit, d. h. der Freiheit des Menschen, sich für oder gegen den Vollzug seiner Pflichten zu entscheiden.

Welche Relevanz hat dieser Begriff für die Philosophie? Kant definiert die Philosophie als »Vernunfterkenntnis aus Begriffen« (KrV A 713 / B 741; vgl. 1998, 518–519, 555–556). So wie es nur eine Vernunft gibt, gibt es auch nur eine Philosophie. Die Philosophie beschäftigt sich entweder mit den Formen des Denkens (Logik) oder aber mit einem Objekt (Gegenstand) unserer Erkenntnis und seinen Gesetzen. Dieses Objekt ist entweder die Natur (Physik, theoretische Philosophie, Naturlehre) oder die Freiheit (Ethik, Sittenlehre). Da unsere Erkenntnisse dieser Objekte entweder empirisch (a posteriori) oder rein (a priori) sind, haben Physik und Ethik jeweils einen empirischen und einen reinen Teil. Den empirischen Teil der Ethik nennt Kant »praktische Anthropologie« (388) oder auch

»moralische Anthropologie« (6:217). Den rationalen Teil nennt er »Moral«, »reine Moralphilosophie« oder »Metaphysik der Sitten« (388, 398). Die Metaphysik der Sitten ist derjenige Teil der Ethik (der praktischen Philosophie), der nach den Quellen und dem Umfang unserer apriorischen Erkenntnis durch reine Vernunftbegriffe im Bereich der Ethik fragt (vgl. 389 und 6:216).

Da die Moralphilosophie auf reinen Vernunftbegriffen beruht, wäre es ein schwerer methodischer Fehler, die systematische Differenz zwischen empirischen und reinen Begriffen nicht zu beachten. Genau diesen Fehler aber begeht Kants Auffassung nach Christian Wolff in seiner *»allgemeinen praktischen Weltweisheit«* (390), einer Disziplin, die er seiner Moralphilosophie als Vorbereitung bzw. Propädeutik und Grundlagenwissenschaft vorausschickt. Kants explizit geäußerte Kritik an Wolffs allgemeiner praktischer Philosophie könnte den Eindruck erwecken, als ob ihre Lektüre für das Verständnis von Kants eigener Grundlegung zur Metaphysik der Sitten ganz und gar entbehrlich wäre. Doch das Gegenteil trifft zu: Wolffs »allgemeine praktische Weltweisheit« stellt die begriffliche Folie dar, vor deren Hintergrund Kants eigene Bemühungen im Reich der Freiheit ihre Konturen erhalten.

Die »Allgemeine praktische Weltweisheit« von Christian Wolff

Was genau wirft Kant in der Vorrede Christian Wolff vor? Er kritisiert, dass Wolff in seiner »allgemeinen praktischen Weltweisheit [...] das Wollen überhaupt« thematisiert und dabei den »reinen Willen« (390; vgl. 5:171–172) außer Acht lässt. Für Kant ist dies kein Kavaliersdelikt. Bereits in § 7 seiner Inauguraldissertation von 1770 (*De mundi sensibilis atque intelligibilis forma et principiis / Von der Form und den Prinzipien der Sinnen- und Verstandeswelt*) hat er gegenüber Wolff darauf hingewiesen, dass das Projekt einer reinen Moralphilosophie mit dem Begriff eines Willens steht und fällt, der sich durch reine Verstandesbegriffe zum Handeln bestimmen kann. Würde es diese Begriffe nicht geben, würden alle unsere Beweggründe (Motive) empirischen Ursprungs sein. Während Wolff zu zeigen versucht, dass alle Beweggründe aus unserer Erfahrung abgeleitet werden, betont Kant den Ursprung speziell unserer moralischen Begriffe im Vermögen der reinen Vernunft selbst. Wird dieser Ursprung nicht beachtet, können wir den moralischen »Begriff von *Verbindlichkeit*« (391) nicht verstehen.

Ohne den Begriff eines reinen Willens können wir also den grundlegenden Begriff der Moral, den der Verbindlichkeit, nicht verstehen. Dass der Begriff der Verbindlichkeit im Zentrum der Moralphilosophie steht, ist eine Auffassung, die Kant mit vielen seiner Zeitgenossen teilt. Auch Baumgarten, nach dessen Lehrbüchern Kant seine eigenen Vorlesungen über Moralphilosophie hält, stellt die zentrale Bedeutung dieses Begriffs heraus.[2] Doch Kant ist davon überzeugt, dass es weder Wolff noch Baumgarten noch irgendeinem anderen Philosophen vor ihm gelungen ist, seine Bedeutung zu erfassen.

Wenden wir uns Wolffs allgemeiner praktischer Weltweisheit etwas näher zu.[3] In der Vorrede zu seiner ersten *Philosophia practica universalis, mathematica methodo conscripta* (Leipzig, 1703) setzt er mit der Feststellung ein, dass wir in einem fruchtbaren Zeitalter neuer Erfindungen (»novarum inventionum«) leben, von denen die praktische Philosophie bisher jedoch ausgeschlossen geblieben sei. Wolff will diesen Mangel

2 Siehe Baumgarten 1751, § 1 und 1760, § 1; vgl. Kant 2:298–300.
3 Siehe auch Kants »Vorbegriffe zur Metaphysik der Sitten. (Philosophia practica universalis.)«, in: *Metaphysik der Sitten* (6:221–228).

durch Anwendung der mathematischen (euklidischen) Methode auf die freien Handlungen des Menschen beheben und skizziert in seiner Schrift die Umrisse der von ihm sogenannten »allgemeinen praktischen Weltweisheit« (*philosophia practica universalis*). Historisch gesehen wirksam wird die »allgemeine praktische Weltweisheit« jedoch erst nach einer 1705 durch Gottfried Wilhelm Leibniz (1646–1716) angestoßenen *inhaltlichen* Revision von Wolffs Verständnis von Gesetz (lat. *lex*) und Verbindlichkeit bzw. Verpflichtung (lat. *obligatio*). Wolff entwickelt seine neue Auffassung 1720 zuerst in seiner sogenannten *Deutschen Ethik* (*Vernünfftige Gedancken Von der Menschen Thun und Lassen*, I. Theil, »Von dem Thun und Lassen der Menschen überhaupt«) und später in seiner *Philosophia practica universalis* (1738/39).

Wolff definiert die allgemeine praktische Weltweisheit »als affektive praktische Wissenschaft von der Leitung der freien Handlungen durch allgemeinste Regeln« (1728, § 70). In ihr sollen nach »wissenschaftlicher Methode« die gleichermaßen für Ethik, Politik und Ökonomie grundlegenden Begriffe unseres Wollens unter Rückgriff auf die Metaphysik bestimmt werden. Hierzu gehören die Begriffe »freier Wille«, »Gesetz«, »Verbindlichkeit«, »Zurechnung«, »Maxime« und »Gewissen«.

Wolff rückt dabei den Begriff der Notwendigkeit in das Zentrum des Interesses. Alle unsere Handlungen sind entweder physisch oder moralisch notwendig. Dies folgt aus dem Prinzip des zureichenden Grundes: Nichts in der Welt geschieht ohne zureichenden Grund. Moralisch notwendig sind die »freyen Handlungen« (1720, § 1), deren Grund (Ursache) der freie Wille ist. Der freie Wille wird durch unsere Erkenntnis des Guten und Bösen bestimmt. Er ist genau dann frei, wenn es ihm physisch möglich ist, das zu tun, was er entsprechend seines »Bewegungs-Grunds« (1720, § 5) tun möchte. Die Beziehung, in der der freie Wille zu seinen ihn bewegenden

Gründen (oder Motiven) steht, nennt Wolff Verbindlichkeit oder Verpflichtung. Die Handlung, die der Effekt dieser Beziehung ist, ist die Pflicht (lat. *officium*). Wir erkennen das Gute und Schlechte durch das Studium unserer eigenen Natur und der Natur insgesamt. Da die Weise, in der uns die Natur zu konkreten Handlungen verbindet, regelhaft ist, spricht Wolff von Gesetzen der Natur. »Insonderheit aber wird eine Regel ein *Gesetze der Natur* genennet, wenn uns die Natur verbindet unsere freyen Handlungen darnach einzurichten« (1720, § 17). Die durch das Gesetz der Natur gestiftete moralische Notwendigkeit (»necessitas moralis«) nennt Wolff *passive* Verbindlichkeit (»obligatio passiva«). Die passive Verbindlichkeit beruht auf der *aktiven* Verbindlichkeit, die von unseren Beweggründen (»motivi«) ausgeht (vgl. 1738/39, §§ 116–118). Wolff spricht auch von der »aus der Natur und dem Wesen des Menschen« folgenden »*angebohrnen Verbindlichkeit* (obligatio connata)« (1754, § 74).

Wichtig für Wolffs Konzeption der Verbindlichkeit und des (nach Kant) »Wollens überhaupt« (390) ist die Unterscheidung zwischen der »sinnlichen Begierde« (»appetitus sensitivus«) und dem »Willen« (»appetitus rationalis«). Wir sind zu einer bestimmten Handlung geneigt, weil wir uns ein Gut vorstellen, mit dem Lust verbunden ist. Unsere Vorstellung des Guten (Lustvollen) bzw. des Schlechten (Unlustvollen) kennt jedoch Grade. Beruht unsere Erkenntnis des Guten auf unseren sinnlichen Empfindungen, erkennen wir das Gute nur undeutlich. Wir haben eine sinnliche Begierde. Erkennen wir das Gute aufgrund einer Verstandes- oder Vernunfterkenntnis deutlich, haben wir einen Willen.

Die Pointe dieser Überlegungen besteht darin, dass uns die Natur nach Wolff insofern zu guten Handlungen *verbindet*, als die deutliche Erkenntnis des Guten ein stärkerer Beweggrund als seine undeutliche Erkenntnis ist. Im ersteren Falle ist unsere Lust beständig. Wolff interpretiert die Tatsache, dass wir das Gute dem Bösen vorziehen, als ein Gebot der Natur, uns selbst dadurch zu vervollkommnen, dass wir ein Seiendes (einschließlich unseres Selbst) besser erkennen und entsprechend handeln. Wir sollen im Handeln den Standards unserer eigenen Natur entsprechen, wir sollen uns und unseren Zustand vollkommener machen (vgl. 1720, § 12).

Wie müssen wir uns den Prozess unserer Willensbildung konkret vorstellen? Wichtig ist der Begriff der Maxime. In einer Maxime bringen wir das auf den Begriff, was wir in der Natur als für uns gut erkennen. Alle Menschen handeln (unausgesprochen oder nicht) nach Maximen, »nach welchen sie gewohnet sind das Gute und Böse zu beurtheilen« (1720, § 191). Maximen sind subjektive begriffliche Vorstellungen vom Gesetz der Natur. Sie sind Ausdruck unserer Erfahrungen davon, was für uns gut und schlecht ist, was uns Lust und Unlust bereitet. Nur wer sich durch Erfahrung hat klug machen lassen, kann nach Maximen handeln, die auf einer deutlichen Erkenntnis des Guten beruhen. Wir können uns durch Erfahrung klug machen, weil die Natur ein begrifflich fixierbares und unveränderliches Wesen hat, das wir erkennen können. Die Vernunft ist somit die »Lehrmeisterin des Gesetzes der Natur« (1720, § 23). Die Natur verbindet uns mit bestimmten Handlungen, indem sie uns zu erkennen gibt, was gut oder schlecht für uns ist (vgl. 1720, § 8). Aus diesem Grunde braucht »ein vernünfftiger Mensch kein weiteres Gesetze, sondern vermittelst seiner Vernunfft ist er ihm selbst ein Gesetze.« (1720, § 24) Wolffs Theorie der Verbindlichkeit ist eine Theorie rationaler Gründe und Motive. Der Wille folgt immer unserer Erkenntnis. Ändert sich unsere Erkenntnis, ändert sich auch unser Wollen. Wahrhaft gut handeln wir jedoch nur dann, wenn wir das für uns Gute klar und deutlich erkennen.

Mit Wolffs These, dass die Natur uns »verbindet«, »das vor

sich gute zu thun, und das vor sich böse zu unterlassen« (1720, § 9), wäre auch schon der wichtigste Aspekt von seiner Konzeption der Verbindlichkeit genannt, wenn er neben dem »*Gesetz der Natur*« mit dem »*menschlichen Gesetz*« und dem »*göttlichen Gesetz*« (1720, § 17; vgl. 1754, § 41) nicht zwei weitere Quellen der Verbindlichkeit diskutieren würde. Wolff versteht die Frage nach dem Ursprung eines Gesetzes als die Frage nach dem Ort, von dem aus die Verbindlichkeit gestiftet wird. »Also entstehet der Unterschied der Gesetze hauptsächlich aus der Verbindlichkeit, nachdem sie daher, oder dort her kommet.« (1720, § 18) Natur, Gott und politischer Herrscher sind die drei Quellen der natürlichen, der göttlichen und der politischen Verbindlichkeit. Da ein »vernünftiger Mensch« sich selbst »ein Gesetze« (1720, § 24; vgl. § 38) ist, vollzieht er die gute Handlung nicht etwa deshalb, weil dies der Wille Gottes wäre. Der Vernünftige vollzieht die gute Handlung deshalb, weil sie *gut* ist (vgl. 1720, § 38). Handelt der Mensch vernünftig, handelt er wie ein Gott. Er ist sich selbst das Gesetz. Allein die Unvernünftigen fragen nach zusätzlichen Beweggründen.

Die Funktion des göttlichen Gesetzes ist Wolffs Auffassung nach eine sehr spezifische. Gott hat aus freiem Entschluss dafür Sorge getragen, dass die Tugend mit Glück und das Laster mit Unglück verknüpft sind. Auf diese Weise dienen Glück und Unglück als *zusätzliche* Motive für diejenigen Menschen, die das Gute nicht um seiner selbst willen vollbringen können (und wollen), weil sie es nicht erkannt haben. Nach Wolff'schen Begriffen wird die innere Sittlichkeit unserer Handlungen allerdings unterminiert, wenn sie um des Glückes willen vollzogen werden. Da er (im Gegensatz zu Samuel von Pufendorf, 1632–1697) davon ausgeht, dass uns die Erkenntnis des natürlichen Gesetzes als solche zu guten Handlungen motivieren kann, scheint sein Eudämonismus eher ein Anhängsel zu seiner allgemeinen Handlungstheorie zu sein.

Dieser Eindruck jedenfalls wird durch die Vorrede zur zweiten Auflage der *Deutschen Ethik* verstärkt, in der Wolff schreibt, dass die Tugend »*bloß* mit der natürlichen Verbindlichkeit [...] bestehen kann; alle übrige [Verbindlichkeit] aber weiter nichts als eine äußerliche Zucht würket.« (1720, Vorrede) Wer nur die natürliche Verbindlichkeit benötigt, um seine Pflicht zu erfüllen, der bleibt in seinen Handlungen frei. Die anderen Menschen müssen gezwungen werden. Der Effekt der vernünftigen Selbstbestimmung ist die Freiheit, die Autokratie. Wer »seine freyen Handlungen in seiner Gewalt hat, [der ist] Herr über sich selbst« (1720, § 185, vgl. § 187). So wenig jedenfalls wie Gott aufgrund seiner vernünftigen Natur danach fragt, warum er das durch seinen freien Willen Mögliche wirklich werden lassen soll, fragt ein vernünftiger Mensch danach, warum er das, was er als gut erkannt hat, tun sollte. Stellt er diese Frage, stellt er genau eine Frage zu viel. Er verfehlt die innere Sittlichkeit unserer Handlungen und scheint gar nicht verstanden zu haben, dass die Handlung gut ist. Genau aus diesem Grunde ist Wolff von der Kritik, die Kant an Gottfried Achenwalls (1719–1772) und Baumgartens Konzeption der Verbindlichkeit übt, nicht betroffen. Kant wirft diesen Autoren vor, den Begriff der Verbindlichkeit durch unsere Furcht vor Strafe und unsere Hoffnung auf Belohnung definiert zu haben (vgl. 27:1325).

Kants Vermögenslehre

Wolff konzipiert seine Theorie der Verbindlichkeit als Theorie der Beweggründe. Es gibt keine Verbindlichkeit ohne vorausgesetzte Freiheit des Willens. Diese Freiheit ist mit der Notwendigkeit vereinbar, weil zum einen nichts ohne zureichenden Grund existiert und zum anderen das Begehrungsvermögen immer der Erkenntnis des Guten und Schlechten folgt.[4] Je vernünftiger unsere Erkenntnis ist, desto freier sind wir. Wir folgen einem Gesetz, das wir durch das Studium der Natur erkennen. Die Natur ist vernünftig.

Wolffs Konzeption der Verbindlichkeit beruht auf Voraussetzungen, die Kant in Zweifel zieht:

> *Erstens* gibt es keinen graduellen Übergang zwischen empirischen und reinen Begriffen. Vielmehr handelt es sich bei ihnen nach Kant um zwei verschiedene Arten von Begriffen, die mit der Sinnlichkeit und der Vernunft auf unterschiedlichen Quellen ihrer Existenz beruhen.
> Und *zweitens* kann es auch keine Grundkraft (»vis repraesentativa universi«) geben, vermittels derer wir uns die Welt vorstellen. Vielmehr müssen wir zwischen verschiedenen Vermögen des Menschen unterscheiden.

Da Kant die Grundstruktur seiner Vermögenslehre in der *Grundlegung* als bekannt voraussetzt, erläutert er sie in ihr nur unzureichend. Aus der Perspektive des heutigen Lesers betrachtet ist dies zu bedauern. Es besteht die Gefahr, dass er wichtige Aspekte der Lehre vom kategorischen Imperativ nicht erfasst. Wenden wir uns Kants Vermögenslehre also etwas näher zu.

Kant geht von drei »Grundkräften« (5:197, 5:9 Anm., 28:261–262 und Baumgarten 2011, § 506) oder (im weiteren Sinne so zu verstehende) Erkenntnisvermögen aus: Dem (im engeren Sinne so zu verstehenden) Erkenntnisvermögen, dem Gefühl der Lust und Unlust und dem Begehrungsvermögen (dem Vermögen, Dinge hervorzubringen oder zu erstreben). Das Erkenntnisvermögen ist entweder theoretisch oder praktisch.

4 Siehe auch Baumgarten 2011, §§ 499, 510.

Es richtet sich auf die Erkenntnis der Gesetze der Natur oder der Gesetze der Freiheit.

Das Gefühl der Lust oder Unlust zeigt die Art und Weise an, »in der das Subjekt, wie es durch die Vorstellung affiziert wird, sich selbst fühlt.« (5:203–204) Da es verschiedene Quellen meiner Vorstellungen gibt, bezeichnet Kant die Lust oder Unlust, die ich angesichts dieser Vorstellungen empfinde, mit unterschiedlichen Begriffen. Nenne ich einen Gegenstand angenehm (oder unangenehm), drücke ich ein bloß subjektives Gefühl aus. Was der einen Person angenehm, ist der anderen Person unangenehm (hier gilt: Über Geschmack kann man nicht streiten). Anders verhält es sich beim Gefühl des Schönen (und Hässlichen). Wie Kant in seiner *Kritik der Urteilskraft* (1790) zu zeigen versucht, kann ein Gefühl sehr wohl die Grundlage eines reinen ästhetischen Geschmacksurteils sein (hier gilt: Über Geschmack lässt sich streiten). Schließlich (und auch hiermit werden wir uns noch beschäftigen) gibt es ein auf der Erkenntnis des moralisch Guten beruhendes moralisches Gefühl (25:1315–1316 und 5:209–210), das Kant auch »Achtung« nennt. Wir können diese drei Arten von Lust die *sinnliche* Lust, die *ästhetische* Lust und die *intellektuelle* Lust (und Unlust) nennen (vgl. 7:230).

Besonders hilfreich für das Verständnis der sinnlichen Lust sind Kants Ausführungen in seinen Vorlesungen über Anthropologie. In der *Anthropologie-Mrongovius* (1784–85) definiert er das Gefühl der Lust oder Unlust als Empfindsamkeit, als Gefühl und als Gemütsbewegung: Die Empfindsamkeit bezeichnet ein Vermögen, das sich in einem bestimmten Gefühl realisiert. Zieht ein Gefühl unsere Aufmerksamkeit auf sich, bewirkt es eine Gemütsbewegung. Ist das Gefühl so stark, dass es unsere gesamte Aufmerksamkeit auf sich zieht und uns unfähig macht, es »mit der Summe aller Empfindungen zu vergleichen«, handelt es sich um einen Affekt der Freude oder des Missvergnügens. Zu den Affekten gehören die Scham, der

Zorn, die Traurigkeit sowie die Furcht, die sich ihrerseits als »Angst, Bangigkeit, Grauen, Entsetzen« (25:1345) materialisieren kann. Das Entsetzen kann so groß sein, dass der Mensch »allen Selbstbesitz« (6:399, 459, 462) verliert. Wer sich selbst verliert, ist zu einem vernünftigen, auf Tugend und Glück (dem *»höchsten moralisch-physischem Gut«*, 7:277) zielenden Handeln nicht in der Lage.

Affekte bewegen unser Gemüt, aber sie gehören nicht zum Begehrungsvermögen, wie Kant mit Verweis auf den schottischen Philosophen Francis Hutcheson (1694–1746) hervorhebt (vgl. 25:1340, 1353). Das reine ästhetische Wohlgefallen beruht auf einem Gefühl, das kontemplativ, »ohne alles Interesse« (5:204) ist. Würde es dieses Gefühl nicht geben, würde die Ästhetik ein Teil der praktischen Philosophie sein. Es würde kein reines ästhetisches Geschmacksurteil geben.

Wenden wir uns dem Begehrungsvermögen zu: An der aus der Philosophie seiner Zeit vertrauten Unterscheidung zwischen unterem und oberem Begehrungsvermögen nimmt Kant eine signifikante Änderung vor. Ging Wolff davon aus, dass wir unsere sinnlichen Begierden durch ihre klare (und nicht dunkle) und deutliche (und nicht verworrene) Erkenntnis[5] in ein vernünftiges Wollen überführen können, behauptet

5 Ich erkenne einen Gegenstand klar, wenn ich ihn von anderen Gegenständen unterscheiden kann. Ich erkenne ihn deutlich, wenn ich seine inneren Merkmale erkenne bzw. bezeichnen kann. Beispiel: Ich erkenne klar, dass eine Katze (und nicht etwa ein Hund) vor meiner Eingangstür liegt. Ich erkenne die Katze deutlich, wenn ich ihre Merkmale erkenne und sie als Katze meiner Nachbarin zu identifizieren vermag. Die Unterscheidung zwischen »klar« und »deutlich« kann auch auf unsere Zwecke übertragen werden: Ich erkenne klar, dass der Genuss des Brotes gut für mich ist. Ich erkenne dies deutlich, wenn ich die Merkmale benennen kann, aufgrund derer der Genuss des Brotes gut für mich ist.

Kant, dass es einen »*spezifischen*« (5:25, vgl. 25:30) Unterschied zwischen dem unteren und dem oberen Begehrungsvermögen gibt. Dieser Unterschied erklärt sich durch die zwei unterschiedlichen Quellen unserer Vorstellungen: Entweder stammen unsere Vorstellungen aus unserer Sinnlichkeit oder aber aus dem Verstand (bzw. der Vernunft). Das Vermögen des Menschen, kraft seiner Vorstellungen sich selbst zum Handeln zu bestimmen, differenziert sich demgemäß als sinnliches oder rationales Begehren aus. Begehren wir etwas, stellen wir uns etwas Zukünftiges vor, das durch die Handlung realisiert werden soll. Kant drückt dies etwas technischer aus: »*Begierde* (appetitio) ist die Selbstbestimmung der Kraft eines Subjects durch die Vorstellung von etwas Künftigem als einer Wirkung derselben.«[6]

Kants (wie wir sie nennen können) Differenzthese zwischen unterem und oberem Begehrungsvermögen ist von erheblicher Bedeutung für das Verhältnis von Fühlen und Begehren. Da die reine Vernunft selbst die Quelle von Begriffen ist, durch die wir uns zum Handeln bestimmen können, bestimmt sie unseren Willen *unmittelbar* (und somit nicht im Dienste unserer Neigungen und der aus ihnen resultierenden Zwecke) und *hinreichend* (ohne *vorhergehendes* Gefühl der Lust oder Unlust) (vgl. 5:24–25). Während wir im Bereich des unteren Begehrungsvermögens durch die Vorstellung eines Zweckes zum Handeln bewegt werden, die mit Lust verbunden ist, werden wir beim oberen Begehrungsvermögen durch die reine Vernunft selbst bestimmt. Die reine Vernunft selbst gibt uns einen Zweck.

Kant erläutert seine Differenzthese durch die Unterscheidung zwischen der (auf unserer Sinnlichkeit beruhenden) Materie und der (auf unserer Vernunft beruhenden) Form unseres

6 7:251. Siehe auch 5:9, 4:412 sowie Meier 1765, § 708.

Wollens: »Alle *materiale* praktische Regeln setzen den Bestimmungsgrund des Willens im *unteren Begehrungsvermögen*, und, gäbe es keine *bloß formale* Gesetze desselben, die den Willen hinreichend bestimmten, so würde auch *kein oberes Begehrungsvermögen* eingeräumt werden können.« (5:22)

Worin genau der Unterschied zwischen diesen beiden Arten von Gesetzen besteht, wird uns später noch beschäftigen. An dieser Stelle mögen zwei Hinweise genügen: Materie ist immer etwas, das uns gegeben wird. Ist eine praktische Regel *material*, enthält sie Zwecke, die uns in unserer Sinnlichkeit gegeben werden, die mit Lust oder Unlust verknüpft sind. Da ich den Genuss des grünen Tees als lustvoll empfinde, greife ich zur Teetasse, nicht zum Weinglas. Der Begriff der Form verweist dagegen einerseits auf eine Tätigkeit der Vernunft, andererseits auf das Wesen einer Sache (vgl. 17:312). So wie Raum und Zeit die Formen unserer Anschauung und die Kategorien die Formen unseres Denkens sind, ist das moralische Gesetz die Form des freien Willens. Und die Form des moralischen Gesetzes ist die Allgemeinheit der in ihr ausgedrückten Gründe, die Kant »Notwendigkeit« nennt. Die Form findet sich nicht in der Wahrnehmung, sie ist eine Eigenschaft unserer Subjektivität, unserer Vernunft.

Um die Bedeutung des Gefühls für unser Begehren, das Kant auch »*praktische Lust*« (6:212) nennt, zu verstehen, ist eine weitere Unterscheidung zu beachten. Das Gefühl ist entweder die Ursache der Bestimmung unseres Begehrungsvermögens (unteres Begehrungsvermögen) oder aber ihre Folge (oberes Begehrungsvermögen). Im ersten Falle spricht Kant von »Begierde«, im zweiten von »intellektueller Lust«. Da das obere Begehrungsvermögen durch Vernunftbegriffe bestimmt wird, ist die Vernunft die Ursache eines besonderen Gefühls. In der *Grundlegung* nennt er dieses moralische Gefühl »*reine Achtung*« (400).

Kant differenziert das untere Begehrungsvermögen in vier verschiedenen Hinsichten aus: Es umfasst *erstens* den Hang (»propensio«), *zweitens* den Instinkt, *drittens* die Neigung und *viertens* die Leidenschaft. Der Hang bezeichnet die »Möglichkeit der Entstehung der Begierden«, der Instinkt ist »eine wirkliche Begierde, aber ohne klare Erkenntnis des Objects«, und die Neigung ist eine »habituelle Begierde« (25:1339). Kein Mensch kann eine Neigung ohne Hang haben, aber nicht jeder Hang führt auch zu einer Neigung. Wer aus Neigung handelt, hat eine Vorstellung von dem Gegenstand seines Handelns. Dagegen schließt das instinktmäßige Verhalten die Fähigkeit aus, sich an Zwecken zu orientieren. Die Leidenschaft schließlich bezeichnet einen spezifischen Grad einer Neigung. So wie der Affekt eine Empfindung ist, die so intensiv wirkt, dass wir außerstande sind, sie mit der Summe aller Empfindungen zu vergleichen, stellt im Bereich des Begehrungsvermögens die Leidenschaft eine Neigung dar, bei der wir »nicht im Stande« sind, sie »mit der Summe aller anderen [Neigungen] – zu vergleichen« (ebd.). Leidenschaften bringen uns um unseren Verstand. Alle Leidenschaften sind auf Menschen gerichtet, Neigungen dagegen nicht immer. Ich kann eine Neigung dazu haben, sonntags in die Kirche zu gehen, aber ich kann dies nicht leidenschaftlich tun, es sei denn, meine Leidenschaft gilt den Menschen, die ich in ihr zu treffen hoffe.

Kants Überlegungen machen verständlich, warum er in der *Grundlegung* so nachdrücklich einen Gegensatz zwischen einem Handeln aus Pflicht und aus Neigung – und nicht etwa zu den Leidenschaften – herausstellt. Leidenschaften sind nicht vernunftfähig. Sie beruhen weder auf Grundsätzen noch können sie durch praktische Überlegungen korrigiert werden. Kant scheut nicht davor zurück, sie als »Krebsschäden für die reine praktische Vernunft« zu bezeichnen. Sie sind meistens »unheilbar: weil der Kranke nicht will geheilt sein und sich der

Herrschaft des Grundsatzes entzieht, durch den dieses allein geschehen könnte.« (7:266; vgl. 25:1340)

Affekt und Leidenschaft haben beide einen freiheitszerstörenden, anarchischen Zug. »Der Affect thut einen augenblicklichen Abbruch an der Freiheit und der Herrschaft über sich selbst. Die Leidenschaft giebt sie auf und findet ihre Lust und Befriedigung am Sklavensinn.« (7:267) Wer die »Herrschaft über sich selbst« verloren hat, den wird die Stimme der Vernunft nicht erreichen. Dies trifft besonders nicht für diejenigen Handlungen zu, die auf Neigungen beruhen. In ihnen steckt Vernunft. Sie sind freiheitsfähig. Sie stellen die Grundlage von subjektiven Handlungsregeln (Maximen) dar. Deren Form ist die Allgemeinheit, die sie zu Kandidaten einer gedachten allgemeinen Gesetzgebung qualifiziert.

II. Vorrede und erster Abschnitt: »Übergang von der gemeinen sittlichen Vernunfterkenntnis zur philosophischen«

Die Vorrede

Kant eröffnet seine Vorrede mit zwei bemerkenswerten Thesen: Der *philosophiegeschichtlichen* These, dass die »alte griechische Philosophie sich in drei Wissenschaften ab[teilte]: die *Physik*, die *Ethik* und die *Logik*.« Und der *philosophischen* These, dass diese »Einteilung [...] der Natur der Sache vollkommen angemessen« (387) ist. Doch leider haben die Philosophen bisher versäumt, das »Prinzip« dieser Einteilung anzugeben. Ohne dieses Prinzip sind die »Vollständigkeit« dieser Einteilung und die Bestimmung der »notwendigen Unterabteilungen« der jeweiligen Wissenschaft nicht gesichert.

Die *philosophiegeschichtliche* These ist offenkundig falsch, zeugt aber von Kants besonderer Wertschätzung der stoischen Philosophie. Seine *philosophische* These über die Angemessenheit der stoischen Einteilung wird bei vielen seiner Zeitgenossen Unverständnis und Unmut hervorgerufen haben. Was soll uns die »alte griechische Philosophie« interessieren, wenn wir Wolff haben? Wolff hatte in seinem *Discursus praeliminaris de philosophia in genere* (*Einleitende Abhandlung über Philosophie im Allgemeinen*) 1728 zwischen drei »ersten Teilen« (»partes primariae«) der Philosophie unterschieden: der Theologie, der Psychologie und der Physik. Weitere Teile sind Logik und praktische Philosophie (etwa Ethik, Politik und Ökonomie).

Kants philosophische These steht und fällt also mit seinen philosophischen Ausführungen zu dem gesuchten »Prinzip«. Seine Überlegungen verfolgen zwei Ziele:

Zum einen möchte er durch die Unterscheidung zwischen materialer und formaler Vernunfterkenntnis die Vollständigkeit der Einteilung nachweisen.

Zum anderen möchte er eine Differenz im Bereich der Ethik herausstellen, die in der Philosophie bisher übersehen worden ist. Diese Differenz wird durch die Unterscheidung zwischen materialer und formaler Vernunfterkenntnis begründet.

Worin besteht die Differenz zwischen den beiden Arten der Vernunfterkenntnis? Die formale Vernunfterkenntnis wird »Logik« genannt und beschäftigt sich »mit der Form des Verstandes und der Vernunft selbst und den allgemeinen Regeln des Denkens überhaupt« (387). Die materiale Philosophie (Vernunfterkenntnis) »betrachtet irgend ein Objekt« und wird nach der Verschiedenheit ihrer Objekte (und ihrer Gesetze) »Ethik« (Sittenlehre) oder »Physik« (Naturlehre) genannt. Das Objekt (der Gegenstand) der Ethik ist die Freiheit (und ihre Gesetze), das der Physik die Natur (und ihre Gesetze). Der Zusammenhang zwischen Gegenstand und Gesetz liegt auf der Hand: Natur und Freiheit bezeichnen Objekte unserer Erkenntnis, die unter bestimmten Gesetzen ihrer kausalen Wirksamkeit stehen. Die Gesetze der Natur beschreiben die Art und Weise, nach denen alles in der Natur geschieht. Die Gesetze der Freiheit drücken dagegen aus, wie etwas »geschehen soll« (388).

Die Begründung für den Sollens-Charakter der Freiheitsgesetze verweist in das Zentrum der *Grundlegung*: Kant bezieht die Gesetze der Freiheit auf den »Willen des Menschen, sofern er durch die Natur affiziert« bzw. durch die Sinne berührt wird (387). Sofern dieser Wille durch die »Natur affiziert« wird, handelt es sich um einen empirisch bestimmten Willen. Doch der Wille ist auch der Gegenstand der Gesetze der Freiheit. Der menschliche Wille ist ein freier Wille. Am Willen objektiviert sich die Freiheit, die Gegenstand der Ethik ist. Die Gesetze der

Freiheit bestimmen die Art und Weise, nach der sich ein freier Wille *als* ein freier Wille dem Freiheitsgesetz gemäß zum Handeln bestimmen *soll*.

Gegenstand der Ethik ist der zugleich empirisch affizierte und durch das moralische Gesetz bestimmte freie Wille. Wir erkennen unseren empirisch bedingten Willen aus der Erfahrung. Gegenstand der Erfahrung kann aber niemals unsere Freiheit als solche sein. Die Ethik muss als Disziplin über die Kompetenz verfügen, als reine (nicht-empirische) Philosophie die Gesetze unserer Freiheit a priori zu erkennen, d. h. durch Begriffe, die ihren Ursprung in der reinen Vernunft haben. Damit ist die Idee zu einer Disziplin geboren, die Kant (in Analogie zur Metaphysik der Natur) die »Metaphysik der Sitten« nennt. Sie stellt den *rationalen* (nicht empirischen) Teil der Ethik dar. Sie fragt nach den Gesetzen des freien Willens. Die Metaphysik der Sitten ist aufgrund ihrer begrifflichen Ressourcen und ihres Objekts *auch* formal, aber eben nicht nur. Im Gegensatz zur Logik hat sie einen Gegenstand: die Freiheit. Dabei ist zu beachten, dass ihr Objekt, die Freiheit (und ihre Gesetze), nicht als solche und in abstracto, sondern immer auch an dem ›Gegenstand‹ untersucht wird, dem wir diese Freiheit zuschreiben, also an dem durch Natur affizierten freien Willen.

Mit der Metaphysik der Sitten ist es möglich, zwischen der reinen Moralphilosophie auf der einen und der empirischen Wissenschaft der »praktischen Anthropologie« auf der anderen Seite zu unterscheiden. Damit hat Kant sein zentrales Argument gegenüber der Wolff'schen Schulphilosophie ausgeführt: Da diese versäumt hat, »den empirischen von dem rationalen Teil jederzeit sorgfältig abzusondern und vor der eigentlichen (empirischen) Physik eine Metaphysik der Natur, vor der praktischen Anthropologie aber eine Metaphysik der Sitten voranzuschicken« (388), ist sie unbrauchbar. Wolffs Definition der Ethik (sie ist die »Wissenschaft von der Leitung der freien Handlungen im Naturzustand«, 1728, § 64) weist zwar in die richtige Richtung, scheitert jedoch in ihrer Konkretisierung. Wolffs praktische Philosophie mündet in einer »gemischten Sittenlehre« (411; vgl. 388). Sie ist der »Tod aller Moralität« (8:285). Trotz aller Metaphysik sind die Wolffianer dem Gegenstand der Ethik nicht gewachsen. Sie haben einen falschen Begriff von Metaphysik.

Die Wolffianer scheitern aber nicht nur in der Theorie, ihre Theorie führt auch zu einer schlechten moralischen Praxis. In diese Richtung jedenfalls weisen Kants Ausführungen zum praktischen Nutzen der Metaphysik der Sitten. Das »sittliche Gesetz in seiner Reinigkeit und Echtheit« (390) kann nur in der reinen Moralphilosophie erkannt werden. Und diese Erkenntnis ist für unser moralisches Handeln von äußerster Wichtigkeit. Würden wir auf seine deutliche Erkenntnis verzichten, würde uns entgehen, dass »bei dem, was moralisch gut sein soll«, nicht genug ist,

> »daß es dem sittlichen Gesetze *gemäß* sei, sondern es muß auch *um desselben willen* geschehen; widrigenfalls ist jene Gemäßheit nur sehr zufällig und mißlich, weil der unsittliche Grund zwar dann und wann gesetzmäßige, mehrmals aber gesetzwidrige Handlungen hervorbringen wird.« (390)

Das sind harte Worte: Keinem Moralphilosophen ist es bisher gelungen, das Prinzip der inneren Sittlichkeit deutlich zu formulieren.

Wenn Kant im Anschluss an seine Ausführungen zum Einteilungsprinzip der Philosophie die Frage formuliert, »ob man nicht meine, daß es von der äußersten Notwendigkeit sei, einmal eine reine Moralphilosophie zu bearbeiten, die von allem, was nur empirisch sein mag und zur Anthropologie gehört, völlig gesäubert wäre« (389), ist die Antwort unschwer zu erraten. Dass diese Antwort nicht allein auf begrifflichen Überlegungen zum Einteilungsprinzip der Philosophie, sondern auf einer Einsicht beruht, die »von selbst« einleuchtet, versucht Kant im nächsten Schritt seiner Ausführungen zu erläutern.

Was genau leuchtet »von selbst« ein? Kant scheint die Existenz der reinen Moralphilosophie für eine begriffliche Wahrheit zu halten, die mit der »Idee der Pflicht und der sittlichen Gesetze« (ebd.) einhergeht. Analysieren wir den Bedeutungsgehalt der Pflicht und der sittlichen (oder moralischen) Gesetze, erkennen wir, dass es eine reine Moralphilosophie geben muss. Aber was genau ist mit den Begriffen von Pflicht und Gesetz verbunden, das im Kontext der reinen Moralphilosophie entwickelt werden muss? Es ist die mit dem Begriff des moralischen Gesetzes einhergehende Idee seiner »absoluten Notwendigkeit«. Würde der Grund der Verbindlichkeit »in der Natur des Menschen oder den Umständen in der Welt, darin er gesetzt ist, gesucht werden müssen«, wäre er immer von empirischen Bedingungen abhängig.

Das sind nicht zuletzt für Christian Wolff und seine Anhänger schlechte Nachrichten. Wolff hatte in seiner *Deutschen Ethik* das Studium der menschlichen und der äußeren Natur als Voraussetzung für die Erkenntnis des natürlichen Gesetzes gefordert (vgl. 1738/39, I § 189). Kants implizite Kritik am moralphilosophischen Naturalismus Wolffs mag an dieser Stelle jedoch ein wenig unfair erscheinen. Wolff hatte ja nicht behauptet, dass uns die Erfahrung als solche das natürliche (moralische) Gesetz zu erkennen gibt. Dies kann selbstverständlich nur unter der Voraussetzung gelingen, dass die Natur von Haus aus vernünftig ist. Und vernünftig ist nicht nur die Natur, sondern auch Gott. Gott kann das moralische Gesetz erkennen, ohne sich auf die Natur beziehen zu müssen. Dennoch ist eine entscheidende Differenz zu Wolff nicht zu übersehen: Kant ist davon überzeugt, dass die mit dem moralischen Gesetz einhergehende Notwendigkeit »a priori lediglich in Begriffen der reinen Vernunft« (389) gesucht werden muss.

Das ist ein bemerkenswerter, in seiner Tragweite kaum zu unterschätzender Gedanke:

> *Erstens* stammen die reinen Begriffe der Moral ursprünglich nicht aus der Erfahrung, sondern werden a priori als Begriffe unserer reinen Vernunft durch diese Vernunft selbst erkannt.
>
> Und *zweitens* begründen diese Begriffe eine Notwendigkeit, die für *alle* Wesen gilt, die über reine Vernunft verfügen. Das moralische Gesetz wird durch Vernunft nicht etwa konstruiert oder konstituiert. Es bezeichnet vielmehr das Wesen der reinen und zugleich praktischen Vernunft.

Vom Begriff der zugleich reinen und praktischen Vernunft führt ein direkter Weg zum Begriff des »*reinen* Willens« (390–391). Betrachten wir (wie dies nach Kant Wolff vorzuwerfen ist) undifferenziert unser »Wollen überhaupt« (390), entgeht uns der Begriff eines Willens, der sich selbst durch Begriffe der reinen Vernunft zum Handeln bestimmen kann. Der reine, durch Vernunft bestimmte Wille entspricht dem oberen Begehrungsvermögen. Würde die reine Vernunft selbst in Gestalt des moralischen Gesetzes dem Willen keine besonderen Beweggründe geben, dann würde sich der Begriff der Moral als illusorisch herausstellen.

In einer leicht zu überlesenden Formulierung distanziert sich Kant dabei vom Begriff der Verbindlichkeit, so wie er von Wolff (und den ihm folgenden Philosophen) vorgetragen worden ist. Wird die prinzipielle Verschiedenheit unserer empirischen und der aus reiner Vernunft stammenden Beweggründe nivelliert, erzeugen sich »die Verfasser« der Allgemeinen praktischen Philosophie »dadurch ihren Begriff von Verbindlichkeit, der freilich nichts weniger als moralisch« (391) ist. Mit diesem, eine strukturelle Identität von Erkennen und Wollen ausdrückenden, Begriff der Verbindlichkeit möchte Kant nicht in Verbindung gebracht werden. Der Begriff der Verbindlichkeit muss auf ein Wesen bezogen werden, das die Freiheit besitzt, sich auch gegen den Vollzug seiner Pflichten entscheiden zu können.

Es bleibt zu ergänzen, dass Kant in der Vorrede gelegentlich Formulierungen wählt, deren tiefere Bedeutung sich in ihr selbst nicht erschließt. So spricht er von »moralischen Gesetzen« im Plural und auch von »ihren Prinzipien« (389). Selbst der Gedanke, dass die reine *Moralphilosophie* dem Menschen als einem »vernünftigen Wesen Gesetze a priori« »gibt« (ebd.), mag verstörend wirken. Wie kann die Theorie der Moral dem Vernunftwesen a priori Gesetze geben, wenn diese Gesetze auf Begriffen a priori der reinen Vernunft beruhen? Vielleicht handelt es sich hier aber auch nur um eine verkürzte Redeweise: Kant möchte möglicherweise zum Ausdruck bringen, dass uns die reine Moralphilosophie die moralischen Gesetze a priori zu erkennen gibt.

Nicht frei von Unklarheiten bleibt auch das Verhältnis der reinen Moralphilosophie zur Anthropologie. Die moralischen Gesetze gründen zwar nicht auf Erfahrung, aber sie bedürfen der »durch Erfahrung geschärften Urteilskraft [...], um teils zu unterscheiden, in welchen Fällen sie ihre Anwendung haben, teils ihnen Eingang in den Willen des Menschen und Nachdruck zur Ausübung zu verschaffen« (389). Der Mensch sei der »Idee einer praktischen reinen Vernunft zwar fähig, aber nicht so leicht vermögend [...], sie in seinem Lebenswandel *in concreto* wirksam zu machen.« (Ebd.) Das Problem der praktischen Wirksamkeit oder Umsetzung und Anwendung theoretischer Einsichten ist seit dem Tag, an dem die thrakische Magd über den in den Brunnen gefallenen Thales lachte, auch Philosophen ein Begriff. Leider wird sich Kant diesem Problem der *Grundlegung* nicht näher zuwenden. Es steht einfach nicht auf ihrer Agenda. Dabei hätte es nahegelegen, den Gedanken einer durch Erfahrung geschärften Urteilskraft als Bindeglied zwischen Theorie und Praxis im Kontext der Ableitung konkreter Pflichten zu diskutieren. Doch Kant verzichtet darauf. Dies wirkt sich für die Wahrnehmung des systematischen Charakters seiner Lehre vom kategorischen Imperativ, wie die Rezeptionsgeschichte zeigen wird, nicht sehr positiv aus.

Bemerkenswert ist Kants Begründung der zwischen Theorie und Praxis bestehenden Spannung: Die Probleme der Anwendung und der Befolgung moralischer Gesetze werden durch den Umstand hervorgerufen, dass der Mensch »mit so vielen Neigungen affiziert« (389) wird. Die reine Vernunft findet ihren kollektiven Gegenspieler in den Neigungen, ohne die sie (wie wir später sehen werden) aber auch nicht wirksam werden könnte. Die Neigungen stehen nicht unserer *Erkenntnis* der (oder des) moralischen Gesetze(s) im Wege. Vielmehr sind die Neigungen der Grund dafür, warum wir im vollen Wissen um die Geltung des moralischen Gesetzes Handlungen vollziehen, die pflichtwidrig oder bloß pflichtgemäß sind. Wolffs These, nach der unser Wille immer unserer Erkenntnis folgt, trifft für uns Menschen leider nicht zu.

Nachdem Kant den Begriff und die Idee einer reinen Moralphilosophie umrissen hat, gibt er erstmals Auskunft darüber, was er in der vorliegenden Schrift zu leisten beabsichtigt. Es gehört zu den für den Leser verwirrenden Aspekten der *Grundlegung*, dass Kant auf verschiedene, in ihrem Zusammenhang nicht deutlich geklärte, erkenntnistheoretische bzw. epistemische Perspektiven zurückgreift. Neben der »gemeinen sittlichen Vernunfterkenntnis« gibt es eine philosophische sittliche Vernunftperspektive, die sich als »populäre Moralphilosophie«, als »Metaphysik der Sitten« und als »Kritik der reinen praktischen Vernunft« ausdifferenziert. Berücksichtigen wir Kants Unterscheidung zwischen reiner (oder rationaler?) Moralphilosophie und Anthropologie als den beiden Teilen der Ethik, handelt es sich bei der »populären Moralphilosophie« offenkundig um eine Disziplin, die sich im Fahrwasser des Wolffianismus bewegt. Es findet keine strikte Trennung zwischen dem rationalen und dem empirischen Teil der Ethik statt. Die »populäre Moralphilosophie« ist »vermischte Sittenlehre«.

Das kann von der »Kritik der reinen praktischen Vernunft« sicherlich nicht gesagt werden. Hierbei handelt es sich um eine (wie später noch zu erläutern sein wird) Disziplin, die auf die Seite der Metaphysik der Sitten gehört, also insofern reine Moralphilosophie ist, als sie die Möglichkeit der Metaphysik der Sitten sichert. Ganz klar ist diese Zuordnung aber nicht. Wäre die »Kritik der reinen praktischen Vernunft« kein Teil der reinen Moralphilosophie, müsste sie (was ausgeschlossen werden kann) entweder Anthropologie oder Logik oder Physik sein. Andernfalls wäre Kants Einteilung der Philosophie falsch – oder die Kritik keine Philosophie.

Warum ist die »Metaphysik der Sitten« auf die »Kritik der reinen praktischen Vernunft« angewiesen? Dass sie auf eine solche angewiesen sein soll, stellt eine offensichtliche Abweichung von der Metaphysiktradition dar, die eine Metaphysik der Sitten gar nicht kennt. Nach Wolff sind wie gesagt die natürliche Theologie, die Psychologie und die Physik die ersten Disziplinen der Philosophie. Ihre Gegenstände sind Gott, Seele und Welt. Zusammen mit der Ontologie bilden sie den Bereich der Metaphysik. Die Ethik ist dagegen kein Teil der Metaphysik. Sie ist aber auf Begriffe angewiesen, die in der Metaphysik begründet und erläutert werden. Eine Kritik der reinen oder reinen praktischen Vernunft, in der die Quellen, der Umfang und die Grenzen unserer Erkenntnis a priori untersucht werden, ist Wolff jedoch fremd. Sein Vertrauen in die Vernunft wird durch keinen Skeptizismus gebrochen, der nach den Grenzen unserer vernünftigen Erkenntnisse fragt.

Kant unterscheidet nicht nur zwischen der Metaphysik der Natur und der Metaphysik der Sitten, er differenziert auch zwischen zwei verschiedenen Arten von Kausalität. Es gibt nicht nur ein Prinzip des zureichenden Grundes, dem alle Dinge in der Welt (einschließlich der freie Wille des Menschen) in ihrem Wirken gleichermaßen unterworfen sind. Es gibt vielmehr zwei Prinzipien: Die Naturkausalität und die Kausalität aus Freiheit. Letztere wird als transzendentale und praktische Freiheit aus der doppelten Perspektive von theoretischer (spekulativer) und praktischer Vernunft thematisiert. Trotz aller Differenzen zu Wolff und seinen Anhängern übernimmt Kant von ihm also den Gedanken, dass die Verbindlichkeit des moralischen Gesetzes die Freiheit des Willens zur Voraussetzung hat. Und diese Voraussetzung wäre dann nicht erfüllt, wenn es der theoretischen Philosophie (in Wolffs Sprache: der Metaphysik) nicht gelingen würde, diesen Begriff der Freiheit gegen seine Negation zu verteidigen.

Warum aber ist die Kritik prinzipiell eine Voraussetzung für Metaphysik? Die Frage beantwortet sich durch den Begriff der Dialektik. Damit bezeichnet Kant eine Art der Beweisführung durch reine Vernunft, durch die sich diese Vernunft in einen Widerspruch verwickelt. Die Kritik macht es sich zur Aufgabe, diese Widersprüche durch eine Untersuchung über die Bedingungen zu untersuchen, unter denen die Vernunft zu rechtfertigungsfähigen (wahrheitsfähigen) Aussagen gelangt. Das Resultat dieser Untersuchung, die Kant unter Rückgriff auf seine Distinktion zwischen Ding an sich und Erscheinung (Transzendentaler Idealismus) führt, ist die kritische Aufhebung dieses Widerspruchs. Wir können die Substantialität der

Seele, die Welt als Ganze (einschließlich ihrer ersten Ursache, die Kant durch den Begriff der transzendentalen Freiheit erläutert; vgl. KrV A 444–451 / B 472–479) und Gott zwar nicht förmlich erkennen, aber es handelt sich bei ihnen doch immerhin um reine Vernunftbegriffe (Ideen), die uns diese Gegenstände zu denken nötigen.

Aus Gründen der Parallelität zwischen dem theoretischen und dem praktischen Gebrauch der reinen Vernunft wäre nun zu erwarten, dass sich auch die reine Vernunft in ihrem praktischen Gebrauch in einen Widerspruch verwickelt. Doch Kant bremst diese Erwartungen: Sollte die praktische reine Vernunft ohne kritische Einhegung durch und durch dialektisch sein, würde dies den (wie wir ihn genannt haben) moralphilosophischen Egalitarismus untergraben, d. h. die Auffassung, nach der alle Menschen gleichermaßen befähigt sind, das moralische Gesetz zu erkennen. Es wäre gerade nicht zu erwarten, dass »die menschliche Vernunft im Moralischen selbst beim gemeinsten Verstande leicht zu großer Richtigkeit und Ausführlichkeit gebracht werden kann« (391). Die Dialektik der praktischen reinen Vernunft kann nicht am Anfang unserer gewöhnlichen moralischen Urteilspraxis stehen. Vielmehr muss sie, wenn es sie denn überhaupt gibt, im Verlaufe dieser Praxis selbst aktiv bzw. virulent werden. Dies scheint der Grund dafür zu sein, warum Kant den Begriff des »Übergangs« in den drei Abschnitten der *Grundlegung* so sehr betont: Im Kontext der Analyse der »gemeinen sittlichen Vernunfterkenntnis« wird ein Erkenntnisprozess angestoßen, der über die »Metaphysik der Sitten« führt und in der »Kritik der reinen praktischen Vernunft« seinen Abschluss findet. Obwohl es eine Dialektik gibt, erzwingt diese keine Kritik unseres reinen Vernunftvermögens in praktischer Absicht, die *vor* der Metaphysik der Sitten durchzuführen wäre. Zu der Frage, warum diese Kritik jedoch auf die Metaphysik der Sitten *folgt* (und die eigentliche

Ordnung beider Disziplinen somit verkehrt wird), äußert sich Kant in der Vorrede jedoch leider an keiner Stelle.

Warum hat Kant die *Grundlegung* nicht von vornherein als eine »*Kritik der reinen praktischen Vernunft*« (392) konzipiert? Da es nur eine Vernunft gibt, müsste ein »Prinzip« genannt werden, das die Einheit zwischen der Kritik der reinen spekulativen und der praktischen Vernunft aufweist. Da dieses aber »Betrachtungen von ganz anderer Art« erfordern würde, die den Leser »verwirren«, habe er sich, so Kant, »statt der Benennung einer *Kritik der reinen praktischen Vernunft* der von einer *Grundlegung zur Metaphysik der Sitten* bedient.« (391) Warum Kant im Titel seiner Schrift die Metaphysik der Sitten nennt, begründet er ebenfalls: Da die Metaphysik der Sitten »eines großen Grades der Popularität und Angemessenheit zum gemeinen Verstande fähig ist«, ist es auch möglich, eine Grundlegung zu ihr abzufassen, in der die Abhandlung komplexerer (»nicht faßlicheren«) Lehren auf eine künftige Publikation verschoben werden kann.

Ist die *Grundlegung* zur Metaphysik der Sitten nun ein Teil dieser Metaphysik oder nicht? Das ist eine nicht einfach zu beantwortende Frage. An einer Stelle spricht Kant von »dieser Vorarbeitung der Grundlage« (391). Ist die »[g]egenwärtige Grundlegung« jedoch eine »Vorarbeitung der Grundlage der Metaphysik der Sitten«, dann scheint sie nicht einmal eine vollwertige Grundlegung zu sein. Führen Kants systembezogene Ausführungen zu keiner eindeutigen Antwort, führt uns vielleicht die Konkretisierung der Absicht, die er in seiner Schrift verfolgt, weiter:

> »Gegenwärtige Grundlegung ist aber nichts mehr als die Aufsuchung und Festsetzung *des obersten Prinzips der Moralität*, welche allein ein in seiner Absicht ganzes und von aller anderen sittlichen Untersuchung abzusonderndes Geschäft ausmacht.« (392)

Nicht das System der reinen Vernunft, das »*oberste Prinzip der Moralität*« steht im Zentrum seiner Schrift von 1785. Insofern sie ihr Ziel erreicht, dieses Prinzip aufzusuchen und festzusetzen, hat sie eine Grundlegung zur Metaphysik der Sitten geleistet. Die *Grundlegung* ist auch Metaphysik der Sitten, aber sie umfasst eben auch andere Teile der Philosophie.

Die Gliederung der Schrift orientiert sich an der in ihr zur Anwendung gebrachten Methode:

> »Ich habe meine Methode in dieser Schrift so genommen, wie ich glaube, daß sie die schicklichste sei, wenn man von der gemeinen Erkenntnis zur Bestimmung des obersten Prinzips derselben analytisch und wiederum zurück, von der Prüfung dieses Prinzips und den Quellen desselben zur gemeinen Erkenntnis, darin sein Gebrauch angetroffen wird, synthetisch den Weg nehmen will.« (392; vgl. 263)

Mit Kants Ausführungen zu Inhalt und Methode der *Grundlegung* ist eine Reihe von Fragen verbunden. Was genau wird eigentlich gesucht? Und wie setzt man ein Prinzip fest? In welchem Verhältnis steht die Methode zu den verschiedenen Modalitäten unserer Vernunfterkenntnis? Prinzipien sind Regeln, nach denen wir etwas beurteilen oder handeln. »*Principia der Moral* heißen die Grundsätze, nach welchen man von der moralischen Beschaffenheit der menschlichen Handlungen urtheilet.« (Walch 1775, Theil 1, Sp. 500) Das oberste Prinzip der Moralität (oder Sittlichkeit) ist dasjenige Prinzip, nach dem alle Prinzipien und Handlungen beurteilt werden, nach denen wir sittlich handeln sollen. Das oberste Prinzip ist das Prinzip der inneren Moralität[1] unseres Handelns. Die »Aufsuchung und

1 Zur Differenz zwischen innerer und äußerer Moralität einer Handlung siehe auch Ludwig Julius Friedrich Höffner (1743–1797): »Wenn

Festsetzung« des »*obersten Prinzips*« leistet Kant durch die Verknüpfung von analytischer und synthetischer Methode. Die analytische Methode (auch »Zergliederungskunst« genannt) führt mittels der Analyse eines gegebenen Prinzips zu einer vorläufigen Bekanntschaft mit diesem Prinzip in der »gemeinen sittlichen Vernunfterkenntnis«, die Kant »Bestimmung« nennt. Die analytische Methode hat demnach prinzipiell eine erkenntnistheoretische (epistemische) Funktion: Sie macht uns mit den Prädikaten eines Begriffs oder eines Prinzips vertraut, die diesem Begriff oder Prinzip zukommen. Genau dies bedeutet das Wort »bestimmen«. Von der begrifflichen Bestimmung des Prinzips sind seine »Prüfung« und die Erforschung seiner »Quellen« zu unterscheiden. Warum dies im Rahmen der synthetischen Methode zu geschehen hat, wodurch sich diese Methode auszeichnet und in welchem Verhältnis sie zu Metaphysik und Kritik steht, darüber verliert Kant in der Vorrede kaum ein Wort. Vermutlich geht er davon aus, dass alle Leser aufgrund ihrer Vorbildung im Bereich der Logik (oder Vernunftlehre) die Antworten auf diese Fragen kennen. Es ist offensichtlich, dass die synthetische Methode insofern über die Ergebnisse der analytischen Methode hinausführt, als sie eine Antwort auf die Frage zu geben erlaubt, ob das zuvor durch die Methode der Analyse deutlich erkannte Prinzip der Moralität auch wirklich ist, d. h. einen praktischen Realitätsgehalt hat.

Eindeutig äußert sich Kant zum methodischen Vorgehen in den ersten beiden Abschnitten: Sie sind »bloß analytisch« (445), d. h. in ihnen sollen die begrifflichen Merkmale des

die Folgen einer freyen Handlung aus ihrer Natur fließen: so hat die Handlung eine *innere Moralität*. Sind sie aber von einem vernünftigen Wesen von aussen her an die Handlung geknüpft worden: so hat sie eine *äussere Moralität*.« (1780, § 14)

»*obersten Prinzips*« der Moralität deutlich erkannt werden. Ob dieses Prinzip eine objektive praktische Bedeutung bzw. Wirklichkeit hat, steht in ihnen dagegen noch nicht zur Debatte. Rätselhaft ist dagegen sein Verweis auf den dritten Abschnitt, der den »Übergang von der Metaphysik der Sitten zur Kritik der reinen praktischen Vernunft« enthält. Vorausgesetzt, dass die im zweiten Abschnitt (ab 426) thematisierte Metaphysik der Sitten nach analytischer Methode betrachtet wurde: Wird die Metaphysik dann im dritten Abschnitt nach synthetischer Methode thematisiert? Ist der gesamte dritte Abschnitt »Kritik der reinen praktischen Vernunft«? Oder ist er zunächst analytisch (Metaphysik der Sitten) und dann synthetisch (Kritik der reinen praktischen Vernunft)? Oder verfährt der gesamte Abschnitt III nach synthetischer Methode?[2]

Am Ende des zweiten Abschnitts führt Kant aus, dass der Nachweis der Wirklichkeit der Sittlichkeit

> »einen *möglichen synthetischen Gebrauch der reinen praktischen Vernunft* [erfordert], den wir aber nicht wagen dürfen, ohne eine *Kritik* dieses Vernunftvermögens selbst voranzuschicken, von welcher wir in dem letzten Abschnitte die zu unserer Absicht hinlängliche Hauptzüge darzustellen haben.« (445)

Diese Formulierung ist rätselhaft, weil sie auszudrücken scheint, dass die Kritik der reinen praktischen Vernunft zwar eine Voraussetzung des synthetischen *Gebrauchs* der reinen praktischen Vernunft darstellt, selbst aber nicht nach synthetischer Methode verfährt. Was heißt es aber, einen synthetischen Gebrauch von der reinen praktischen Vernunft zu ma-

2 Eine ausführliche Diskussion diverser Interpretationen dieser Problematik findet sich bei Milz 1998.

chen und welche Methode müssen wir anwenden, um diesen Gebrauch zu rechtfertigen? Oder bezieht sich Kant mit dem Ausdruck »letzten Abschnitt« gar nicht auf den *gesamten* dritten Abschnitt, sondern vielmehr auf seinen den Titel »*Von der äußersten Grenze aller praktischen Philosophie*« tragenden fünften Unterabschnitt?

Eine Methode kennzeichnet den Weg, auf dem ein bestimmtes Ziel erreicht werden kann. Welches Ziel verfolgt Kant mit der *Grundlegung*? Warum spricht er von »Aufsuchung und Festsetzung«, nicht aber vom Beweis, von der Rechtfertigung oder von der Begründung dieses Prinzips? Warum erwähnt er den Begriff der Deduktion nicht, der im dritten Abschnitt der *Grundlegung* eine so prominente Rolle spielen wird? Nach den Ausführungen der Vorrede zu urteilen, scheint Kant das oberste Prinzip nicht beweisen, rechtfertigen oder begründen zu wollen – jedenfalls nicht in der gewöhnlichen Bedeutung, die mit diesen Wörtern verknüpft ist. Etwas zu beweisen bedeutet, Gründe für die Wahrheit einer Aussage anzuführen. Im Rahmen einer empirischen Beweisführung können wir begründen, dass das Urteil, Berlin ist die Hauptstadt von Bayern, falsch ist. Im Rahmen einer apriorischen Beweisführung können wir begründen, dass die Winkelsumme eines Dreiecks immer 180 Grad beträgt. Aber wie sollten wir das oberste Prinzip der Moralität beweisen?

Am Ende der »gemeinen sittlichen Vernunfterkenntnis« scheint Kant davon auszugehen, dass allen Menschen dieses Prinzip, wie dunkel auch immer, innerlich vor Augen steht. Die Aufgabe der Philosophie kann nicht darin bestehen, dieses Prinzip mit Mitteln zu beweisen, die nicht in diesem Wissen enthalten wären. Die Analyse, die ›Zergliederung‹ unserer (modern gesprochen) moralischen Überzeugungen kann nur ein einziges Ziel haben: Diese Überzeugungen in ihrer begrifflichen Struktur zu klären, muss im Zentrum dessen stehen, was in einer Grundlegung zur Metaphysik der Sitten geleistet werden kann. Wahrheit durch Deutlichkeit. Aber die Deutlichkeit allein reicht dann doch nicht aus. Wie viel Begründung, Rechtfertigung und Deduktion im Rahmen der Anwendung der synthetischen Methode zur Anwendung kommt und von welcher Art sie ist, ob genuin praktisch oder aus dem Bereich der theoretischen Philosophie stammend, wird uns später beschäftigen.

Dass Kants methodische Überlegungen in der damaligen zeitgenössischen Philosophie nicht singulär sind, mag an dieser Stelle zumindest angedeutet werden. Ganz im Sinne der analytischen Methode führt Johann Nicolaus Tetens (1736–1807) in seiner Schrift *Ueber die allgemeine speculativische Philosophie* (1775) aus, dass es in »unserem Verstande Begriffe und Principe« gibt, die für sich betrachtet eine »so hervorstechende und auffallende Evidenz besitzen, daß sie *aufsuchen und hinsetzen*, eben so viel ist, als ihre Realität und ihre Wahrheit zu beweisen.« (1775, 21)

Besonders bemerkenswert sind die methodischen Hinweise, die der Wolffianer Johann August Eberhard (1739–1809) im »Vorbericht« seiner 1781 erschienenen *Sittenlehre der Vernunft* gibt. Sie erwecken den Eindruck, als ob Kant sie sich zum Vorbild genommen hätte. Eberhard führt aus:

> »Worin ich aber von der Methode der gewöhnlichsten akademischen Lehrbücher abgewichen bin, ist vorzüglich folgendes: Ich habe die *analytische* Lehrart mit der *synthetischen* zu verbinden gesucht. Dieses ist bey moralischen Untersuchungen noch nöthiger als bey Andern. Denn ob wir gleich bei der Empfindung in der Beurtheilung der Sittlichkeit nicht dürfen stehen bleiben: so fangen wir doch allezeit dabey an, und wir fühlen nicht eher das Bedürfniß, die höhern Gründe der Sittlichkeit aufzusuchen, als bis wir die

Unzulänglichkeit der Empfindung in Beurtheilung derselben erkannt haben. Da wir hiernächst doch die erkannten Grundsätze, wenn wir danach handeln sollen, in die Empfindung müssen zurückbringen: so wird der analytische Weg, auf dem wir zu ihnen hinansteigen, das Interesse, das Licht und das Praktische ihrer Untersuchung unfehlbar befördern.« (1781, ii–iii)

Bemerkenswert ist auch, dass Eberhard von einem »Uebergang« (1781, iii) von der einen zur anderen Methode spricht. Für die synthetische Methode steht Wolff, für die analytische Methode »die Sittenlehrer anderer Nationen« (ebd.). Die »tiefsinnige Gründlichkeit des einen« muss »mit dem Erfahrungsschatz dem Popularen und Praktischen der anderen«[3] verbunden werden. Bereits Eberhard dient die in der Tradition der schottischen Moralphilosophie (Francis Hutcheson, David Hume, Lord Kames, Adam Smith u. a.) stehende Analyse unserer gewöhnlichen moralischen Urteilspraxis als Sprungbrett für die eigentliche philosophische Tätigkeit, für das metaphysische und kritische Denken über unsere moralischen Verbindlichkeiten.

Der gute Wille

Kant eröffnet den ersten Abschnitt mit einem spektakulären Satz. Er zählt zu den berühmtesten seiner gesamten Philosophie: »Es ist überall nichts in der Welt, ja überhaupt auch außer derselben zu denken möglich, was ohne Einschränkung für gut könnte gehalten werden, als allein ein *guter Wille.*« (393) War-

3 1781, iv. Vgl. Zedler 1732–1754, Bd. 2, Sp. 38–39 und Bd. 20, Sp. 1330–1333.

um ist ausschließlich der gute Wille uneingeschränkt gut? Wieso können wir uns eine Alternative zu ihm nicht einmal denken? Im weiteren Verlauf seiner Ausführungen wird Kant das Adjektiv »uneingeschränkt« synonym mit den Adjektiven »unbedingt«, »rein« und »absolut« verwenden sowie das Adjektiv »gut« durch das Substantiv »Wert« erläutern. Wenige Absätze später wird er vom »Begriff eines an sich selbst hochzuschätzenden und ohne weitere Absicht guten Willens« (397) sprechen. Die Aussage, dass nur der gute Wille uneingeschränkt gut ist, ist also gleichbedeutend mit der Aussage, dass der Wille einen »inneren unbedingten Wert« oder einen »absoluten Wert« (394) hat.

Warum schreibt Kant diesem Willen einen »inneren unbedingten« und nicht einfach nur einen »unbedingten« Wert zu? Die Betonung von »innen« soll hervorheben, dass der Wert des Willens nicht von etwas Äußerem bedingt bzw. abhängig ist. Dieser Wert wird dem Willen nicht verliehen, und er kann auch nicht in seiner Funktionalität für etwas anderes verstanden werden.

Der Wille *ist* kein Wert, sondern er *hat* einen Wert. Kant spricht von der »Idee von dem absoluten Wert des bloßen Willens« (394). Dabei geht er davon aus, dass die »gemeine Vernunft« (ebd.) mit dieser Idee übereinstimmt. Das ist eine gewagte These. Wo redet Aristoteles vom »inneren unbedingten Wert« des Willens? An welcher Stelle ihres Werkes erläutern Francis Hutcheson und David Hume (1711–1776) den »absoluten Wert des bloßen Willens«? Mit seiner These über den guten Willen rennt Kant nicht gerade offene Scheunentore ein, auch wenn er sicherlich nicht der erste Philosoph ist, dessen Auffassung nach wir den guten Willen um seiner selbst willen schätzen.[4] In jedem Fall besteht Begründungsbedarf. Und die-

4 Siehe Cicero, *De finibus* III, 277, 281.

ser soll durch eine negative und eine positive Beweisführung erfüllt werden.

Im Rahmen seiner negativen Beweisführung unterscheidet Kant zwischen verschiedenen Gaben, die gut sein können. Auf der einen Seite gibt es die »Naturgaben«, die entweder »*Talente* des Geistes« (393) (»Verstand, Witz, Urteilskraft«) oder »Eigenschaften des *Temperaments*« (»Mut, Entschlossenheit, Beharrlichkeit im Vorsatze«) sind. Auf der anderen Seite stehen die »Glücksgaben« (»Macht, Reichtum, Ehre, selbst Gesundheit«), die unter dem Stichwort der »Glückseligkeit« zusammengefasst werden. Da alle diese Gaben missbraucht werden können, haben sie »keinen inneren unbedingten Wert« (394). Gut sind sie immer nur dann, wenn sie von einem guten Willen in Anspruch genommen werden. Aber sie können eben auch für einen bösen Willen nützlich sein.

In aller Kürze geht Kant auf die Unterscheidung zwischen Glückseligkeit und »der Würdigkeit, glücklich zu sein« (393) ein. Der Grundgedanke besteht darin, dass Glückseligkeit einen Zustand bezeichnet, in dem der Mensch alle seine Neigungen befriedigt findet. Diese Glückseligkeit hat gerade *keinen* intrinsischen Bezug zum Begriff der Tugend: Auch der lasterhafte Mensch kann ein glückliches Leben führen. Aus der Perspektive der reinen praktischen Vernunft betrachtet ist dies jedoch ein anstößiger Gedanke. Kant bezieht sich auf diese Perspektive mit einem Ausdruck, der aus der schottischen Moralphilosophie stammt. Geprägt hat ihn Adam Smith (1723–1790) in seiner *The Theory of Moral Sentiments* (*Theorie der moralischen Empfindungen*) (1759), nämlich der »vernünftige und unparteiische Zuschauer« (393). Vielleicht nennt Kant hier nicht den Begriff der reinen praktischen Vernunft, weil wir uns zu Beginn des ersten Abschnitts im Bereich der »gemeinen sittlichen Vernunfterkenntnis« befinden, nicht in der Metaphysik der Sitten oder der Kritik der reinen praktischen Vernunft. In jedem Fall drücken wir als unparteiische Zuschauer unsere Hoffnung aus, dass Tugend und Glück proportional verteilt sein mögen. Wir hoffen, dass der Tugendhafte glücklich und der Lasterhafte unglücklich sein wird. Da wir diese Proportionalität in dieser Welt nicht erwarten können, richtet sich unsere Hoffnung auf die zukünftige Welt, in die wir nach unserem irdischen Tod treten. Wir hoffen, durch unser tugendhaftes Streben uns der Glückseligkeit würdig zu erweisen. Aber sie ist nicht der Zweck, um dessen willen wir moralisch handeln. Die Details klärt Kant im Rahmen seiner Lehre vom Höchsten Gut (Tugend und Glückseligkeit), die uns hier nicht näher zu interessieren braucht (vgl. 5:107 ff.). Für die in der *Grundlegung* erörterten Fragen nach dem obersten Prinzip der Moralität sind sie nicht von Bedeutung.

Kants Ausführungen zum guten Willen sind einem naheliegenden Einwand ausgesetzt: Was ist mit den Tugenden? Sind Tugenden etwa nicht uneingeschränkt gut? Ohne Ross und Reiter beim Namen zu nennen, erwähnt Kant drei der vier Kardinaltugenden sowohl Platons als auch Ciceros: die Besonnenheit, die Tapferkeit und die Klugheit. Die höchste unter ihnen, die Gerechtigkeit, erwähnt er dagegen mit keinem Wort. Sicherlich sind diese Tugenden »in vielerlei Absicht gut«, sie scheinen »sogar einen Teil vom *inneren* Werte der Person auszumachen«[5]. Aber weil sie (im Gegensatz zur Gerechtigkeit) missbraucht werden können (was viele Tugendethiker allerdings bezweifeln würden), sind sie nicht uneingeschränkt gut. Warum aber erwähnt Kant die Gerechtigkeit nicht? Die Gerechtigkeit besteht einer allgemeinen Definition nach darin,

5 493. Kant definiert (wie Wolff) den Begriff der Person durch den der Zurechnungsfähigkeit: »*Person* ist dasjenige Subjekt, dessen Handlungen einer Zurechnung fähig sind« (6:223). Zum Begriff der Zurechnung vgl. Blöser 2014.

jedem das Seine zu lassen oder zu geben. Da es sich bei diesem Seinen um ein Eigentum (Besitz) handelt, fällt die Gerechtigkeit[6] also in den Bereich der *Rechtslehre*, die 1797 als erster Teil der *Metaphysik der Sitten* erschienen ist.

Im Anschluss an seine Kritik an der Tugendethik deutet Kant die Perspektive an, unter der der gute Wille uneingeschränkt gut sein kann:

> »Der gute Wille ist nicht durch das, was er bewirkt, oder ausrichtet, nicht durch seine Tauglichkeit zu Erreichung irgend eines vorgesetzten Zweckes, sondern allein durch das Wollen, d. i. an sich, gut und, für sich selbst betrachtet, ohne Vergleich weit höher zu schätzen als alles, was durch ihn zugunsten irgend einer Neigung, ja wenn man will, der Summe aller Neigungen nur immer zustande gebracht haben könnte.« (394)

Für viele Leser war und ist dies ein verstörender Gedanke. Wir schätzen die Qualität eines Willens also nicht nach dem, was dieser Wille bewirkt? Ohne Rücksicht auf den »vorgesetzten Zweck« sollen wir das Wollen als »an sich gut« (oder schlecht) wertschätzen? Auf welche Eigenschaft unseres Wollens will uns Kant mit diesen Worten hinweisen? Deutlich wird, worauf es uns seiner Ansicht nach nicht ankommt: Dem Willen werden durch seine Neigungen Zwecke ›vorgesetzt‹, die zu bewirken er prinzipiell vermögend ist. Für den guten Willen soll auch kennzeichnend sein, dass er alles in seiner Gewalt Mögliche aufbietet, um den gewollten Zweck zu verwirklichen. Das Wollen darf nicht mit einem »bloßen Wunsch« (394) verwechselt werden. Zumindest insofern ist der gegenüber Kants Ethik erhobene Einwand, bloße Gesinnungsethik zu sein, irreführ-

6 Siehe auch Meier 1766, § 814.

rend, ja falsch. Aber obwohl der gute Wille ein tätiger Wille ist, ist es nicht der tatsächliche Erfolg in der Realisierung eines gesetzten Ziels, der aus dem Willen einen guten Willen macht.

In der Sprache der Vermögenslehre ausgedrückt: Der Wille kann nicht in seiner Funktion als unteres Begehrungsvermögen uneingeschränkt gut sein. Neigungen sind als solche Teil unserer Naturgeschichte. Auch wenn sie einen Bezug zur menschlichen Rationalität haben, wird durch sie der Wille durch etwas bestimmt, was ihm von außen gegeben wird. Der Wille kann nur als oberes Begehrungsvermögen als uneingeschränkt gut beurteilt werden. Er muss in einer ›inneren‹ Beziehung zur reinen Vernunft stehen. Die »gemeine sittliche Vernunfterkenntnis« bedient sich mit dem uneingeschränkt guten Willen eines Begriffs, dessen tiefere Bedeutung nicht auf der Hand liegt, sich der gemeinen Vernunft ganz verschließt. Wie kann der Gedanke erläutert werden, dass die Vernunft selbst den Willen zu einem an sich guten Willen bestimmen kann, dem unsere höchste Wertschätzung gilt? Wie kann der Verdacht, dass die »Idee von dem absoluten Werte des bloßen Willens« auf einer »bloß hochfliegenden Phantasterei« (395) beruht, ausgeräumt werden? Sicherlich nicht dadurch, dass die ›gemeine‹ Vernunft unvermittelt in die Schule der Metaphysik geführt wird, wo sie sich entsprechend belehren lassen muss.

Kant erweist sich als Meister der Didaktik, wenn er die ›gemeine‹ Vernunft mit einer Begrifflichkeit aufklären will, die dieser Vernunft (dunkel gedacht) bereits vertraut ist, nämlich mit der Begrifflichkeit der Zweckmäßigkeit. Er verwendet diese Begrifflichkeit nicht für die Welt als Ganze. Er beschränkt sich auf die Zweckmäßigkeit eines Organismus:

»In den Naturanlagen eines organisierten, d. i. zweckmäßig zum Leben eingerichteten, Wesens nehmen wir es als

Grundsatz an, daß kein Werkzeug zu irgend einem Zwecke in demselben angetroffen werde, als was auch zu demselben das schicklichste und ihm am meisten angemessen ist.« (395)

Dazu, warum wir dies als einen Grundsatz annehmen und ob dieser Grundsatz selbst rechtfertigungsfähig ist, äußert sich Kant nicht. Es ist allerdings schon erstaunlich, dass er ohne Bedenken von der »Weisheit der Natur« (396) spricht. Es ist deshalb erstaunlich, weil, wie er in der *Kritik der reinen Vernunft* gezeigt zu haben beansprucht, die Zweckmäßigkeit keine die Gegenstände unserer Erfahrung konstituierende Kausalität (*causa finalis*) darstellt. Aus der Perspektive der (eigentlichen) Naturwissenschaft betrachtet gibt es keine Zweckmäßigkeit in der Natur.

Wie können wir Kants Position von 1785 erklären?

- *Entweder* hat er 1785 gegenüber 1781 seine Meinung geändert (was nicht anzunehmen ist, weil das die Grundfeste seiner Unterscheidung zwischen Natur und Freiheit aufheben würde).
- *Oder* er hat sich in der *Grundlegung* allein aus strategisch-heuristischen Gründen auf die Zweckmäßigkeit der Natur bezogen (was angesichts des zu erreichenden Beweiszieles nicht plausibel ist).
- *Oder* es gibt eine dritte Rechtfertigung dieses Grundsatzes, die aus einer der theoretischen Philosophie selbst fremden Perspektive geführt werden kann.

Dass diese dritte Alternative wahrscheinlich ist, kann an dieser Stelle nicht zwingend gezeigt werden. Immerhin gibt es aber bereits in der *Kritik der reinen Vernunft* einen Hinweis auf diese Perspektive. Dort ist von einer praktischen Philosophie die Rede, die uns die »*innere* praktische Notwendigkeit« (KrV A 818 / B 846) von moralischen Gesetzen zu erkennen gibt. Wir halten Handlungen »nicht darum für verbindlich [...], weil sie Gebote Gottes sind«, sondern wir sehen »*sie darum als göttliche Gebote*« an, »weil wir dazu innerlich verbindlich sind.« (KrV A 819 /B 847) Die praktische Philosophie führt uns also zu der Moraltheologie. Ihre Funktion besteht darin, »unsere Bestimmung hier in der Welt zu erfüllen, indem wir in das System aller Zwecke passen« (ebd.). Die Pointe dieser Überlegungen besteht darin, dass die praktische Vernunft selbst uns nötigt, die Welt so zu beurteilen, *als ob* wir in ihr die Bedingungen für unser moralisches Streben vorfinden würden. Die Welt muss in praktischer Hinsicht als ein Ort begriffen werden, in dem wir das tun können, was wir tun sollen. Verwirklichen können sich Vernunft und Freiheit in dieser Welt aber nur dann, wenn die Kausalität aus Freiheit auf eine Kausalität in der Welt trifft, die ebenfalls nach Zwecken organisiert ist. In der *Kritik der reinen Vernunft* greift Kant auf den Begriff des Glaubens, auf den Modus des Als-ob zurück: Ich bin »verbunden«, mich »meiner Vernunft so zu bedienen, als ob alles bloß Natur sei«. Ihre »zweckmäßige Einheit« ist »eine so große Bedingung der Anwendung der Vernunft auf Natur, daß ich, da mir überdem Erfahrung reichlich davon Beispiele darbietet, sie gar nicht vorbeigehen kann.« (KrV A 826 / B 854)

Hinter dem Grundsatz der Zweckmäßigkeit eines jeden »Werkzeugs« (395) in einem Organismus könnte also eine Vernunft stecken, die sich selbst als für diese Organismen zweckmäßig aufdrängt. Der Grundsatz wäre das Mittel einer sich selbst der Herrschaft über unseren Willen bemächtigenden Vernunft. Weder können wir uns eine vom moralischen Gesetz ausgehende absolute Verbindlichkeit denken, die auf eine widerständige Welt trifft, welche dem moralischen Handeln gar keinen Ort bietet. Noch können wir uns eine praktische

Vernunft denken, die ihre Zwecke nur zufällig erreichen kann. Dass wir uns nur den Willen als uneingeschränkt gut denken können, besagt dann nicht mehr und nicht weniger, als dass uneingeschränkt gut nur ein durch unsere reine Vernunft bestimmter Wille ist. Da die (im weitesten Sinne des Wortes so zu verstehende) Vernunft das Vermögen zu denken ist, würde die Annahme des Gegenteils bedeuten, dass es unserer Vernunft nicht widersprechen würde, wenn wir etwas an sich schätzen, was nicht vernünftig ist.

Die reine praktische Vernunft beurteilt die Natur so, als ob sie in ihr ihre Zwecke realisieren könnte. Kant vertritt damit eine zwischen der klassischen Teleologie Wolffs (die Natur selbst verfolgt Zwecke) und der Auffassung einer bloß auf mechanischen Gesetzen beruhenden Natur (Epikur, Thomas Hobbes, Hume) vermittelnde dritte Position.

Kants Ausführungen zum Verhältnis von Vernunft und Willen können in wenigen Worten zusammengefasst werden: In einem Lebewesen, »das Vernunft und einen Willen« hat, kann der natürliche Zweck der Vernunft nicht in der Beförderung der »Glückseligkeit« (»Erhaltung« und »Wohlergehen«) (395) dieses Wesens bestehen. Dieser Zweck könnte durch den Instinkt viel besser erreicht werden. Die »Bestimmung« der Vernunft liegt nicht in der Beförderung der »Privatabsicht« (396) eines Wesens durch die Aufsuchung der Mittel, durch die wir unsere aus den Neigungen stammenden Zwecke erreichen können. Hier irrt die Vernunft nur allzu oft. Die »wahre Bestimmung« der praktischen Vernunft liegt in der Hervorbringung eines *»an sich selbst guten Willen[s]«* (ebd.). Die Vernunft muss ihren Zweck unter allen Umständen erfüllen können. Es kann keine empirischen Bedingungen geben, die die Gründung eines guten Willens vereiteln können. Dies bedeutet nicht, dass der Mensch immer einen guten Willen hat. Es bedeutet vielmehr, dass die Vernunft dem Willen ein Prinzip gibt, dessen Befolgung – die empirischen Umstände mögen sein, welche sie wollen – einen guten Willen gründen.

Der gute Wille ist insofern das »höchste Gut« unseres Strebens, als er die Bedingung für unser »Verlangen nach Glückseligkeit« (396) darstellt. Als Naturwesen streben wir nach Glückseligkeit. Als moralische Wesen sollen wir unsere Glückseligkeit jedoch nur unter der Bedingung ihrer Übereinstimmung mit dem Prinzip des auf reiner Vernunft gegründeten guten Willens verfolgen. Der Effekt unserer moralischen Willensbestimmung ist eine »Zufriedenheit« (396) eigener Art, die nicht mit der gewöhnlichen Glückseligkeit verwechselt werden darf. Bei dieser »Zufriedenheit« handelt es sich um ein moralisches Gefühl, dessen Ursache Vernunft und nicht Natur ist. Die Lust ist nicht die Ursache, sie ist die Folge unseres moralischen Strebens. Doch dazu später mehr (siehe Abschnitt »Das Gefühl der Achtung«).

Der Begriff der Pflicht

In einem ersten Schritt hat Kant den Begriff des guten Willens durch den Begriff der reinen praktischen Vernunft erläutert. In einem zweiten Schritt schlägt er vor, den Begriff »eines an sich selbst hochzuschätzenden und ohne weitere Absicht guten Willens« durch den Begriff der Pflicht »zu entwickeln« (397).

Warum gerade der Begriff der Pflicht? Kant folgt der Tradition, wenn er unter einer Pflicht eine Handlung versteht, zu deren Vollzug wir moralisch verbunden (verpflichtet) sind. Die Eigenschaft des Willens, die ihn zu einem uneingeschränkt guten Willen macht, muss auch eine Eigenschaft der Handlung sein, die dieser Wille vollzieht. Es würde sonst keine Differenz zwischen gutem und schlechtem Handeln geben. Es muss möglich sein, den »echten moralischen Wert« (398), den »eigentlichen moralischen Wert« (399) bzw. den »unbedingten und moralischen Wert« (400) der Handlung durch eine Eigenschaft des Willens zu erklären. Was könnte dies für eine Eigenschaft sein? Wie können wir sie erkennen?

Zunächst ist zu beachten, dass der Begriff der Pflicht den Begriff eines guten Willens »unter gewissen subjektiven Einschränkungen und Hindernissen« »enthält« (397). Betrachten wir unsere Pflicht unter Berücksichtigung dieser »subjektiven Einschränkungen und Hindernisse«, entdecken wir die gesuchte Eigenschaft. Eine Handlung kann sich in drei verschiedenen Hinsichten auf den Begriff eines guten Willens beziehen: Sie kann »aus Pflicht« geschehen oder »pflichtgemäß« oder »pflichtwidrig« (ebd.) sein. Dass eine pflichtwidrige Handlung keinen moralischen Wert hat, versteht sich von selbst. Sie widerspricht dem moralischen Gesetz. Worin aber besteht der Unterschied zwischen einer pflichtgemäßen und einer aus Pflicht vollzogenen Handlung? Warum ist diese Unterscheidung moralisch relevant?

Unser Wille wird durch Beweggründe zum Handeln bestimmt. Ohne sie kann er nicht tätig werden. Die Unterscheidung zwischen einer pflichtmäßigen und einer Handlung aus Pflicht setzt voraus, dass ein und dieselbe Handlung aus verschiedenen Gründen oder Motiven heraus vollzogen werden kann. Wie Kant an den Beispielen des ehrbaren Kaufmanns und der Neigung, sein Leben zu erhalten, deutlich machen möchte, kann eine Person eine unmittelbare Neigung dazu haben, sich selbst oder einer anderen Person etwas Gutes zu tun. Fehlt diese unmittelbare Neigung (wie im Falle des Kaufmanns, der keine unmittelbare Neigung hat, seine Kunden ehrlich zu bedienen), kann eine Person aus Gründen ihres langfristigen Eigeninteresses dennoch motiviert sein, ehrlich zu sein. Es ist im langfristigen Interesse des Kaufmanns, alle seine Kunden ehrlich zu bedienen, also auch diejenigen, denen gegenüber ehrlich zu sein er keine unmittelbare Neigung hat. Würde seine betrügerische Tat öffentlich, könnte er sein Geschäft schließen. Der kluge Kaufmann ist ehrlich. Der aus Klugheit ehrliche Kaufmann hat aber keinen guten Willen. Seine Handlung hat keinen »wahren sittlichen Wert«. Der Kaufmann erfüllt seine Pflicht. Er betrügt nicht. Aber der Handlung fehlt der sittliche Wert. Woran können wir das erkennen?

Unvermittelt greift Kant einen neuen Begriff auf, den der »Maxime«. Eine Handlung hat »keinen sittlichen Wert«, wenn ihrer Maxime »der sittliche Gehalt« (398) fehlt. Damit ist die Diskussion von der Ebene partikularer Gründe und Motive auf die Ebene der subjektiven Handlungsregeln verlegt. Fragen wir nach dem sittlichen Wert einer Handlung, müssen wir nach dem sittlichen Gehalt der Maxime fragen. Die Frage, ob meine Handlung pflichtgemäß oder aus Pflicht geschehen ist, bemisst sich daran, ob ich »aus Neigung« oder »aus Pflicht« handle. Diese Differenz muss auf eine Weise, die wir an dieser Stelle noch nicht verstehen können, an der Maxime ausweisbar sein. In jedem Fall muss es für uns Menschen möglich sein, unsere Pflicht immer und überall zu erfüllen. Zu unmöglichen Handlungen können wir nicht verpflichtet sein. Wir können auch nicht verpflichtet sein, bestimmte Neigungen oder Gefühle gegenüber anderen Menschen zu haben. Wir sind nicht verpflichtet, aus Liebe gegenüber den Menschen zu handeln. Eine *»wohlgeordnete Menschenliebe«* (Meier 1766, § 784) kann es ebenso wenig geben wie das Gebot, seine Feinde zu lieben. Dennoch sind wir verpflichtet, das Wohl anderer Menschen zu befördern (vgl. 399). Wir können aber auch nicht verpflichtet sein, »aus Gehorsam« dem Gesetz zu folgen, wie der in Leipzig tätige Philosoph und Theologe Christian August Crusius (1715–1775) meinte (Crusius 1767, § 133). Müssten wir dem Moralgesetz »aus Gehorsam« folgen, würde der Grund seiner Verbindlichkeit der Wille Gottes (oder, wie im Falle weltlicher Gesetze, der Wille des Fürsten) sein. Mit seiner Wendung »aus Pflicht« stellt sich Kant für alle seine Zeitgenossen erkennbar gegen eine Konzeption des Moralgesetzes, die die Verbindlichkeit des Gesetzes auf den Willensakt eines uns äußeren Gesetzgebers zurückzuführen versucht.

Kants Überlegungen zum moralischen Wert einer Handlung haben uns mit der Alternative zum Handeln aus Neigung und aus Pflicht vertrauter gemacht. Zu Beginn des auf diese Überlegungen folgenden Absatzes spricht Kant von einem »zweiten Satz«. Dieser Satz lautet:

> »[…] eine Handlung aus Pflicht hat ihren moralischen Wert *nicht in der Absicht*, welche dadurch erreicht werden soll, sondern in der Maxime, nach der sie beschlossen wird, hängt also nicht von der Wirklichkeit des Gegenstandes der Handlung ab, sondern bloß von dem *Prinzip des Wollens*, nach welchem die Handlung unangesehen aller Gegenstände des Begehrungsvermögens geschehen ist.« (399–400)

Wenn es einen »zweiten« (und später einen »dritten«) Satz gibt, dann muss sich auch ein erster Satz finden lassen. Leider hat es Kant versäumt, auf diesen ersten Satz explizit hinzuweisen bzw. ihn zu formulieren.

Bevor wir uns auf die Suche nach ihm machen, ein Wort zu Kants Verwendung des Wortes »Satz«: Ein Satz ist nicht nur eine sprachliche Äußerung, »Satz« ist die deutsche Übersetzung von »propositio« (Baumgarten 2004, § 64; 2011, § 83) und wird auch synonym mit »Prinzip« verwendet. So spricht der Wolff-Anhänger Johann Georg Sulzer (1720–1779) vom »Satz« oder dem »Principium der Weisheit« (1773, 287). Unsere Suche gilt demnach einem Satz oder einem Prinzip des guten Willens. Der Wille ist gut, der sich selbst durch dieses Prinzip zum Handeln bestimmt.

Wie könnte der erste Satz lauten? Es liegt nahe, an die Unterscheidung zwischen einer Handlung »aus Pflicht« und einer »bloß pflichtgemäßen« Handlung zu denken: Die Handlung hat nur dann einen inneren moralischen Wert, wenn sie »aus Pflicht« und nicht »aus selbstsüchtiger Absicht« (397), d. h. aus Neigung vollzogen wird. Die Pflichtvorstellung, nicht die Neigung, ist der ausschlaggebende Grund des Wollens. Der zweite Satz erläutert nun den Ausdruck »aus Pflicht«. Wenn der moralische Wert einer aus Pflicht begangenen Handlung nicht in ihrer »Absicht« (d. h. ihrem Zweck) besteht, dann muss dieser Wert auf der Maxime, d. h. auf dem »*Prinzip des Wollens*« beruhen, nach der diese Handlung beschlossen worden ist. Was aber bleibt von diesem Prinzip übrig, wenn wir von seinem Inhalt (ihrer Absicht, ihrem Zweck, ihrer Materie) abstrahieren? Eine Regel ohne Inhalt ist ein bloß formales Prinzip. Beruht es auf Begriffen der reinen Vernunft, ist es ein formales Prinzip a priori. Kant spricht von dem »formellen Prinzip des Wollens« (400). Demnach ist der gute Wille ein solcher, dessen Handlungen auf einem Prinzip a priori beruhen.

Dass Kant den Willen als ein Vermögen begreift, das »mitten inne« steht »zwischen seinem Prinzip a priori, welches formell ist, und zwischen seiner Triebfeder a posteriori, welche materiell ist« (400), kann leicht überlesen werden. Das Prinzip a priori ist keine Triebfeder. Dennoch bewegt es uns zu Handlungen. Der Wille ist

> »gleichsam auf einem Scheidewege, und da er doch irgend wodurch muß bestimmt werden, so wird er durch das formelle Prinzip des Wollens überhaupt bestimmt werden müssen, wenn eine Handlung aus Pflicht geschieht, da ihm alles materielle Prinzip entzogen worden« ist (400).

Wenn eine Handlung aus Pflicht geschieht, wird der Wille durch das formelle Prinzip des Wollens bestimmt.

Kants Metapher vom Scheideweg, auf dem sich der Wille befindet, wurde bereits von seinem Hallenser Kollegen und Baumgarten-Schüler Georg Friedrich Meier in seiner *Allgemeinen practischen Weltweisheit* bemüht:

> »Wenn ein vernünftig freyes Wesen in den Fall kommt, eine freye Handlung zu thun: so befindet es sich an einem *Scheidewege*, und es kann durch eigene Wahl, so wohl den Weg zur Linken, als auch den Weg zur Rechten wählen.«[7]

Hier ist nicht die Frage, ob der Wille die Wahl hat, sich selbst auf grundsätzlich verschiedene Weisen zum Handeln zu bestimmen, die in der Philosophie der Zeit zur Debatte steht. Die große Frage lautet vielmehr, wodurch genau wir zwischen der einen und anderen Alternative unterscheiden. Und an dieser Stelle vertritt Kant eine Sonderposition. Kein anderer zeitgenössischer Philosoph ist auf die Idee gekommen, zwischen einem rein formalen und einem materialen Prinzip des Wollens zu unterscheiden.

Seinen »dritten Satz« kündigt Kant als »Folgerung aus beiden vorigen« (400) an. Welche Art von »Folgerung« dürfen wir erwarten? Kant formuliert: »Den dritten Satz […] würde ich so ausdrücken« und deutet damit darauf hin, dass er vielleicht auch eine alternative Formulierung hätte wählen können. Beweisziel der drei Sätze ist es, die Bedeutung des an sich guten Willens durch die Analyse des Begriffs der Pflicht zu klären. Wenn nach dem zweiten Satz der moralische Wert der Handlung auf ihrem Prinzip beruht, wäre zu erwarten, dass wir im dritten Satz weitere Auskunft über das Verhältnis erhalten, in

7 Meier 1764, § 72; vgl. 1765, § 696.

dem der Wille zu diesem Prinzip steht. Was ist das für ein Wille, der nicht aus Rücksicht auf die erhoffte Wirkung sich selbst zum Handeln bestimmt? Es ist ein Wille, der eine Handlung bloß deshalb vollzieht, weil er sie durch Vernunftgründe als notwendig erkennt. Die Maxime soll einen »sittlichen Gehalt« (398) haben. Das ist ein Vernunftgebot. Hat die Maxime einen sittlichen Gehalt, erfolgt die Handlung »aus Pflicht«. »Aus Pflicht« zu handeln bedeutet, aus »*Achtung fürs Gesetz*« zu handeln. Der dritte Satz lautet: »*Pflicht ist Notwendigkeit einer Handlung aus Achtung fürs Gesetz.*« (400) Die Achtung für das moralische Gesetz ist der Grund, der eine Handlung notwendig macht.

Beruht eine Handlung »aus Pflicht« auf einem »Prinzip a priori«, dann muss dieses Prinzip allein den Willen zu Handlungen bestimmen können. Was ist ein Prinzip? Welche Funktion hat es? Ein Prinzip (»principium«) ist das, was die Quelle oder den Grund eines anderen in sich enthält (»principiatum«), das aus ihm abgeleitet wird.[8] Die »Quelle« oder das »Prinzip« einer Handlung »aus Pflicht« ist zugleich a priori und formal. Zwar kann das Prinzip auch einen materialen Gehalt haben. Aber dieser Gehalt stellt primär nicht das Kriterium dar, anhand dessen ich eine Handlung »aus Pflicht« erkennen kann. »Aus Pflicht« bzw. aus »*Achtung fürs Gesetz*« zu handeln, bedeutet, dass sich der Wille durch ein Prinzip a priori bestimmt, dessen Ursprung die reine Vernunft selbst ist.

Mit der Verwendung des Wortes »Notwendigkeit« macht Kant auf die modale Beziehung aufmerksam, die zwischen diesem Prinzip und der Pflicht besteht. Diese Beziehung ist nicht etwa zufällig, sondern notwendig. Kenne ich das Prinzip der Moral, vermag ich die Handlungen zu erkennen, die zu vollziehen moralisch geboten oder verboten sind (positive und

8 Vgl. Baumgarten 2004, § 216; 2011, § 307.

negative Pflichten). Es ist dieses Gesetz (»das bloße Gesetz für sich«),

> »was bloß als Grund, niemals aber als Wirkung mit meinem Willen verknüpft ist, was nicht meiner Neigung dient, sondern sie überwiegt, wenigstens diese von deren Überschlage bei der Wahl ganz ausschließt, mithin das bloße Gesetz für sich kann ein Gegenstand der Achtung und hiermit ein Gebot sein.« (400)

Dies sind bemerkenswerte Worte. Stelle ich eine Überlegung (»Überschlag«) darüber an, welche Handlung ich vollziehen will, überwiegt in meiner Beurteilung immer das durch das »objektive Gesetz« (400) ausgesprochene Gebot. Die implizite Abgrenzung zu Wolff ist hier nicht zu übersehen: Kant behauptet gerade nicht, dass ich dem Gesetz Folge leiste, sobald ich es deutlich erkannt habe. Er behauptet vielmehr, dass das Gesetz allein »ein Gegenstand der Achtung« (ebd.; vgl. 29:613) sein kann. Das Gesetz ist nicht nur ein Beweggrund unter anderen. Da ich auch Achtung für dieses Gesetz empfinde, stellt es einen Beweggrund eigener Art dar.

Das »höchste und unbedingte Gute« kann nur in einem Wesen angetroffen werden, das seinen Willen durch die »Vorstellung des Gesetzes an sich selbst« (401) zu bestimmen befähigt ist. Doch was genau zeichnet ein »praktisches Gesetz« (403) aus? An einer Stelle erläutert Kant den Gesetzesbegriff durch den Begriff der »allgemeinen Gesetzmäßigkeit der Handlung überhaupt […], welche allein dem Willen zum Prinzip dienen soll« (402; vgl. 19:142). Die »allgemeine Gesetzlichkeit« ist kein Prinzip, welches dem menschlichen Willen zum Prinzip *dient*. Es *soll* ihm zum Prinzip dienen. Mit ihm wird eine für den Willen bestehende Norm zum Ausdruck gebracht, die bei der Bestimmung des Willens von diesem Willen selbst zu berücksichtigen ist. Ein mit Vernunft und Willen begabtes Wesen kann sich nicht nur aus Pflicht zum Handeln bestimmen. Es *soll* dies auch tun. Warum es dies auch soll, erörtert Kant an dieser Stelle jedoch nicht.

Im Zentrum steht vielmehr die Frage, wie der Wille dem Kriterium der »allgemeinen Gesetzlichkeit« Genüge leisten kann. Da das Prinzip der Moralität das Gesetz ist, handelt eine Person genau dann »aus Pflicht«, wenn ihre Handlungsregeln dem Kriterium einer allgemeinen Gesetzlichkeit genügen. Da (was Kant nicht eigens erwähnt) der Mensch faktisch immer schon nach Regeln (Maximen) handelt, muss er sich also fragen, ob sich diese Regeln zu einer allgemeinen Gesetzlichkeit qualifizieren.

Zur Erläuterung seiner Position trägt Kant erstmals eine Fassung des kategorischen Imperativs vor:

> »[...] ich soll niemals anders verfahren als so, *daß ich auch wollen könne, meine Maxime solle ein allgemeines Gesetz werden.*« (402)

Der Mensch muss überprüfen, ob sich seine Maxime zu einer allgemeinen Gesetzlichkeit qualifiziert. Dass der Unterschied zwischen einer Regel (einem Prinzip) und dem Gesetz durch den Begriff der Notwendigkeit markiert wird, ist für Kant offenkundig (vgl. 403). Die Notwendigkeit der Pflicht verdankt sich dem Umstand, dass der Wille nur dann einen unbedingten moralischen Wert hat, wenn dessen Maxime sich zu einem allgemeinen Gesetz qualifiziert. Ob es einen derartigen Willen gibt, ist damit selbstverständlich noch nicht bewiesen worden: Kant bewegt sich noch im Anwendungsbereich der analytischen Methode.

Das Gefühl der Achtung

Der »moralische Wert der Handlung« beruht nicht auf ihrer tatsächlichen oder erwarteten Wirkung. Er beruht darauf, dass der »Bestimmungsgrund des Willens« nichts anderes als »die *Vorstellung des Gesetzes* an sich selbst« (401) ist. Der gute Wille wird objektiv durch das Gesetz und »subjektiv durch reine Achtung« (400) für das praktische Gesetz bestimmt. Doch was genau ist Achtung? Warum bedürfen wir eines Gefühls, wenn wir doch die reine Vernunft und einen Willen haben, der sich objektiv durch das Gesetz zum Handeln bestimmen kann? Wie passen Vernunft und Gefühl zusammen? Niemals zuvor hatte sich Kant zu diesem ominösen Gefühl der Achtung geäußert.

In einer berühmt gewordenen Anmerkung weist Kant darauf hin, dass es sich bei diesem Gefühl um »kein durch Einfluß empfangenes, sondern durch einen Vernunftbegriff selbstgewirktes Gefühl« (401 Anm.) handelt. Im Gegensatz zu Gefühlen, die mit »Neigung oder Furcht« verbunden sind, ist die Achtung das Ergebnis einer Vernunfterkenntnis: »Was ich unmittelbar als Gesetz für mich erkenne, erkenne ich mit Achtung« (ebd.). Achtung drückt unsere Wertschätzung des moralischen Gesetzes aus. Es bedeutet das Bewusstsein der »Unterordnung meines Willens unter einem Gesetze ohne Vermittlung anderer Einflüsse auf meinen Sinn« (ebd.). Demnach könnte der Wille eines reinen Vernunftwesens, d. h. eines Subjekts, das kein Vermögen von Lust und Unlust und kein unteres Begehrungsvermögen hat, auch keine Achtung für das Moralgesetz empfinden.[9] Wozu auch? Ein reines Vernunftwesen befolgt das Gesetz ja zwanglos mit Notwendigkeit.

9 »Gott hat keine Achtung fürs Gesetz, denn er hat keine Neigung, die die Achtung einschränken soll« (27:1326).

Die Achtung ist der Effekt der *unmittelbaren* Bestimmung unseres Willens durch das Gesetz bzw. die reine Vernunft. Dies bedeutet jedoch nicht, dass wir aufgrund unseres Gefühls der Achtung notwendig moralisch handeln müssen. Bei der Lektüre von Kants Schrift ist zu beachten, dass das Wort »bestimmen« (lat. *determinare*) in der philosophischen Terminologie des 18. Jahrhunderts verschiedene Bedeutungen hat: So ist die Bestimmung unseres Willens durch die Vernunft als ein Akt derselben zu begreifen, durch den der Wille seinem Wesen (seinem Begriff) nach zu einem durch Vernunftgründe zum Handeln bestimmbarer Wille wird. Da dieser Wille auch (was Kant an dieser Stelle jedoch nicht explizit ausführt) unter den Gesetzen der Natur steht, hat die Bestimmung des Willens durch die reine Vernunft zur Folge, dass unser Wille am »Scheidewege« zwischen einem Prinzip a priori und einem Prinzip a posteriori steht. Die Achtung für das Prinzip a priori kann also nicht bedeuten, dass ich dieses Prinzip bei der subjektiven Bestimmung meines Willens immer befolgen muss. Kant ist kein Wolffianer, der den *menschlichen* Willen unserer Erkenntnis des Guten folgen lässt. Eine Person kann einerseits zwar Achtung für das moralische Gesetz als solches empfinden, ohne andererseits auch aus Achtung handeln zu müssen. Anders verhält es sich jedoch bei einem reinen Vernunftwesen: Dieses *muss* entsprechend seines durch und durch vernünftigen Wesens dem Moralgesetz Folge leisten. Es hat nicht die Wahl, unvernünftig zu handeln, steht so betrachtet also unter einer doppelten Notwendigkeit des Gesetzes und seiner eigenen Natur (seines eigenen Wesens).

Das Verständnis des Verhältnisses von Vernunft und Wille wird nicht durch Kants Behauptung erleichtert, dass der »*Gegenstand* der Achtung [...] lediglich das *Gesetz* [ist], und zwar dasjenige, das wir *uns selbst* und doch als an sich notwendig auferlegen.« (401 Anm.; vgl. 400) Da Maximen genau dann praktische Gesetze sind, wenn sie dem Kriterium der allgemeinen Gesetzlichkeit genügen, kann das Gesetz, »das wir *uns selbst* auferlegen«, durch das wir uns also selbst verpflichten, nicht identisch mit diesen praktischen Gesetzen sein. Doch genau das scheint Kant behaupten zu wollen, wenn er schreibt:

> »Als Gesetz sind wir ihm unterworfen, ohne die Selbstliebe zu befragen; als uns von uns selbst auferlegt, ist es doch eine Folge unseres Willens und hat in der ersten Rücksicht eine Analogie mit Furcht, in der zweiten mit Neigung.« (401 Anm.)

Der Wille folgt einem praktischen Gesetz, welches er sich in Gestalt von Maximen zu befolgen auferlegt, die sich zu einer allgemeinen Gesetzlichkeit qualifizieren. Dies ist eine Art von ›Auferlegung‹, weil er mit dem Abbruch der Selbstliebe einhergeht. Von Haus aus folgt der sinnlich affizierte Wille den Neigungen. Ihre Befriedigung fasst Kant unter dem Stichwort der Selbstliebe zusammen.

Da wir uns das Gesetz »doch als an sich notwendig auferlegen«, kann unsere Achtung nicht nur den praktischen Gesetzen (gesetzesförmigen Maximen) gelten, die unser reales Handeln leiten. Unsere Achtung muss auch der Quelle jener Notwendigkeit gelten, aufgrund derer wir uns diese Gesetze auferlegen. Nicht der Wille als solcher, sondern der durch die reine Vernunft bestimmte Wille allein kann ein uneingeschränkt guter Wille sein.

Das Gefühl der Achtung hat eine Brückenfunktion: Es vermittelt zwischen reiner Vernunft und unserem Gemüt. Nicht nur die Neigungen, auch die reine praktische Vernunft ist mit dem Gefühl der Lust und Unlust verbunden. Das, zu dem wir eine Neigung haben, interessiert uns, weil es mit Lust verbunden ist. Wenn Kant die reine Vernunft als die Ursache eines

Gefühls begreift, stellt er damit fest, dass uns auch die reine Vernunft interessiert. Das Interesse an der reinen Vernunft und ihrem Gesetz erklärt, warum es uns im Gebrauche unseres Willens nicht gleichgültig ist. »Alles moralische sogenannte Interesse besteht lediglich in der *Achtung* fürs Gesetz.«[10] Würde der Begriff des Interesses nicht auf den Begriff der reinen Vernunft bezogen werden können, wäre nämlich nicht verständlich, warum Menschen das moralische Gesetz in ihren praktischen Überlegungen überhaupt als relevant erachteten. Um dem rein rationalen Charakter des moralischen Gesetzes Genüge zu tun, muss es sich um ein besonderes Interesse handeln, d. h. um ein Interesse, das die reine Vernunft selbst in uns bewirkt hat.

Mit diesem Gedanken wird Kant in der Geschichte der Moralphilosophie (und Handlungstheorie) Erfinder eines neuen Begriffs von Interesse. Die Kluft zwischen reiner Vernunft und Sinnlichkeit wird durch eine Tätigkeit der Vernunft selbst überbrückt. Nur dann, wenn die Vernunft in uns das spezifische Gefühl der Achtung hervorruft, das einerseits unsere Eigenliebe demütigt, uns andererseits aber über alle unsere sinnlichen Bestimmungen erhebt, kann der zwischen Vernunft und Gefühl bestehende Hiatus überwunden werden. Das Gefühl der Achtung stellt kein gewöhnliches Motiv für unser moralisches Handeln dar. Es bindet uns vielmehr an unsere eigene Rationalität. Im Gefühl der Achtung bindet die reine Vernunft den Willen auch subjektiv an sich, ohne diesen Willen zu einem durch reine Vernunft bestimmten Handeln zu *zwingen*.

Im Zusammenhang mit der Achtung ist das Gefühl nicht mehr das ganz Andere der Vernunft. Im Gefühl der Achtung materialisiert sich für uns Menschen die Vernunft als ein Ge-

10 401 Anm.; vgl. KrV A 829 / B 830 und A 857–858.

fühl. Das rein rationalistische Projekt einer durch und durch vernünftigen Bestimmung unseres Willens wäre zum Scheitern verurteilt. Das Gefühl der Achtung kann so wenig in den Status eines Begriffs erhoben werden wie das ästhetische Wohlgefallen oder die Lust, die wir beim Genuss einer Speise empfinden.

Die jenseits der (modernen) Theorie moralischer Motivation angesiedelte Funktion des Gefühls der Achtung im Kontext von Kants handlungstheoretischen Überlegungen wird durch einen wortgeschichtlichen Hinweis noch deutlicher: Warum verwendet Kant das lateinisch-stämmige Wort »Interesse«? Im Zeitalter der Aufklärung sind die Philosophen bemüht, für fremdsprachliche Ausdrücke deutsche Äquivalente zu finden. Doch selbst Wolff begnügt sich mit dem lateinischen »*interesse*« (1720, § 375). Auch in deutschsprachigen Übersetzungen englischer Originaltexte bleibt es oft bei »Interesse« für das englische »interest«. Dennoch gibt es eine Alternative zum Wort »Interesse«, die sich jedoch bis zum heutigen Tag nicht durchgesetzt hat: die Teilnehmung.

In diesem Zusammenhang sind die Ausführungen zu den Begriffen »Interesse« und »Teilnehmung« besonders aufschlussreich, die sich in Christian Garves (1742–1798) »Anmerkungen« zu seiner Übersetzung von Adam Fergusons *Grundsätze der Moralphilosophie* (1772) finden:

> »Wir haben kein Wort für *Interesse*. Es ist nicht *Vortheil*, denn dieß zeigt bloß den Gegenstand an, der Interesse erregt; nicht *Eigennutz*, denn dieß ist der Hang der Seele, immer durch sein Interesse regiert zu werden. Was ist es also dann? – Es ist die Theilnehmung an jeder Sache, insofern sie unmittelbar auf *unsre Person*, und auf diese allein Einfluß hat.« (1772, 332)

Das trifft die Absicht ziemlich gut, die Kant mit dem Begriff »Interesse« zum Ausdruck bringen möchte. Das Gefühl der Achtung drückt unsere »Theilnehmung«, unsere Anteilnahme am moralischen Gesetz aus. Wir nehmen deshalb Anteil am moralischen Gesetz, weil die Vernunft in uns ein entsprechendes Gefühl bewirkt hat. Dieses Gefühl bezieht sich zum einen auf das Gesetz, es bezieht sich zum anderen aber zugleich auch auf die Person, die nur deshalb Gegenstand unserer moralischen Anteilnahme ist, weil sie sich selbst durch das Gesetz zum Handeln bestimmen kann.

Ohne dass Kant dies hinreichend deutlich machen würde, wird der Begriff der Achtung in zwei verschiedenen Hinsichten gebraucht:

1. Auf der einen Seite ist der »*Gegenstand* der Achtung [...] lediglich das *Gesetz*, und zwar dasjenige, das wir *uns selbst* und doch als an sich notwendig auferlegen.« (401 Anm.)
2. Auf der anderen Seite kennt unser Gefühl der Achtung aber auch Grade: Wir achten eine Person, wenn sie rechtschaffen ist. Ist sie es nicht, schwindet unsere Achtung vor ihr.[11]

Kants Konzentration auf den Begriff des Gesetzes als des Gegenstandes unserer Achtung erklärt, warum er kein Interesse an einer vertiefenden Diskussion der »Selbstliebe« (401 Anm.) hat. Dass Rousseau im *Emile* (und andernorts) zwischen Selbstliebe (»l'amour de soi même«), der Sorge für sich selbst im Naturzustand, die immer gut ist, und der in der Gesellschaft evozierten Eigenliebe (»l'amour-propre de soi«), die nie-

11 In der Reflexion 6856 unterscheidet Kant zwischen der Würde der »Menschlichen Natur«, die in seiner Freiheit »liegt«, und der Würde des »Menschen«, die »auf dem Gebrauch der freyheit [beruht], da er sich alles Guten würdig macht« (17:181; vgl. 6:434–435).

mals befriedigt sein kann, differenziert,[12] wird Kant nicht entgangen sein. Aber dabei handelt es sich um eine Unterscheidung, die für die Moralpsychologie, Anthropologie, Pädagogik und Kulturkritik hilfreich und gut sein mag. Für die reine Moralphilosophie ist sie irrelevant. Sie verbleibt im Bereich unserer Neigungen.

Die natürliche Dialektik

Jener Wille ist uneingeschränkt gut, der sich durch das Vernunftgesetz bestimmt. Aber er wird nicht nur durch das formale Vernunftprinzip, er wird auch durch ›materielle‹ Prinzipien zum Handeln bestimmt. Was in der Theorie für jeden Menschen einsichtig zu sein scheint, nämlich dass wir nach solchen Maximen handeln sollten, die sich zu einem praktischen Gesetz qualifizieren, kann in der Praxis nur schwer durchgesetzt werden. Die Befriedigung der Neigungen erweist sich nämlich als ein starkes Motiv, zwar nicht an der prinzipiellen Geltung der moralischen Gesetze, wohl aber an »ihrer Reinigkeit und Strenge« zu zweifeln. Wir sind geneigt, nach einer Maxime zu handeln, die sich nicht zu einem »objektiven Prinzip«, zu einem »praktischen Gesetz« qualifiziert. Das »subjektive Prinzip« (400 Anm.) unseres Wollens kann nicht als ein »objektives Prinzip« für alle Vernunftwesen gedacht werden, weil es der Befriedigung der eigenen Neigungen dient. Unsere Neigungen sind begriffsfähig, weil wir sie in Gestalt unserer Maximen in ein bestimmtes Verhältnis stellen können. Wir können über sie reflektieren, sie durch Überlegung in eine vertikale und horizontale Ordnung bringen, die sich auf unser Leben bezieht. Maximen haben immer einen materialen Gehalt

12 Vgl. u. a. Rousseau 2001, 368–369.

(Inhalt). Sie sind auf Zwecke gerichtet, die wir als für unsere Lebensführung und unser eigenes Glück essentiell beurteilen. Wir müssen jedoch von diesem Gehalt abstrahieren, müssen von dem bloß subjektiven Aspekt unserer Maximen absehen, wenn wir danach fragen, ob sie sich zu einem »objektiven Prinzip« für alle Vernunftwesen qualifizieren. Erlauben wir uns Ausnahmen von der Befolgung einer als ein praktisches Gesetz erkannten Maxime, versagen wir dem Gesetz unsere Achtung: Wir erheben die Triebfeder a posteriori zum Bestimmungsgrund unseres Willens.

Da alle praktischen Gesetze eine Materie, einen Inhalt, einen Zweck haben, wird verständlich, warum wir immer wieder in Versuchung kommen, uns durch diesen Inhalt zum Handeln bestimmen zu lassen. Die Vernunft »gebietet« (405) uns jedoch, unseren Neigungen nur dann Beachtung zu schenken, wenn die auf ihnen beruhenden Maximen sich zu einer allgemeinen Gesetzlichkeit qualifizieren. Doch unsere Neigungen sind oft so stark, dass sie sich durch die Stimme der Vernunft nicht bändigen lassen wollen. Die Folge hiervon ist

> »eine *natürliche Dialektik*, d. i. ein Hang, wider jene strengen Gesetze der Pflicht zu vernünfteln und ihre Gültigkeit, wenigstens ihre Reinigkeit und Strenge in Zweifel zu ziehen und sie wo möglich unsern Wünschen und Neigungen angemessener zu machen, d. i. sie im Grunde zu verderben und um ihre ganze Würde zu bringen, welches denn doch selbst die gemeine praktische Vernunft am Ende nicht gutheißen kann.« (405)

Die »natürliche Dialektik« findet ihren sie verursachenden Grund in dem zwischen unseren Neigungen (unserem Verlangen nach Glückseligkeit) und dem Gefühl der Achtung vor dem moralischen Gesetz bestehenden Gegensatz. Wir hinterfragen die unbedingte und strikte Geltung, Gültigkeit oder Verbindlichkeit des moralischen Gesetzes, sobald die subjektiven Kosten für die Erfüllung der Pflicht zu hoch zu werden drohen. Als eine natürliche Dialektik beruht sie gerade nicht auf einem Widerspruch der reinen Vernunft mit sich selbst (wie die Antinomie in der *Kritik der reinen Vernunft*). Das Bewegende der Dialektik ist die »praktische gemeine Vernunft« (405). Verstrickt sich die Vernunft nach der *Kritik der reinen Vernunft* in einen dialektischen Widerspruch, weil sie als *reine* Vernunft die Grenzen unserer Erfahrung überschreitet, verhält es sich bei der »natürlichen Dialektik« genau anders herum: Sie endet in einer Dialektik, weil unsere bloß praktische Vernunft nicht von der Erfahrung (in Gestalt unserer Neigungen) lassen will.[13]

Warum gerät die »praktische gemeine Vernunft« aber genau dann »unvermerkt in eine Dialektik«, »wenn sie sich kultiviert« (405)? Möchte Kant Rousseaus These unterstützen, entsprechend der die Kultur der Grund unserer moralischen Verfehlungen ist? Vermutlich möchte Kant die »praktische gemeine Vernunft« nicht grundsätzlich in Misskredit bringen. Würde die »praktische gemeine Vernunft« bereits bei ihrer anfänglichen Reflexion über die Bedeutung des Begriffs eines guten Willens in eine »*natürliche* Dialektik« geraten, wäre unverständlich, wie wir jemals die Formel des kategorischen Imperativs finden könnten. Der Zweifel an der allgemeinen Geltung des moralischen Gesetzes kann also nicht am Anfang des Denkens über ihm stehen. Es muss möglich sein, den verursachenden Grund dieser »*natürlichen* Dialektik« aufzuheben. Es muss möglich sein, den Streit zwischen Neigung und Vernunft zugunsten der Letzteren zu schlichten.

13 In der zweiten *Kritik* korrigiert Kant seine Position. Nicht die *reine* praktische Vernunft, sondern die praktische Vernunft bedarf der Kritik (vgl. 5:3).

Kants Hoffnung besteht nun darin, dass durch die fortgesetzte begriffliche Klärung (Analyse) des Bedeutungsgehalts des moralischen Gesetzes, d. h. durch Theorie, der moralischen Praxis zugespielt werden kann. Erkennen wir das moralische Gesetz in seiner ›Reinigkeit und Strenge‹, wird es uns gelingen, ihm »Eingang und Dauerhaftigkeit«[14] zu verleihen.

Es ist als klare Absage an das Programm der »vermischten Sittenlehre« (411) zu verstehen, so wie sie von Philosophen wie Garve und Sulzer vertreten worden ist, wenn Kant aus Gründen der Verbesserung unserer moralischen Praxis (unserer Sittlichkeit) nicht mehr, sondern weniger Popularität im Nachdenken über das oberste Prinzip der Sittlichkeit fordert. Die natürliche Dialektik muss im Bereich der Philosophie (speziell in der »Kritik unserer Vernunft«, 405) »Ruhe finden«. Da es möglich ist, die »natürliche Dialektik« aufzuheben, würde jedenfalls die Behauptung abwegig sein, dass sich Kultur und Moral wechselseitig ausschließen. Gerade weil unsere Moralität auf reinen Begriffen der Vernunft beruht, können wir unseren Charakter und unsere moralische Praxis verbessern. Würden wir die Tugend auf empirische Gründe stützen, hätte dies den »Tod aller Moralität« (8:285) zur Folge. Wir wären dann immer bereit, unseren eigenen Vorteil über die Achtung vor dem Moralgesetz zu stellen.

14 405; vgl. ähnlich Meier 1764, §§ 20–21.

III. Der zweite Abschnitt: »Übergang von der populären sittlichen Weltweisheit zur Metaphysik der Sitten«

Kritik der populären Moralphilosophie

Kant kündigt nun die Aufhebung der »natürlichen Dialektik« für die Metaphysik der Sitten (ab 426) an. Warum kann diese Aufhebung nicht in der »populären sittlichen Weltweisheit« erfolgen? Die Antwort fällt nicht sonderlich überraschend aus: Die moralischen Gesetze gelten »*schlechterdings notwendig*« (408). Was aber »*schlechterdings notwendig*« gilt, kann seinen Grund nicht in der Erfahrung finden. Allein die reine Vernunft kann die Quelle »*apodiktischer Gesetze*« (408) sein. Die Moralphilosophie muss sich mit dem Ursprung und der Natur unserer reinen Begriffe beschäftigen. Wenn, wie in der »populären sittlichen Weltweisheit«, die reinen mit empirischen Begriffen vermengt werden, dann kann die »natürliche Dialektik« nicht aufgehoben werden. Anstatt einer allgemeinen praktischen Weltweisheit bedürfen wir einer »reinen praktischen Weltweisheit« (410). Sie geht davon aus, dass »alle sittlichen Begriffe völlig a priori in der Vernunft ihren Sitz und Ursprung haben« (411).

Kant möchte dabei nicht so verstanden werden, als ob Gefühle (über das Gefühl der Achtung hinaus) in der Moralphilosophie keine positive Rolle spielen könnten. Aber um ihren moralischen Gehalt feststellen und ihre Funktion für die Moral bestimmen zu können, bedürfen wir eines vernünftigen Maßstabs. Nur dann, wenn es moralische Begriffe gibt, kann es auch *moralische* Gefühle geben. Moralische Gesetze gelten für alle Vernunftwesen, Gefühle dagegen bezeichnen die Art und Weise, »in der das Subjekt, wie es durch die Vorstellung affiziert wird, sich selbst fühlt.« (5:203–204) Ein moralisches Gefühl drückt die Wahrnehmung seiner selbst als eines Wesens aus, das sich durch reine Vernunftbegriffe zum Handeln bestimmen kann. Moralische Gefühle setzen einen freien Willen voraus. Ohne Freiheit könnten wir fühlen, wir würden aber nicht moralfähig sein. Die Philosophie muss es sich deshalb zur Aufgabe machen, die Geltung derjenigen Gesetze zu verstehen, durch die wir uns selbst als freiheitsfähige Subjekte zum Handeln bestimmen. Die auf Anschaulichkeit und Verständlichkeit zielende populäre Moralphilosophie ist hierzu Kants fester Überzeugung nach methodisch nicht in der Lage.

Kants Kritik richtet sich primär gegen die populäre Moralphilosophie, die die ästhetische an die Stelle der logischen Vollkommenheit setzt. Vertreter dieser Philosophie, zu denen Sulzer und Garve zählen, bemühen sich seit der Mitte des 18. Jahrhunderts um eine Modernisierung des Wolffianismus durch den Rückgriff vor allem auf die schottische Philosophie der moralischen Gefühle. Die Tugend sollte der Anschauung und dem Gefühl angenähert, die sittliche Praxis durch die Verwendung von Beispielen und die Aussicht auf Glückseligkeit verbessert werden. Alle »ihre Versuche über die Sittlichkeit« setzen Kants Auffassung nach die »Kenntnis der menschlichen Natur« voraus, keiner von ihnen wendet sich den »reinen Vernunftbegriffen« (410) als solchen zu. Durch dieses Versäumnis verfehlen sie gerade das, woran ihnen am meisten liegt, nämlich die Verbesserung der Sittlichkeit. Denn die »wirkliche Vollziehung« (410) unserer Pflichten ist auf die Darstellung des moralischen Gesetzes in seiner ›Reinigkeit und Strenge‹ angewiesen. Nur dann, wenn diese gelingt, kann die Vernunft selbst in Gestalt des moralischen Gesetzes der Beweggrund unseres Handelns sein.

Zu den wenigen Philosophen, die Kant in der *Grundlegung* beim Namen nennt, gehört Johann Georg Sulzer. Ähnlich wie

Kant geht auch Sulzer in seinen »Psychologischen Betrachtungen über den sittlichen Menschen« (zuerst 1769) von der »Wirklichkeit der Gründe der Moral« aus. Doch anders als Kant dies später sehen wird, gründet diese »Wirklichkeit« seiner Ansicht nach auf der »Natur unsrer Empfindungen« (1773, 285). Auch gibt es bei Sulzer nicht einen einzigen, sondern verschiedene Grundsätze oder Prinzipien der Moral.

Kant erwähnt in der *Grundlegung* einen Brief, den er vor vielen Jahren vom jetzt verstorbenen Sulzer erhalten hat. In diesem bittet er Kant um eine Erklärung dafür, »warum die Lehren der Tugend, soviel Überzeugendes sie auch für die Vernunft haben, doch so wenig ausrichten.« (411 Anm.) Sulzer kann es nicht verstehen: Unter der Voraussetzung, dass die Tugend der gerade und ausschließliche Weg zur Glückseligkeit des Menschen ist: Warum betritt der Mensch ihn dann nicht? Liegt es wirklich nur daran, dass, wie Wolff meinte, die Menschen die Tugend noch nicht erkannt haben? In einem Brief vom 8. Dezember 1770, auf den sich Kant zu beziehen scheint, drückt Sulzer seine Hoffnung aus, Kants »Werk über die Metaphysik der Moral bald zu sehen.« Warum? Er erhofft sich von dieser Schrift eine Antwort auf folgende Frage: »Worin besteht eigentlich der physische oder psychologische Unterschied der Seele, die man tugendhaft nennt, von der, die lasterhaft ist.« Sulzer sucht die Anlagen zur Tugend und zum Laster »in den ersten Äußerungen der Vorstellungen und der Empfindungen zu entdecken« (Kant 1986, 86). Hätte er die *Grundlegung* noch lesen können, hätte er sich von Kant über die Vergeblichkeit seines eigenen Vorgehens überzeugen lassen können – oder sich erschrocken über so viel Chuzpe von Kant abgewendet. Wahrscheinlich ist die zweite Alternative. Denn Kants These von der bewegenden Kraft der reinen Vernunft muss für einen Philosophen wie Sulzer wie eine Neufassung der überwunden geglaubten Position von Wolff klingen, entsprechend der der Wille der Tugend folgt, wann immer er sie deutlich erkennt.

Kants Kritik an der populären Philosophie sowie an allen Versuchen, unsere Begriffe der Moral auf der menschlichen Natur zu gründen, soll den Boden für begriffliche Untersuchungen bereiten, die zur Metaphysik der Sitten führen. Der Leser fühlt sich an das Höhlengleichnis in Platons *Politeia* (Buch VII) erinnert, wenn Kant seine Überlegungen als Fortschreiten »durch die natürlichen Stufen« (412) unserer Vernunfterkenntnis begreift. Langsam, Schritt für Schritt, sollen die begriffsblinden und gefühlsorientierten Philosophen (und Leser der *Grundlegung*) zur wahren Erkenntnis, zur Einsicht in die Bedingungen geführt werden, unter denen wir uns als moralische Subjekte zu denken vermögen.

Wie gelangen wir zur Metaphysik? Wie können wir Prinzipien a priori erkennen, durch die wir unseren freien Willen bestimmen sollen? Während Kant im ersten Abschnitt der *Grundlegung* den Begriff eines an sich wertschätzenden Willens durch die Analyse des Begriffs der Pflicht zu klären versucht, setzt er nun mit dem Begriff des »praktischen Vernunftvermögens« (412) ein. Dessen Analyse soll zu dem Punkt führen, an dem der »Begriff der Pflicht entspringt« (ebd.). Die Analyse setzt also nicht, wie in Abschnitt I der *Grundlegung*, speziell mit dem *guten* Willen ein. Ausgangspunkt ist vielmehr das Wollen *überhaupt*, das »praktische Vernunftvermögen« in seiner weitesten Bedeutung. Somit schließt Kants Analyse auch diejenigen Regeln oder Prinzipien des Wollens ein, deren Funktion gerade nicht darin besteht, einen moralisch guten Willen zu gründen. Auf welche Prinzipien des Wollens werden wir stoßen? In welchem Verhältnis stehen diese Prinzipien zueinander? Worauf beruht ihre Geltung?

Die imperative Form praktischer Prinzipien

Kant fragt nach den allgemeinen Prinzipien, durch die sich der Wille zum Handeln bestimmen kann.

Seine Überlegungen führen ihn *erstens* zu der Einsicht, dass diese Regeln immer eine imperative Form haben. Sie drücken ein Sollen aus.
Und *zweitens* unterscheidet Kant zwischen zwei verschiedenen Formen praktischer Prinzipien: den kategorischen und den hypothetischen Imperativen.
Letztere unterscheiden sich nochmals in zwei Unterformen. Den drei verschiedenen Prinzipien des Wollens entspricht eine »*Ungleichheit* der Nötigung des Willens«[1]. Er setzt mit Erläuterungen zum Begriff des Willens ein:

»Ein jedes Ding der Natur wirkt nach Gesetzen. Nur ein vernünftiges Wesen hat das Vermögen, *nach der Vorstellung* der Gesetze d. i. nach Prinzipien, zu handeln, oder einen *Willen*. Da zur Ableitung der Handlungen von Gesetzen *Vernunft* erfordert wird, so ist der Wille nichts anderes als praktische Vernunft.« (412)

In diesem Zitat wird zunächst über ein Vernunftwesen in Abgrenzung zu einem »Ding der Natur« behauptet, dass es in der Lage ist, »*nach der Vorstellung* der Gesetze« zu handeln. Ein Wesen, das »*nach der Vorstellung* der Gesetze« zu handeln ver-

1 416. In der *Kritik der Urteilskraft* unterscheidet Kant zwischen »*technisch-praktischen*« Prinzipien, die auf der Kausalität der Natur beruhen und zur theoretischen Philosophie gehören, und den »*moralisch-praktischen*« Prinzipien, die auf dem Freiheitsbegriff gründen und Teil der praktischen Philosophie sind (vgl. 5:171–173).

mag, kann sich einen Begriff von den Gesetzen machen, nach denen es handelt. Die Fragen, woher diese Gesetze stammen und wie das Wissen über sie erworben wird, werden in dem Zitat nicht beantwortet. Die Ausführungen gelten dem Verhältnis des Willens zu Gesetzen überhaupt.

Die Betonung liegt auf der Feststellung eines Gegensatzes, der in der Wirksamkeit zwischen einem Naturding (»Ding der Natur«) und einem Vernunftwesen (»vernünftiges Wesen«) besteht. Wodurch zeichnet sich die Wirksamkeit eines Naturdinges aus? Offenbar dadurch, dass es keine Vernunft benötigt, um zu wirken. Unter den Naturdingen trifft diese Beschreibung auf alle unbelebten und auf einige belebte Gegenstände zu. Tiere handeln nach Instinkten, jedoch nicht nach Grundsätzen (Prinzipien, Maximen, Gesetzen). Ihre Handlungen sind durch die Gesetze der Natur bestimmt. Nach der Vorstellung von Prinzipien handeln zu können, bedeutet demnach, Handlungen vollziehen zu können, die unter diese Prinzipien fallen. Da »zur Ableitung der Handlungen von Gesetzen *Vernunft* erfordert wird, so ist der Wille nichts anderes als praktische Vernunft.« (412) Der Wille ist nicht deshalb praktische Vernunft, weil der Wille die Quelle oder der Ursprung des Gesetzes wäre, nach dessen Vorstellung zu handeln er vermögend ist. Der Wille ist vielmehr insofern praktische Vernunft, als er die Handlung erkennt, die aus dem Gesetz folgt.

Diese Auskunft ist verwirrend. Denn der Wille ist ein Begehrungsvermögen, kein (im *engeren* Sinne des Wortes so zu verstehendes) Erkenntnisvermögen. Den Willen mit der praktischen Vernunft zu identifizieren, kann also nur bedeuten, dass der Wille insofern praktische Vernunft ist, als er diejenige Handlung *vollzieht*, die die Vernunft ihm als nach dem moralischen Gesetz notwendig vorstellt. Der Wille ist reine praktische Vernunft, weil er den Begriffen der reinen Vernunft praktische Wirksamkeit verleiht.

Kants Betonung liegt auf der Identität von Wille und praktischer Vernunft mit Blick auf die Handlung, die aus dem Gesetz folgt. Der Wille kann die reinen Vernunftbegriffe praktisch machen, ist jedoch nicht die Quelle dieser Begriffe. Dies ist die reine Vernunft. Die Vernunft »bestimmt« (412) den Willen, insofern sie ihm die Begriffe gibt, nach deren Vorstellung er sich selbst zum Handeln bestimmen kann. Die Bestimmung des Willens durch die Vernunft kann »unausbleiblich« oder »nicht hinlänglich« (ebd.) sein. Ist sie »unausbleiblich« (»hinlänglich«), dann sind die als »objektiv notwendig« erkannten Handlungen auch »subjektiv notwendig« (ebd.). In diesem Falle ist der Wille »ein Vermögen *nur dasjenige* zu wählen, was die Vernunft unabhängig von der Neigung als praktisch notwendig, d. i. als gut erkennt.« (ebd.) Dass ein Wesen auch Neigungen hat, spielte dann für das Wollen keine Rolle. Umso mehr würde dies für ein Wesen zutreffen, das überhaupt keine Neigungen hat: also ein reines Vernunftwesen. Es würde mit Notwendigkeit vernünftige Handlungen vollziehen. Wird der Wille jedoch »nicht hinlänglich« (nicht »unausbleiblich«) durch die Vernunft bestimmt, »ist der Wille nicht *an sich* völlig der Vernunft gemäß«, sind die objektiv als notwendig erkannten Handlungen »subjektiv zufällig« (413). Kurz: Es liegt eine Differenz vor.

Der Ausdruck »subjektiv zufällig« bedeutet, dass dieser Wille über Beweggründe verfügt, deren Ursprung nicht die Vernunft ist. Sie beruhen, wie bei uns Menschen, auf Neigungen. Die von der Vernunft ausgehende »Bestimmung« muss beim Menschen aufgrund der Differenz zwischen der objektiven Geltung des Prinzips und dem Vollzug der unter das Prinzip fallenden Handlung als »*Nötigung*« (413) verstanden werden. Das Verhältnis, in dem die objektiven (vernünftigen) Gesetze zu einem »nicht durchaus guten Willen« stehen, »wird vorgestellt als die Bestimmung des Willens eines vernünftigen Wesens zwar durch Gründe der Vernunft, denen aber dieser Wille seiner Natur nach nicht notwendig folgsam ist.« (Ebd.)

Im Streit um die Bestimmung des Verhältnisses zwischen Wille und Vernunft ergreift Kant mit Crusius Partei gegen Christian Wolff und dessen Anhänger. Mit Crusius geht Kant davon aus, dass der freie Wille der Verstandeserkenntnis nicht *notwendig* folgt. Er soll ihr folgen, muss es aber nicht. Denn Verstand (Vernunft) und Wille sind Crusius' und Kants Auffassung nach zwei grundsätzlich voneinander verschiedene Vermögen. Crusius fasst seine Position mit folgenden Worten zusammen:

> »Demnach ist die Freyheit nicht nothwendig eine Kraft, nach den besten Vorstellungen des Verstandes zu handeln, sondern da, wo unter den vorgestellten Handlungen wircklich eine die beste ist, da *soll* sie nur eine Kraft seyn, das beste erwehlen zu können, und nach der göttlichen Absicht *soll* sie zu der wircklichen Ergreiffung desselben angewendet werden«[2].

Die Bedeutung dieser Formulierung für das gesamte Projekt einer Grundlegung zur Metaphysik der Sitten kann nicht überbetont werden. Verwendet Kant den Ausdruck »Bestimmung« im Zusammenhang mit dem »nicht durchaus guten Willen« des Menschen, möchte er auf der einen Seite betonen, dass diesem Willen durch die Vernunft objektive Gesetze gegeben werden. Der Wille hat das Vermögen (die »Kraft«, wie Crusius schreibt), nach der Vorstellung dieser Gesetze sich zum Handeln zu bestimmen. Auf der anderen Seite bedeutet »bestimmen« aber gerade nicht, dass der Wille Handlungen vollzieht, die aus dem Gesetz folgen. Und der Grund hierfür liegt darin,

2 Crusius 1767, § 52, S. 64–65; vgl. Klemme 2013.

dass er sich auch durch rein subjektive Gründe (Begierden, Neigungen) zum Handeln bestimmen kann.

Das Verhältnis von Vernunft und Wille wird durch den Begriff der »Nötigung« ausgedrückt. »Nötigung« bedeutet jedoch nicht so etwas wie Erzwingung. Die Nötigung des Willens beruht auf einem Gebot der Vernunft. Sie ist *normativ*, nicht empirisch-kausal zu verstehen. Die Formel dieses Gebots nennt Kant dann »Imperativ«: »Die Vorstellung eines objektiven Prinzips, sofern es für einen Willen nötigend ist, heißt ein Gebot (der Vernunft) und die Formel des Gebots heißt *Imperativ*.«[3]

Imperative sind Sätze, die eine für einen Willen bestehende rationale Nötigung zum Ausdruck bringen. Das Subjekt der Nötigung ist die Vernunft, das Objekt der (nicht an sich gute) Wille. Kant verwendet zur näheren Erläuterung der Nötigung auch den Begriff des Sollens:

> »Alle Imperativen werden durch ein *Sollen* ausgedrückt und zeigen dadurch das Verhältnis eines objektiven Gesetzes der Vernunft zu einem Willen an, der seiner subjektiven Beschaffenheit nach dadurch nicht notwendig bestimmt wird (eine Nötigung).« (413)

»Praktisch *gut*« ist eine Handlung genau dann, wenn sie dem in einem Imperativ zum Ausdruck gebrachten Sollen genügt. Von objektiven Gesetzen der Vernunft zu sprechen, bedeutet für Kant, »aus Gründen« (413) zu handeln, die für jedes Ver-

3 413; vgl. 5:32 und 29:605 (»Die practische Vernunft afficirt den Willen und zeigt daß wir nicht wirklich und von Natur so handeln; sondern daß wir so handeln müssen.«). Gegen Baumgarten betont Kant, dass es keine »größere und kleinere Verbindlichkeit« (29:614) geben kann.

nunftwesen gleichermaßen bestehen. Ihren Gegenpol finden diese Gründe in den »bloß subjektiven Ursachen« (ebd.) unseres Handelns, die auf Vorstellungen des durch unsere Empfindungen vermittelten Angenehmen beruhen. Stimmt das »*Wollen* schon von selbst mit dem Gesetz notwendig« überein, gibt es auch kein Sollen. Für »den *göttlichen* und überhaupt für einen *heiligen* Willen« gelten keine Imperative (414). (Da es sich hier um eine begriffliche Überlegung Kants zum Verhältnis von Vernunft und Wille handelt, ist es nicht relevant, ob es einen »*heiligen* Willen« tatsächlich gibt.)

In einer Anmerkung erläutert Kant den Begriff der »Abhängigkeit«:

> »Die Abhängigkeit des Begehrungsvermögens von Empfindungen heißt Neigung, und diese beweist also jederzeit ein *Bedürfnis*. Die Abhängigkeit eines zufällig bestimmbaren Willens aber von Prinzipien der Vernunft heißt ein *Interesse*.« (413 Anm.)

Ist das Begehrungsvermögen von etwas abhängig, kann es ohne dieses nicht tätig werden. Hätte ich keine Bedürfnisse, würde ich keine Zwecke verfolgen können. »Abhängigkeit« hat hier eine sowohl positive wie negative Bedeutung: Meine Bedürfnisse ermöglichen ein zielgerichtetes Handeln, erzwingen es aber auch in Gestalt von Neigungen.

In welcher Weise ist der »zufällig bestimmbare Wille« aber von Vernunftprinzipien abhängig? Kant beantwortet diese Frage durch die Unterscheidung zwischen »Interesse nehmen« und »aus Interesse zu handeln«: Handle ich aus einem Interesse heraus, ist der Wille von Prinzipien oder Regeln abhängig, die die Vernunft in der Absicht formuliert, »dem Bedürfnisse der Neigung« (413 Anm.) abzuhelfen. Die Regel steht also in dem Dienst der Befriedigung unserer Bedürfnisse. Es handelt sich hierbei um »das *pathologische* Interesse am Gegenstande der Handlung« (ebd.). »Pathologisch« meint hier nicht krankhaft, sondern bringt zum Ausdruck, dass der Grund dieses Interesses unsere Bedürfnisse und Neigungen sind. Der »Gegenstand« der Handlung ist der Zweck, zu dessen Bewirkung wir die Handlung vollziehen. Den Ausdruck *»Interesse nehmen«* erläutert Kant dagegen mit dem Begriff des »*praktischen* Interesses an der Handlung«. Insofern der Wille ein praktisches Interesse an der Handlung (und nicht am Gegenstand der Handlung) nimmt, ist er »von Prinzipien der Vernunft an sich selbst« abhängig.

Der menschliche Wille ist deshalb ein abhängiger Wille, weil er sich auf Regeln der Vernunft beziehen muss, um sich zum Handeln bestimmen zu können. Diese Regeln begründen entweder ein praktisches Interesse an der Handlung oder ein pathologisches Interesse am Gegenstand der Handlung. Lebewesen können Bedürfnisse und Neigungen haben, ohne über Vernunft und Interesse zu verfügen. Haben sie aber Vernunft, dann kann sich diese entweder als bloß praktische Vernunft auf die Befriedigung der Neigungen nach allgemeinen Regeln (Maximen) beziehen. Oder aber sie verfügen (wie wir Menschen) auch über reine Vernunft. Dann nehmen sie ein praktisches Interesse an Handlungen, denen reine Vernunftprinzipien zugrunde liegen.

Der göttliche Wille ist in keiner Hinsicht ein abhängiger Wille. Sein Wille ist durch und durch vernünftig. Die als objektiv notwendig erkannten Handlungen sind bei einem reinen Vernunftwesen nicht »subjektiv zufällig« (413; vgl. 27:1323). Sie sind notwendig:

> »Ein vollkommen guter Wille würde also eben sowohl unter objektiven Gesetzen (des Guten) stehen, aber nicht dadurch als zu gesetzmäßigen Handlungen *genötigt* vorgestellt wer-

> den können, weil er von selbst nach seiner subjektiven Beschaffenheit nur durch die Vorstellung des Guten bestimmt werden kann.« (414)

Stimmt das subjektive »Wollen« mit dem Gesetz »notwendig« überein, kann es nämlich kein »Sollen« geben. Das im Begriff der »Nötigung« ausgedrückte Sollen ergibt nur für ein Wesen Sinn, dessen Wille nicht seiner Natur nach mit dem Gesetz übereinstimmt:

> »Daher sind Imperativen nur Formeln, das Verhältnis objektiver Gesetze des Wollens überhaupt zu der subjektiven Unvollkommenheit des Willens dieses oder jenes vernünftigen Wesens, z. B. des menschlichen Willens, auszudrücken.« (414)

Alle Imperative drücken ein Sollen aus. Sie nötigen uns, in bestimmter Weise zu handeln, weil für uns eine praktische Notwendigkeit besteht, dies zu tun. Die praktische Notwendigkeit findet ihren Ausdruck im Begriff des »praktischen Gesetzes«. Praktische Gesetze sind Regeln, deren Befolgung den Willen zu einem guten Willen machen. Praktische Gesetze dürfen jedoch nicht mit moralischen Gesetzen verwechselt werden. Alle moralischen Gesetze sind, weil mit ihnen eine bestimmte Notwendigkeit einhergeht, praktische Gesetze.

Es gibt jedoch auch praktische Gesetze, deren Notwendigkeit eine andere Quelle hat. Während die Notwendigkeit des moralischen Gesetzes auf der reinen Vernunft beruht, gründet die Notwendigkeit der anderen praktischen Gesetze auf einem Zweck, der durch die Handlung bewirkt werden soll. Im letzteren Fall gilt die Nötigung nicht der Handlung als solcher, sondern der Handlung als dem Mittel zur Bewirkung des gewollten Zwecks. Während es sich im ersten Fall um einen kategorischen Imperativ handelt, liegt im zweiten Fall ein hypothetischer Imperativ vor:

> »Alle *Imperativen* nun gebieten entweder *hypothetisch* oder *kategorisch*. Jene stellen die praktische Notwendigkeit einer möglichen Handlung als Mittel zu etwas anderem, was man will (oder doch möglich ist, daß man es wolle), zu gelangen vor. Der kategorische Imperativ würde der sein, welcher eine Handlung an für sich selbst, ohne Beziehung auf einen anderen Zweck als objektiv-notwendig vorstellte.«[4]

Kants Rede von einem kategorischen (im Gegensatz zu einem hypothetischen) Imperativ geht auf Unterscheidungen im Bereich der logischen Funktionen unseres Denkens zurück, die er in der ersten, der *Kritik der reinen Vernunft*, vornimmt. In einem Urteil stellt der Verstand eine Verknüpfung zwischen Begriffen her. Alle Urteile drücken eine Quantität, eine Qualität, eine Relation und eine Modalität aus. Der Relation nach betrachtet sind alle Urteile kategorisch, hypothetisch oder disjunktiv. In einem hypothetischen Urteil wird das Verhältnis »des Grundes zur Folge« und in einem kategorischen Urteil das Verhältnis des »Prädikats zum Subjekt« (KrV A 73 / B 98) ohne vorausgesetzte Bedingung ausgesagt. Alle Urteile drücken ihrer Modalität nach betrachtet entweder eine Möglichkeit (problematisch) oder eine Wirklichkeit (assertorisch) aus oder ihr Gegenstand existiert (wie in der Mathematik) mit Notwendigkeit (apodiktisch) (vgl. KrV A 74 / B 100). Demnach wird in einem zugleich kategorischen und apodiktischen Urteil eine

4 414. Während Baumgarten nur eine Verbindlichkeit kennt (vgl. Schwaiger 1999, 168), unterscheidet Crusius zwischen der »*gesetzlichen Verbindlichkeit*« und der »*Verbindlichkeit der Klugheit*« (1753, § 131).

notwendig bestehende synthetische Beziehung zwischen dem Prädikatsbegriff und dem Subjektbegriff ausgesagt.

Kant verwendet in der *Grundlegung* die Differenz einerseits zwischen hypothetischem und kategorischem Urteil, um das Verhältnis zu bestimmen, in dem der Wille durch die Vernunft zum Handeln bestimmt wird. Hypothetische Imperative gebieten das Mittel, das ich ergreifen muss, um den gewollten Zweck zu erreichen. Ein kategorischer Imperativ gebietet dagegen »eine Handlung als für sich selbst, ohne Beziehung auf einen anderen Zweck, als objektiv-notwendig« (414). Seine verpflichtende Kraft beruht nicht darauf, dass ich aufgrund meiner Neigungen einen bestimmten Zweck bewirken will.

Die Differenz zwischen diesen beiden Formen praktischer Rationalität kann durch den Begriff des »praktischen Syllogismus« erläutert werden. Der oberste Satz eines praktischen Syllogismus wird *propositio maior* (Obersatz, *maxima*) genannt. Es handelt sich bei ihm um ein »praktisches *Gesetz*«, in dem eine »praktische Notwendigkeit«[5] zum Ausdruck gebracht wird. Das Gesetz kann beispielsweise in Form einer Wenn-dann-Beziehung formuliert werden: ›Wenn du gesund werden willst, dann musst du die Medizin einnehmen.‹ In der *propositio minor* (Untersatz) wird die Bedingung angegeben, unter der die im praktischen Gesetz ausgedrückte Notwendigkeit mich zu einer bestimmten Handlung nötigt: ›Ich will gesund werden.‹ Praktisch vernünftig bin ich genau dann, wenn die Conclusio in Gestalt einer Handlung gezogen wird: Ich nehme die Medizin.

Im Falle eines hypothetischen Imperativs steht die Nötigung unter dem subjektiven Vorbehalt, dass ich den Zweck auch will. Will ich nicht gesund werden, nötigt mich das praktische Gesetz auch nicht zu einer bestimmten Handlung. Bei

5 414; vgl. 420 und Wolff 1720, § 400.

einem kategorischen Imperativ ist dies aber gerade nicht der Fall. Er gebietet eine Handlung bloß deshalb, weil sie vernünftig ist. Und er gebietet sie einem an sich »zufällig bestimmbaren Willen«, weil dieser Wille nicht seiner Natur nach dem moralischen Gesetz folgt. Wie der hypothetische Imperativ ist auch der kategorische Imperativ nicht grundlos. Doch sein Grund ist die Vernunft selbst, nicht unsere Neigungen.

Alle Imperative drücken ein Sollen aus. Hypothetische Imperative gebieten eine Handlung unter der Bedingung, dass ihr Zweck auch gewollt wird. Da die mit einer Handlung verfolgte »Absicht« (der Zweck) eine »*mögliche* oder *wirkliche*« sein kann, ist der hypothetische Imperativ im ersteren Fall »ein *problematisch-* im zweiten [ein] *assertorisch*-praktisches Prinzip.« (415)

Worin genau besteht der Unterschied zwischen diesen beiden Prinzipien? Der hypothetische Imperativ ist ein problematisch-praktisches Prinzip, weil aus ihm Handlungen abgeleitet werden, die für die Verwirklichung beliebiger Zwecke (oder Absichten) notwendig sind. Es handelt sich um einen »Imperativ der Geschicklichkeit« (415): Wähle diejenigen Handlungen, die du für die Verwirklichung deiner Zwecke benötigst. Kant verweist beispielhaft auf die Wissenschaften: »Alle Wissenschaften haben irgend einen praktischen Teil, der aus Aufgaben besteht, daß irgend ein Zweck für uns möglich sei, und aus Imperativen, wie er erreicht werden könnte.« (Ebd.) Es kann keine problematisch-praktischen Imperative geben, die die Beförderung von Zwecken zum Ziele haben, die zu erreichen für uns unmöglich sind. Der hypothetische Imperativ ist dagegen ein assertorisch-praktisches Prinzip, weil er Handlungen zu einer Absicht gebietet, die jeder Mensch »nach einer Naturnotwendigkeit« (ebd.) tatsächlich hat. Und das ist die eigene Glückseligkeit. Da es uns als Naturwesen nicht freisteht, ob wir glücklich werden wollen oder nicht, ist der »hypothetische Imperativ, der die praktische Notwendigkeit der Handlung als Mittel zur Beförderung der Glückseligkeit vorstellt, [...] assertorisch.« (Ebd.) Kant nennt ihn auch den »Imperativ der Klugheit«. Die Vernunft gebietet uns, nach den Prinzipien der Geschicklichkeit und der Klugheit – in seinen zwei Formen der »Weltklugheit« und »Privatklugheit« (416 Anm.) – unsere möglichen und tatsächlichen Zwecke zu verfolgen.

Eine leicht zu übersehende Pointe von Kants Ausführungen zum Imperativ der Klugheit liegt darin, dass die Natur selbst es ist, die uns einer bestimmten Notwendigkeit in unserem Wollen unterwirft:

> *Erstens* können wir zwar die verbindende Kraft einzelner hypothetischer Imperative durch eine Änderung in unserem Wollen aufheben. Sobald wir aber Zwecke verfolgen, unterliegen wir den Notwendigkeiten der Natur.
> *Zweitens* können wir uns nicht der Notwendigkeit entziehen, die aus dem Naturzweck unserer Glückseligkeit resultiert. Wolff hatte ganz recht: Die »Natur der Dinge und unsere eigene« (Wolff 1720, § 9) verbindet uns in bestimmter Weise zu handeln. Nur meinte Wolff fälschlicherweise, hiermit zugleich den Grund unserer *moralischen* Verbindlichkeit gefunden zu haben. Unser Naturzweck der Glückseligkeit ist (wie wir später noch sehen werden) von moralischer Bedeutung, diese Bedeutung ergibt sich jedoch einzig und allein aus der Tatsache, dass der Mensch auch über reine Vernunft verfügt. Einem vernünftigen Wesen kann sein eigenes Glück nicht gleichgültig sein.

Kants Erläuterungen zum kategorischen Imperativ (dem Imperativ »der *Sittlichkeit*«, 416) sind knapp gehalten:

»Der kategorische Imperativ, der die Handlung ohne Beziehung auf irgend eine Absicht, d. i. auch ohne irgend einen andern Zweck, für sich als objektiv notwendig erklärt, gilt als ein *apodiktisch*-praktisches Prinzip.« (415)

Dieser Imperativ

»betrifft nicht die Materie der Handlung und das, was auch aus ihr erfolgen soll, sondern die Form und das Prinzip, woraus sie selbst folgt, und das Wesentlich-Gute derselben besteht in der Gesinnung.« (416)

Der kategorische Imperativ gebietet dem Willen nicht deshalb, eine bestimmte Handlung zu vollziehen, weil diese das Mittel zur Realisierung des erstrebten Zweckes ist. Vielmehr wird die Handlung allein aufgrund der Form des Prinzips geboten, das ihr zugrunde liegt. Dass nicht der Erfolg, sondern die »Gesinnung« das entscheidende Merkmal einer sittlich guten Handlung ist, ist dem Leser bereits vertraut. Zu allen anderen Fragen, insbesondere nach der Form und dem Prinzip, muss er sich auf spätere Erläuterungen gedulden.

Da die in hypothetischen Imperativen ausgedrückte Notwendigkeit niemals streng, weil auf Erfahrung beruhend, sein kann, spricht Kant von »*Regeln* der Geschicklichkeit« (oder technische Imperative) und von »*Ratschlägen* der Klugheit« (pragmatische Imperative). Allein bei den kategorischen Imperativen handelt es sich um »Gebote (*Gesetze*) der Sittlichkeit« (416). »Gebote sind Gesetze, denen gehorcht, d. i. auch wider Neigung Folge geleistet werden muß.« Der Begriff des Gesetzes »führt den Begriff einer *unbedingten* und zwar objektiven und mithin allgemein gültigen *Notwendigkeit* bei sich«[6]. »Unbedingt« bedeutet

6 416. Wir müssen demnach zwischen einer weiten und einer engen

hier, dass die im Begriff des Imperativs ausgedrückte Nötigung nicht auf der Voraussetzung eines gewollten Zwecks beruht.

Kants Behauptung, dass der kategorische Imperativ »die Form und das Prinzip« betrifft, »woraus sie [die Handlung, H. K.] selbst folgt«, kann jetzt ansatzweise verstanden werden. Während hypothetische Imperative Handlungen als Mittel zu Zwecken gebieten, gebietet der kategorische Imperativ primär »die Form und das Prinzip« einer Handlung. Doch was genau soll das sein?

Einen Hinweis auf die Beantwortung dieser letztlich für das gesamte Unternehmen einer Grundlegung zur Metaphysik der Sitten so zentralen Frage nach der »Form« und dem »Prinzip« des praktischen Gesetzes können wir Kants Einteilung aller Imperative in technische, praktische und moralische Imperative entnehmen. Warum ist der kategorische Imperativ ein moralischer Imperativ? Weil er »zum freien Verhalten überhaupt, d. i. zu den Sitten« (417) gehört. Dies ist die erste Stelle in der *Grundlegung*, an der Kant das Wort »Freiheit« (wenn auch in seiner adjektivischen Fassung) mit dem kategorischen Imperativ in Zusammenhang bringt. Der kategorische ist deshalb ein moralischer Imperativ, weil er einen speziellen Bezug zur Freiheit des Willens hat. Sein Bezugspunkt sind die freien Handlungen des Menschen, ähnlich, wie dies Jahrzehnte zuvor Wolff und zahlreiche andere Philosophen behauptet haben. Bringt Kant nun den kategorischen Imperativ mit der Form der Handlung in Verbindung, bezieht er sich auf das Wesen der Handlung, auf das, was die Handlung zu einer *eigenen* Handlung des Menschen macht. Und diese Formeigenschaft ist ihre Freiheit, d. h. ihr Bezug zum freien Willen.

Definition des praktischen Gesetzes bei Kant unterscheiden. War er zunächst (vgl. 414) einer weiten Definition gefolgt, wird diese nun zugunsten einer engen abgelöst.

Die Formel des kategorischen Imperativs muss demnach die Form einer freien Handlung zum Ausdruck bringen. Und diese Form kann nur die »absolute Notwendigkeit« bedeuten, die mit dem Begriff des praktischen Gesetzes einhergeht. Der kategorische Imperativ gebietet Handlungen, die sich zu einer allgemeinen Gesetzlichkeit qualifizieren.

Die Möglichkeit hypothetischer und kategorischer Imperative

Mit der Klassifizierung von drei verschiedenen Arten der Nötigung unseres Willens durch unsere praktische Vernunft ist noch nicht die Frage beantwortet worden, wie die in den verschiedenen Imperativen ausgedrückte Nötigung möglich ist:

> »Nun entsteht die Frage: wie sind alle diese Imperative möglich? Diese Frage verlangt nicht zu wissen, wie die Vollziehung der Handlung, welche der Imperativ gebietet, sondern wie bloß die Nötigung des Willens, die der Imperativ in der Aufgabe ausdrückt, gedacht werden könne.« (417)

Die Möglichkeit eines hypothetischen Imperativs scheint relativ einfach erklärt werden zu können. Bei ihm handelt es sich um einen Satz, der, »was das Wollen betrifft, analytisch« (417) ist. Was ist damit aber gemeint?

Alle praktischen Sätze sind Imperative (vgl. 1998, 384). Sie nötigen einen Willen, indem sie eine Handlung fordern, die objektiv notwendig ist. Die Nötigung setzt voraus, dass der freie Wille nicht von sich aus das Notwendige vollzieht. »Nötigen« heißt, »das Notwendige zu fordern«. Welche Art von Notwendigkeit wird in einem hypothetischen Imperativ ausgedrückt? Wenn ein Zweck gewollt wird, dann besteht für den

Willen die Notwendigkeit, das Mittel zu ergreifen, durch das der Zweck bewirkt wird. Wenn der Zweck nicht gewollt wird, dann besteht auch keine entsprechende Notwendigkeit. An der sprachlichen Form eines Satzes allein ist allerdings nicht zu erkennen, ob es sich um einen hypothetischen oder kategorischen Imperativ handelt. Der Satz: ›Nimm jetzt deine Medizin!‹ ist ein hypothetischer Imperativ, weil das in ihm ausgedrückte Gebot nur für eine Person gilt, die den Zweck will, der die Einnahme der Medizin verlangt. Aus diesem Grunde sind alle hypothetischen Imperative Sätze, in denen der Wille genötigt wird, ein Mittel zu ergreifen, um den Zweck zu erreichen, den sich dieser Wille selbst gesetzt hat. »Wer den Zweck will, will (sofern die Vernunft auf seine Handlungen entscheidenden Einfluß hat) auch das dazu unentbehrlich notwendige Mittel, das in seiner Gewalt ist.« (417) Es handelt sich um einen analytisch-praktischen Satz, weil das Mittel in dem Wollen des Zweckes bereits enthalten ist. Dieser Imperativ ist also nicht deshalb hypothetisch, weil die in ihm zum Ausdruck gebrachte Nötigung hypothetisch wäre. Diese Nötigung gründet auf einer Notwendigkeit, die jedoch nur unter einer bestimmten Bedingung besteht: Dass ich den Zweck will.

Hypothetische Imperative setzen voraus, dass ich »in dem Wollen eines Objekts als meiner Wirkung [...] schon meine Kausalität als handelnder Ursache« (417) denke. Ich kann einen Zweck nur dann zu bewirken beabsichtigen, wenn ich über die Fähigkeit verfüge, entsprechend zu handeln. Um mich durch mein Handeln als Ursache einer Handlung denken zu können, muss es mir möglich sein, deutliche Begriffe von meinen Zwecken und ihren Mitteln zu bilden. Sind der Zweck oder das Mittel unbestimmt, ist es auch nicht möglich, »nach bestimmten Prinzipien« (418) zu handeln. Dies bedeutet aber, dass hypothetische Imperative uns im strengen Sinne des Wortes nicht zu bestimmten Handlungen nötigen könnten. Dort, wo es keine begriffliche Klarheit gibt, kann auch keine Notwendigkeit erkannt werden. Und dort, wo es keine Notwendigkeit gibt, kann uns die Vernunft auch nicht nötigen. Sie kann nur Empfehlungen aussprechen oder Ratschläge geben.

Und genau das ist Kants These mit Blick auf die Imperative der Klugheit: Da die »Glückseligkeit nicht ein Ideal der Vernunft, sondern der Einbildungskraft ist«, gebieten die Imperative der Klugheit gar nicht. Es ist uns unmöglich, uns »einen bestimmten Begriff« (418) von unserer Glückseligkeit zu bilden. Da wir nicht genau wissen, was wir wollen, kann uns die Vernunft auch keine Handlungen »als praktisch-*notwendig*« (ebd.) für die Bewirkung unserer Glückseligkeit darstellen. Sie kann uns nur Ratschläge geben:

> »Man kann also nicht nach bestimmten Prinzipien handeln, um glücklich zu sein, sondern nach empirischen Ratschlägen, z. B. der Diät, der Sparsamkeit, der Höflichkeit, der Zurückhaltung u. s. w., von welchen die Erfahrung lehrt, daß sie das Wohlbefinden im Durchschnitt am meisten befördern.« (418)

Wäre es möglich, einen klaren und deutlichen Begriff von unserem obersten Naturzweck, der Glückseligkeit, zu haben, stellten die Imperative der Klugheit eine ernst zu nehmende Alternative zum kategorischen Imperativ dar. Sie würden auf einer Art von Notwendigkeit beruhen, die typisch für das Bewusstsein unserer Pflichten wäre. Wenn es ein moralisches Gesetz gibt, so hatte Kant in der Vorrede argumentiert, dann muss es »absolute Notwendigkeit bei sich führen« (389). Diese Anforderung könnten die Imperative der Klugheit genau dann erfüllen, wenn die Natur selbst in Gestalt eines natürlichen Gesetzes diese Notwendigkeit mit dem Begriff unserer eigenen Glückseligkeit verbunden hätte. Doch genau das bezweifelt Kant.

Die Imperative der Geschicklichkeit kommen als Alternativkandidaten zum kategorischen Imperativ gleichfalls nicht infrage. Die in ihnen ausgedrückte Nötigung beruht immer auf zufälligen Zwecksetzungen. Dass auch sie nicht immer Handlungen als »praktisch-*notwendig*« gebieten, erörtert Kant jedoch nicht. Er nennt das Beispiel der Mathematik: Will ich »eine Linie nach einem sicheren Prinzip in zwei gleiche Teile« teilen, dann *muss* »ich aus den Enden derselben zwei Kreuzbogen machen« (418). Ob dies ein gutes Beispiel ist oder nicht, mag dahingestellt sein. In jedem Fall möchte Kant darauf aufmerksam machen, dass wir im Bereich der Mathematik ein sicheres Wissen darüber erwerben können, welche Handlung zu vollziehen ist, um einen bestimmten Zweck zu erreichen. Es gibt jedoch selbstverständlich auch Zwecke, bei denen dieses Wissen um unsere Handlungen weniger verlässlich ist. Es verhält sich keineswegs so, als ob die Imperative der Geschicklichkeit *prinzipiell* praktisch-notwendige Handlungen gebieten würden. Um von A nach B in einem bestimmten Zeitraum zu gelangen, muss ich entweder den Zug oder das Auto oder das Flugzeug nehmen. Das bedeutet aber nicht, dass ich mein Ziel auch dann erreichen werde, wenn ich tue, was meine Vernunft mir gebietet.

Die Möglichkeit hypothetischer Imperative beruht auf dem Wollen eines Zwecks. Da diese Voraussetzung beim »Imperativ der Sittlichkeit« (415) entfällt, ist die Frage nach seiner Möglichkeit schwierig zu beantworten. Imperative setzen einen Willen voraus, der gut sein kann, aber seiner Natur nach nicht notwendig gut ist. Dieser Wille ist von der Vernunft insofern abhängig, als diese ihm vermittelt der Anwendung des kategorischen Imperativs auf meine Maximen die Handlung zu erkennen gibt, durch deren Wollen (Kant spricht auch »von der Gesinnung, aus reiner Pflicht zu handeln«, 406) dieser Wille ein guter Wille ist. Im Sinne des Imperativs der Klugheit ist der

Wille genau dann gut, wenn er eine Handlung bewirkt, die das eigene Glück befördert. Von der Vernunft abhängig zu sein, bedeutet für den Willen, von ihr zu einer bestimmten Handlung genötigt zu werden. Im weiteren Verlauf wird Kant die »Abhängigkeit eines nicht schlechterdings guten Willens« von der Gesetzgebung der Vernunft »moralische Nötigung« oder »Verbindlichkeit«[7] nennen. Die Handlung, die die Vernunft als objektiv notwendig gebietet, nennt er »Pflicht«.

Die Frage nach der Möglichkeit eines kategorischen Imperativs scheint nicht einfach beantwortet werden zu können. Warum sollte ich mich genötigt sehen, bloß deshalb eine Handlung zu vollziehen, weil meine Vernunft dies von mir verlangt? Welchen Zweck könnte das haben? Bei der Suche nach einer Antwort auf unsere Frage nach der Möglichkeit eines Imperativs, dessen Geltung nicht auf dem Wollen eines Zweckes beruht (der also insofern »unbedingt« ist), sind nach Kant zwei Merkmale desselben zu beachten:

Da das Prinzip, dessen Befolgung der »moralische Imperativ« gebietet, nicht auf der Erfahrung beruht, handelt es sich bei ihm *erstens* um ein »praktisches *Gesetz*«, dessen Möglichkeit wir »gänzlich a priori zu untersuchen haben« (419–420). Wie ein kategorischer Imperativ möglich ist, kann also nicht wie im Falle der hypothetischen Imperative durch seine Wirklichkeit in der Erfahrung als beantwortet gelten.

Zweitens handelt es sich beim moralischen Imperativ um einen »synthetisch-praktischen Satz a priori« (420).

Was ist ein »synthetisch-praktischer Satz a priori«? Zunächst ist leicht zu erkennen, was dieser Satz nicht ist:

7 439. Hypothetische Imperative nötigen zwar, drücken aber keine Verbindlichkeit aus (vgl. Jakob 1794, § 216). »Verbindlichkeit« bezieht sich bei Kant auf das Gesetz der reinen praktischen Vernunft, nicht (wie bei Wolff) auf alle Prinzipien der Willensbestimmung.

Erstens ist er kein analytisch-praktischer Satz a priori. In diesem Satz wird die Handlung als im Begriff des Zweckes selbst enthalten gedacht. Analytische Sätze sind immer a priori, auch wenn unser Wissen über die in Raum und Zeit zu vollziehende Handlung (wie im Falle der Teilung der Linie) auf Erfahrung beruht (also synthetische Sätze a posteriori umfasst). Hypothetische Imperative sind analytisch-praktische Sätze a priori (oder sie wären es, wenn sie praktisch-notwendige Handlungen gebieten würden).

Zweitens ist er kein synthetischer Satz a posteriori. Die im kategorischen Imperativ zum Ausdruck gebrachte moralische Nötigung beruht nicht auf Erfahrung, sie ist nicht zufällig bzw. kontingent. Ein synthetisch-praktischer Satz a priori ist überhaupt nur dann möglich, wenn er nicht auf Erfahrung beruht – und das bedeutet auch, wenn seine Geltung nicht auf einem Zweck beruht, zu dessen *Bewirkung* die Handlung geboten wird. »Absolut« notwendig kann das moralische Gesetz nur dann sein, wenn die Beziehung, in der unsere Vernunft zu unserem Willen steht, nicht auf Erfahrung beruht.

Kants Hinweise auf die synthetische Natur des kategorischen Imperativs sind an dieser Stelle sehr sparsam gehalten. Die Möglichkeit eines kategorischen Imperativs soll erst in Abschnitt III beantwortet werden. Der kategorische Imperativ ist ein synthetischer Satz a priori, weil die Vernunft unter der Bedingung, dass sie »völlige Gewalt« über »alle subjektiven Bewegursachen« (420) hat, die Handlung a priori unter Rückgriff auf eine Bedingung (einen zu bewirkenden Zweck) mit dem Willen verknüpft. Im »kategorischen Imperativ oder Gesetze der Sittlichkeit« (ebd.) wird die Handlung mit »dem Begriffe des Willens eines vernünftigen Wesens unmittelbar als etwas, das in ihm nicht enthalten ist, verknüpft.« (420 Anm.) Die Verknüpfung findet »unmittelbar«, also ohne Zweckbezug statt.

Dass der Nachweis dieser zwischen Wille und Vernunft bestehenden Verknüpfung a priori keine leichte Aufgabe sein wird, versteht sich von selbst. Wie können wir allein durch begriffliche Überlegungen eine zwischen reiner Vernunft und Wille bestehende synthetische Beziehung a priori erkennen und erklären? Winken die Empiristen an dieser Stelle ab, weil Kant mit Begriffen operiert, deren Bedeutung nicht auf Erfahrung beruht, verzweifeln die Wolffianer an der Problemstellung als solcher. Metaphysik ist für sie eine gute Sache. Aber man kann es auch übertreiben. Da der Wille immer der Vernunfteinsicht folgt, ist die Beziehung zwischen Vernunft und Wille nicht schwierig, sondern einfach zu verstehen. Sie ist analytisch. Doch Kant ist entschieden anderer Meinung.

Die Formeln des kategorischen Imperativs und der Begriff der Maxime

Bevor sich Kant an die Beantwortung der Frage nach der Möglichkeit eines kategorischen Imperativs wagt, bedarf es einiger vorbereitender Untersuchungen zur Formel dieses Imperativs. Nach wessen Möglichkeit wird gefragt? Der kategorische Imperativ drückt ein »absolutes Gebot« (420), eine Notwendigkeit aus.

Die Art und Weise nun, in der der Imperativ dieses Gebot ausdrückt, nennt Kant »eine Formel«. Dieser Begriff ist uns aus der Mathematik vertraut. Eine mathematische Formel schreibt vor, »was zu tun sei, um eine Aufgabe zu befolgen.« (5:8) Falls ich – wie von Euklid in seiner Schrift *Elemente* beschrieben – ein gleichschenkliges Dreieck konstruieren will, sagt mir seine Formel, was ich tun muss. Formeln gibt es aber auch in der Medizin. Der Apotheker stellt mittels einer Formel die vom Arzt auf einem Zettel verordnete Medizin her.[8] Wenn ich die Formel des kategorischen Imperativs kenne, dann weiß ich, was ich tun muss. Ich werde aufgefordert, in bestimmter Weise zu handeln: »handle so«, »handle nur«. Würde es keine Formel des kategorischen Imperativs geben, könnte ich nicht wissen, was ich tun muss, um einen bestimmten Effekt zu erreichen. Wie verschaffe ich mir einen guten Willen? Es ist diese praktische Frage, die zur Debatte steht. Der kategorische Imperativ ist kein abstraktes, er ist ein eminent praktisches Prinzip. Dieses Prinzip vermittelt zwischen dem Begriff der moralischen Notwendigkeit auf der einen und seiner Anwendung auf die menschliche Handlungswelt auf der anderen Seite.

Wie finden wir die Formel des kategorischen Imperativs? Da es sich um einen synthetischen Satz a priori handelt, können wir uns unmöglich auf die Erfahrung berufen. Es muss uns durch begriffliche Überlegungen gelingen. Kant möchte überprüfen, »ob nicht vielleicht der bloße Begriff eines kategorischen Imperativs auch die Formel desselben an die Hand gebe, die den Satz enthält, der allein ein kategorischer Imperativ sein kann.« (420) *Denke* ich einen kategorischen Imperativ, weiß ich »sofort, was er enthalte« (ebd.). *Denke* ich mir einen kategorischen Imperativ, erkenne ich, dass er »außer dem Gesetze nur die Notwendigkeit der Maxime […], diesem Gesetze gemäß zu sein« (421) enthält. Der *Begriff* des kategorischen Imperativs enthält also zwei Bestandteile: *Erstens* die »Allgemeinheit eines Gesetzes überhaupt« (ebd.) und *zweitens* die »Notwendigkeit der Maxime […], diesem Gesetze gemäß zu sein.« Die Notwendigkeit, dass die Maxime »notwendig« dem Gesetze gemäß sein soll, wird in der Formel des kategorischen Imperativs in Gestalt einer unbedingten Aufforderung ausgedrückt:

8 Vgl. Zedler 1732–1754, Bd. 9, Sp. 1500.

»handle nur nach derjenigen Maxime, durch die du zugleich wollen kannst, daß sie ein allgemeines Gesetz werde.« (421)

Die Formel des kategorischen Imperativs weist mich an, mich nur auf eine bestimmte Weise zum Handeln zu bestimmen. Ich soll nur nach derjenigen Maxime handeln, *»durch die«* ich *»zugleich wollen«* kann, *»daß sie ein allgemeines Gesetz werde.«* Der Wert einer Formel hängt von ihrer Praktikabilität ab. Im Falle des kategorischen Imperativs bedeutet dies, dass ich erkennen können muss, ob ich meine Maxime zugleich als ein allgemeines Gesetz wollen kann.

Wie kann ich das feststellen? Indem ich meine Maxime daraufhin überprüfe, ob sie sich zu einem allgemeinen Gesetz qualifiziert. Ob sie sich dazu qualifiziert, kann konkret an drei verschiedenen Merkmalen festgestellt werden, die eine jede Maxime hat. Diese drei verschiedenen Merkmale einer jeden Maxime führen uns auf drei verschiedene Formeln des kategorischen Imperativs.

Welche Merkmale sind dies? Alle Maximen enthalten (1.) eine *»Form«*, (2.) eine *»Materie«* und (3.) eine *»vollständige Bestimmung«* (436) (gemäß den Kategorien der Quantität, so wie sie Kant in der *Kritik der reinen Vernunft* exponiert hat: *»Einheit* der Form«, der *»Vielheit* der Materie« und »der *Allheit* oder Totalität des Systems derselben«; vgl. KrV A 80 / B 106). Was besagt die Unterscheidung zwischen Form und Materie? Unter der Form einer Maxime dürfen wir uns nicht eine bestimmte räumliche Gestalt vorstellen. »Form« meint vielmehr das Wesentliche eines Möglichen.[9] Die Form der Maxime besteht in ihrer Allgemeinheit. Ein Bedürfnis als solches ist keine Maxime, weil es nicht allgemein ist. Aus diesem Grunde schreibt Kant auch nicht, dass wir ein einzelnes Bedürfnis oder Interes-

9 Vgl. Baumgarten 2011, § 40, und Walch 1775, 1. Theil, Sp. 1338–1341.

se dem Test des kategorischen Imperativs unterwerfen müssen. Der Test setzt die Verallgemeinerung eines Bedürfnisses in Gestalt einer subjektiven Handlungsregel (Maxime) voraus. Hätte die Maxime nicht die Form der (begrifflichen) Allgemeinheit, dann könnte sie auch nicht daraufhin überprüft werden, ob es sich bei ihr um eine subjektive (bloß auf das jeweilige Subjekt bezogene) oder streng objektive (auf alle Vernunftwesen bezogene) Allgemeinheit handelt. Genügt die Maxime dem Kriterium strenger Allgemeinheit, handelt es sich um ein praktisches Gesetz.

Eine Maxime kann nicht formlos sein. Eine formlose Maxime wäre ein Widerspruch in sich, eine contradictio in adjecto. Wir könnten sie nicht einmal denken. Die Form tritt immer zugleich mit der Materie auf, die durch die Form bestimmt wird. Die Allgemeinheit ist immer die Allgemeinheit von etwas. Die Materie der Maxime ist der Zweck, um dessen willen die Handlung vollzogen wird. Im Verein bilden Form und Materie einen (formal und material bestimmten) Zusammenhang, den Kant die »*vollständige Bestimmung*« der Maxime nennt. Vollständig ist die Bestimmung einer Maxime genau dann, wenn ihr nichts mangelt, wenn also Form und Materie aufeinander bezogen sind.

Warum bezieht sich der kategorische Imperativ gerade auf Maximen? Ohne dass Kant hierüber viele Worte verlieren würde, ist für ihn klar, dass unsere Maximen auf dem praktischen Gebrauch unserer Vernunft beruhen. Als Vernunftwesen handeln wir (bewusst oder unbewusst) nach Regeln. Allerdings ist es die bloß praktische, nicht die praktische reine Vernunft, die die »praktische Regel« gemäß den »Bedingungen« (421 Anm.) bestimmt, unter oder nach denen das Subjekt lebt. Kants ominöse Rede davon, dass die »*Maxime*« »die praktische Regel« enthält, könnte vielleicht so verstanden werden, dass diese praktische Regel zu einer Maxime wird, sobald ein Subjekt tatsächlich nach ihr handelt. Dem steht das »objektive Prinzip« gegenüber, das »für jedes vernünftige Wesen« »gültig« ist. Dieses »objektive Prinzip« ist »der Grundsatz, nach dem es *handeln soll*, d. i. ein Imperativ.« (Ebd.) Die Maxime stellt eine handlungseffektive praktische Regel dar, die die Vernunft für ein Subjekt entsprechend seiner subjektiven Anlagen und Bedingungen formuliert hat. Ein objektives Prinzip bezeichnet ein Gesetz, das für alle Vernunftwesen gilt und von Subjekten befolgt werden *soll*, die nach Maximen handeln. Das Gesetz ist eine Regel, die notwendig gilt und gegenüber einem Wesen, das nach Maximen handelt, die Notwendigkeit zum Ausdruck bringt, entsprechend diesem Gesetz zu handeln. Kant erläutert den Gesetzcharakter (und damit den Begriff der Notwendigkeit) durch den Begriff der »Allgemeinheit eines Gesetzes« (421). Vernünftig im Sinne des kategorischen Imperativs kann meine Maxime also nur dann sein, wenn sie für alle Vernunftwesen ein objektives Prinzip des Handelns ist.

Es gehört zu den verwirrenden Aspekten der *Grundlegung*, dass sich Kant auf die Form der Maxime (und damit des Gesetzes) mit zwei verschiedenen Formeln bezieht. Während die erste dieser beiden Formeln vom »allgemeinen Gesetz« (421) spricht, liegt die Betonung der zweiten Formel auf dem Begriff der *»allgemeinen Naturgesetze«* (ebd.). Offenbar geht Kant davon aus, dass die zweite Formel die erste Formel am Beispiel des Naturgesetzes veranschaulicht. Verwirrend ist ferner, dass Kant verschiedene Versionen von allen drei Formeln des kategorischen Imperativs vorträgt. Ihre inhaltliche Äquivalenz ist in der Literatur höchst umstritten (siehe u. a. Paton 1947, Schönecker/Wood 2002, 126–128).

Befolge ich irgendeine Formel des kategorischen Imperativs, dann erkenne ich, ob die Befolgung meiner Maxime geboten, verboten oder erlaubt ist. Maximen sind Prinzipien, aus denen Handlungen (Pflichten) »abgeleitet« (421) werden. Tatsächlich betrifft diese (positive und negative) Ableitung Handlungstypen: etwa das Verbot, ein lügenhaftes Versprechen zu geben, das Gebot, sich selbst zu kultivieren usw. Bevor wir uns Kants entsprechenden Beispielen zuwenden, wollen wir uns jedoch etwas ausführlicher mit den Formeln des kategorischen Imperativs beschäftigen.

Die Form der Maxime und ihre Formeln

Da es nur eine reine Vernunft gibt, kann es auch nur eine praktische Notwendigkeit geben, nur einen einzigen kategorischen Imperativ. Doch gibt es, wie wir bereits gesehen haben, entsprechend den drei Merkmalen der Maximen auch drei verschiedene Formeln des kategorischen Imperativs. Ferner legt Kant verschiedene Versionen dieser Formeln vor. Verwendet Kant die Pluralbildung »kategorische Imperative«, bezieht er sich auf unsere Pflichten (»Imperativen der Pflicht«, 421).

Für die auf die Form der Maxime sich beziehende Gesetzesformel (»*handle nur nach derjenigen Maxime, durch die du zugleich wollen kannst, daß sie ein allgemeines Gesetz werde*«; 421) schlägt Kant eine alternative Fassung (oder Formel) vor, nämlich die Naturgesetzformel. Als Begründung verweist er auf die Bedeutung des Ausdrucks »Allgemeinheit des Gesetzes« (ebd.). Wie das moralische Gesetz drückt das Naturgesetz eine strenge Allgemeinheit und Notwendigkeit aus. In beiden Fällen handelt es sich um Kausalgesetze. Da wir mit den Naturgesetzen gut vertraut[10] sind, können wir uns die Bedeutung des moralischen Gesetzes für unser Wollen am Begriff des Na-

10 Auch in der *Kritik der praktischen Vernunft* hebt Kant die Fasslichkeit der Naturgesetzformel selbst für den »gemeinsten Verstand« (5:70) hervor.

turgesetzes veranschaulichen. Diese Formel ist besonders gut dazu geeignet, unsere Pflichten zu erkennen. Der »allgemeine Imperativ der Pflicht« kann demnach auch wie folgt formuliert werden:

> »*handle so, als ob die Maxime deiner Handlungen durch deinen Willen zum* ***allgemeinen Naturgesetze*** *werden sollte.*« (421)

An der sprachlichen Gestalt der beiden Form-Formeln fallen einige Besonderheiten auf. Die reine Vernunft duzt uns, und sie tritt im Singular auf. Sie ist so wenig pluralfähig wie die Begriffe der »allgemeinen Gesetzlichkeit« und des »*allgemeinen Naturgesetzes*«.

In der Gesetzesformel verwendet Kant die Wendung »durch die du«. Was ist damit gemeint? Im Hintergrund scheint die Idee der juridischen Gesetzgebung durch eine hierzu befugte Autorität zu stehen. Diese kann den politischen Körper nach Maximen (Regeln, Prinzipien, Gesetzen) regieren, die nicht für alle Mitglieder des Gemeinwesens akzeptabel, weil unvernünftig sind. Unvernünftig sind politische Regeln aus der Perspektive der von ihr betroffenen Bürger genau dann, wenn sie z. B. bestimmte Bürger willkürlich bevorzugen oder benachteiligen. Falls uns die Vernunft nach Kant gebietet, nur nach Maximen zu handeln, die sich zu einer allgemeinen Gesetzgebung qualifizieren, ist dies als ein Gebot zu verstehen, nicht nach Maximen zu handeln, die einen bloß subjektiven Grund ihrer Gültigkeit haben. Demnach soll ich nur »durch die« Maxime als (gedachter) Gesetzgeber in einem Reich vernünftiger Wesen auftreten, von der ich vernünftigerweise wollen kann, dass sie in diesem Reich als ein Gesetz gilt.

In einer seiner Notizen aus den 1790er Jahren verwendet Kant alternativ den Ausdruck »vermittelst«:

»Das Princip der Moral ist
daß die Maxime zur allgemeinen Gesetzgebung tauge [...]
2. daß sie als Maxime des Willens vermittelst ihrer wollen kann
sie solle ein allgemeines Gesetz seyn« (23:376).

Die Maxime hat hier den Status eines Mittels, durch dessen Gebrauch der Wille sich selbst als allgemein gesetzgebend ansehen kann. Aus dieser Notiz wird auch deutlich, warum Kant in der Gesetzesformel das Wort »zugleich« verwendet: Die Maxime, nach der ich handle, muss »zugleich« als die Maxime eines jeden vernünftigen Willens gedacht werden. Ich stelle mir meinen subjektiven Willen (Willkür) zugleich als einen objektiv gesetzgebenden Willen in einem Reich der Zwecke vor.[11]

Ob die Bedeutung der Gesetzformel an den Wörtern »durch die du« hängt, darf jedoch bezweifelt werden. An einer späteren Stelle bedient sich Kant Formulierungen, in denen weder das »durch die du« (»handle jederzeit nach derjenigen Maxime, deren Allgemeinheit als Gesetzes du zugleich wollen kannst«, 437) noch das »als ob« (»*Handle nach Maximen, die sich selbst zugleich als allgemeine Naturgesetze zum Gegenstand haben können.*« 437) vorkommen. Dagegen verwendet er das »als ob« in einer Version der dritten Formel, die er später diskutieren wird:

11 In einer Vorarbeit zur *Tugendlehre* der *Metaphysik der Sitten* schreibt Kant: »Die Maxime Meiner *Willkühr* kann nun als zugleich allgemein *gesetzgebend* gedacht werden oder blos mein *Wille* dadurch ich die Maxime für mich selbst bestimme so zu handeln welche auch für jedermann gilt ohne seine Freyheit einzuschränken, folglich als bloß gesetzlicher aber nicht durch diesen meinen Willen anderen gesetzgebender Willen« (23:376).

»handle so, als ob deine Maxime zugleich zum allgemeinen Gesetze (aller vernünftigen Wesen) dienen sollte« (438).

Auch in der *Kritik der praktischen Vernunft* (»Handle so, daß die Maxime deines Willens jederzeit zugleich als Prinzip einer allgemeinen Gesetzgebung gelten kann.«, 5:55) und in der *Metaphysik der Sitten* (»handle nach einer Maxime, welche zugleich als ein allgemeines Gesetz gelten kann!«, 6:225) werden diese Wörter nicht verwendet.

Wir sind weiterhin auf der Suche nach einer Antwort auf die Frage, wie ein kategorischer Imperativ möglich ist. Und als Resultat seiner bisherigen Überlegungen hebt Kant zwei Punkte hervor:

Erstens kann die Pflicht nur in kategorischen Imperativen ausgedrückt werden (nicht in hypothetischen). Die Vernunft allein »diktiert« (426) moralische Grundsätze.
Zweitens haben wir den »Inhalt des kategorischen Imperativs, der das Prinzip aller Pflicht« (425) ist, deutlich vorgestellt.

Sind wir jetzt in der Lage, a priori zu

»beweisen, daß dergleichen Imperativ wirklich stattfinde, daß es ein praktisches Gesetz gebe, welches schlechterdings und ohne alle Triebfedern für sich gebietet, und daß die Befolgung dieses Gesetzes Pflicht sei«? (425)

Kant verneint dies. Die Antwort auf die Frage nach der synthetischen »Verknüpfung« a priori zwischen Vernunft und Wille kann nur innerhalb der Metaphysik der Sitten »entdeckt« (426) werden. Dass die Entdeckung dieser »Verknüpfung« mit der Einsicht in den Grund ihrer Möglichkeit zusammenfällt, scheint Kant allerdings nicht behaupten zu wollen. Am Ende von Abschnitt II wird er betonen, dass die Frage nach der Möglichkeit dieses Satzes »nicht mehr binnen den Grenzen der Metaphysik der Sitten liegt« (445).

Vernünftige Selbstbestimmung

Wir befinden uns mitten auf dem Gebiet der Metaphysik der Sitten. Und die Frage lautet, ob »es ein notwendiges Gesetz für alle vernünftigen Wesen [ist], ihre Handlungen jederzeit nach solchen Maximen zu beurteilen, von denen sie selbst wollen können, daß sie zu allgemeinen Gesetzen dienen sollen« (426). Wollen wir diese Frage beantworten, müssen wir uns dem »Verhältnis eines Willens zu sich selbst, sofern er sich bloß durch Vernunft bestimmt« (427), zuwenden. Das ist ein in dieser Klarheit zuvor nicht geäußerter Gedanke: Der kategorische Imperativ beruht seiner Möglichkeit nach auf einem Willen, der sich selbst *»allein«* (ebd.) durch Vernunft bestimmt. Es geht um das praktische Verhältnis des Willens zu sich selbst.

Da das praktische Selbstverhältnis des Willens in das Zentrum der Aufmerksamkeit tritt, wird verständlich, warum Kant nunmehr zum zweiten Mal eine Begriffsbestimmung des Willens vornimmt. Einige Seiten zuvor hatte er den Willen als »das Vermögen« definiert, *»nach der Vorstellung der Gesetze,* d.i. nach Prinzipien zu handeln« (412). Jetzt hebt er hervor, dass der Wille »als ein Vermögen gedacht [wird], der Vorstellung gewisser Gesetze gemäß sich selbst zum Handeln zu bestimmen.« (427) Offenbar kann das praktische Verhältnis des Willens zu sich selbst erst im Bereich der Metaphysik der Sitten angemessen erörtert werden. Und offenbar ist dieses Verhältnis der Schlüssel zur Beantwortung der Frage nach der Möglichkeit eines kategorischen Imperativs.

Wodurch bestimmt sich ein Wille zum Handeln? Durch einen Zweck. Der Zweck ist dasjenige, »was dem Willen zum objektiven Grunde seiner Selbstbestimmung dient« (427). Diese Formulierung ist etwas unklar, weil nicht deutlich wird, in welchem Sinne Kant das Wort »objektiv« verwendet. Es sind zwei Interpretationen denkbar:

1. Kant nennt alle Zwecke, die der Grund der Selbstbestimmung des Willens sind, objektiv. Denn in einem erläuternden Satzteil schreibt er, dass der Zweck, »wenn er durch bloße Vernunft gegeben wird, […] für alle vernünftige Wesen gleich gelten« muss (427). *Wenn* der Zweck durch die Vernunft gegeben wird, *dann* gilt er für alle vernünftigen Wesen. Es gibt also mindestens einen Zweck, für den wir uns dies denken können. Wenn es einen durch die »bloße Vernunft« gegebenen Zweck gibt, dann bestimmt »die *Vernunft für sich allein* das Verhalten« (ebd.). Dass die »*Vernunft für sich allein* das Verhalten« bestimmt, bedeutet, dass der Wille sich selbst durch die Vorstellung des moralischen Gesetzes zum Handeln bestimmt. Selbstbestimmung ist ein Akt der Bestimmung durch den von der Vernunft gegebenen Zweck.
2. Wenn wir das Wort »wenn« allerdings im Sinne von »weil« interpretieren, dann *muss* der objektive Zweck durch die »bloße Vernunft« gegeben werden. Alle anderen Zwecke sind subjektiv. Dies würde bedeuten, dass sich ein Wille dann nicht selbst bestimmen würde, wenn der objektive Zweck nicht der Grund seiner Selbstbestimmung wäre. Wenn sich der Wille nicht durch den durch die »bloße Vernunft« gegebenen Zweck bestimmt, dann bestimmt sich dieser Wille nicht selbst.

In die Richtung dieser zweiten Interpretation scheinen Kants Ausführungen zur Unterscheidung zwischen »*Triebfeder*« und

»Bewegungsgrund« (427) zu weisen. Was ist das für ein Zweck, den die Vernunft gibt? Während unser Begehren seinen »subjektiven Grund« in den *»Triebfedern«* (Bedürfnisse und Neigungen) findet, ist der »objektive [Grund] des Wollens« der *»Bewegungsgrund«*. »Subjektive Zwecke« beruhen auf Triebfedern (die Metapher stammt aus der Uhrenmechanik), objektive Zwecke auf Bewegungsgründen. Triebfedern sind also keine subjektiven Zwecke, letztere »beruhen« vielmehr auf Triebfedern. Ähnlich drückt sich Kant mit Bezug auf das Verhältnis von objektivem Zweck und Bewegungsgrund aus (»ankommen«). Triebfedern können dem unteren und Bewegungsgründe dem oberen Begehrungsvermögen (Vernunft, Wille im engeren Sinne) zugeordnet werden.

Wie selbstverständlich geht Kant im Folgenden davon aus, dass die handlungseffektive Funktion subjektiver Zwecke aus der Perspektive allgemeiner Prinzipien zu erläutern ist. »Praktische Prinzipien sind *formal*, wenn sie von allen subjektiven Zwecken abstrahieren; sie sind aber *material*, wenn sie diese, mithin gewisse Triebfedern zum Grunde legen.« (427) Wie ist diese Unterscheidung zu verstehen? Ist der durch die Vernunft gegebene Zweck, der Zweck an sich selbst, weder formal noch material?

In formalen praktischen Prinzipien wird »von allen subjektiven Zwecken abstrahiert«. Das bedeutet nicht, dass mit diesen Prinzipien keine »subjektiven Zwecke« befördert werden. Es bedeutet nur, dass die »subjektiven Zwecke« nicht der ausschlaggebende Grund sind, warum wir diesen Prinzipien folgen. Formale praktische Prinzipien »gelten« jedoch deshalb objektiv, weil ihr Gehalt ein objektiver Zweck ist. Dies scheint zu bedeuten, dass die Materie unseres Wollens entweder ein subjektiver oder ein objektiver Zweck ist. Der Begriff »Materie« hätte zwei verschiedene Bedeutungen. Die Differenz zwischen formalen und materialen praktischen Prinzipien könnte sich demnach durch die Differenz zwischen einem subjektiven Zweck (»bloß relativen und willkürlichen Zweck«, 436) und einem Zweck an sich selbst (»objektiver Zweck«; 427) erklären. Ist dies die Bedeutung der Prinzipien, an die Kant denkt?

»Materiale Zwecke« sind Zwecke, »die sich ein vernünftiges Wesen als Wirkungen seiner Handlung nach Belieben vorsetzt« (427). Es sind »relative Zwecke«, weil ihr »Wert« auf ihrem Verhältnis zum »besonders gearteten Begehrungsvermögen des Subjekts« beruht. Dieses Verhältnis »gibt ihnen den Wert«, den sie haben. »Relative Zwecke« können »nur der Grund von hypothetischen Imperativen« (428) sein. Zum »objektiven Zweck« als Grund eines kategorischen Imperativs äußert sich Kant wie folgt:

> »Gesetzt aber, es gäbe etwas, *dessen Dasein an sich selbst* einen absoluten Wert hat, was als *Zweck an sich selbst* ein Grund bestimmter Gesetze sein könnte, so würde in ihm, und nur in ihm allein der Grund eines möglichen kategorischen Imperativs, d. i. praktischen Gesetzes, liegen.« (428)

Auffällig ist Kants veränderte Sprache: Es handelt sich nicht um einen von uns bloß vorgestellten Zweck, um keinen, der durch eigenes Handeln bewirkt werden könnte oder müsste. Dieser Zweck existiert bereits, und sein Dasein *hat* einen »absoluten Wert«. Kant behauptet mit Bedacht nicht, dass dieser Zweck ein »absoluter Wert« *ist*. Er behauptet nicht die Existenz von objektiven Werten, die den transzendentalen Ideenhimmel bevölkern. Wert kann immer nur das haben, was Gegenstand des Wollens ist. »Wert« und »wertvoll« sind *relationale* Ausdrücke. Zwecke sind immer wertvoll für jemanden, der nach diesen Zwecken strebt oder sie billigt. Einige Zwecke, nämlich die, die auf unserem unteren Begehrungsvermögen beruhen, sind nur von *relativem* Wert. Ihr Wert ändert sich mit unseren Bedürfnissen und Neigungen. Wir können aber auch den Begriff eines Zweckes bilden, der einen *absoluten* Wert hat. Die Schätzung (Achtung) dieses Zwecks beruht auf keinen subjektiven Voraussetzungen. Er wird von allen Vernunftwesen geschätzt. Wenn die Vernunft dem Willen einen Zweck geben könnte, der allen anderen Zwecken bloß deshalb vorzuziehen ist, weil er vernünftig ist, hätte dieser Zweck für alle Vernunftwesen einen absoluten Wert.

Am Begriff eines Zwecks an sich selbst entscheidet sich, ob es eine notwendige Verbindung oder »Verknüpfung« (426) zwischen praktischen Gesetzen und »dem Begriff des Willens eines vernünftigen Wesens überhaupt« (ebd.) gibt. Wir befinden uns wie gesagt im Bereich der Metaphysik der Sitten. Kant bedient sich der analytischen Methode. Es kann im Anwendungsbereich dieser Methode kein Beweis für die Existenz des gesuchten Zweckes geführt werden. Dessen ist er sich sehr wohl bewusst. Unvermittelt verwendet er die erste Person Singular:

> »Nun sage ich: der Mensch und überhaupt jedes vernünftige Wesen *existiert* als Zweck an sich selbst, *nicht bloß als Mittel* zum beliebigen Gebrauche für diesen oder jenen Willen, sondern muß in allen seinen sowohl auf sich selbst als auch auf andere vernünftige Wesen gerichteten Handlungen jederzeit *zugleich als Zweck* betrachtet werden.« (428)

Dass »der Mensch und überhaupt jedes vernünftige Wesen« als Zweck an sich selbst existiert, ist die Voraussetzung, unter der ein kategorischer Imperativ möglich ist. Ob diese Voraussetzung begründet werden kann, steht hier dabei nicht unmittelbar zur Debatte.

Wie verhalten sich subjektiver und objektiver Zweck des Menschen (immer: als Vernunftwesen) zueinander? Kant wiederholt zunächst seine These, dass der »Wert aller durch unsere Handlung *zu erwerbenden* Gegenstände jederzeit bedingt« (428) ist. Von »relativem Wert« ist alles das, was als Mittel zu beliebigen Zwecken, die aus unseren Neigungen folgen, verwendet wird. Kant nennt diese Mittel Sachen (und zählt auch Tiere zu ihnen). Ein »objektiver Zweck« zeichnet sich dadurch aus, dass er unsere »Willkür einschränkt« (ebd.). Damit ist die Funktion geklärt, die der »objektive Zweck« im Kontext der kantischen Handlungstheorie hat. Positiv formuliert: Wir dürfen nach allen Maximen handeln, deren subjektive Zwecke nicht der Existenz des Vernunftwesens als eines objektiven Zwecks widersprechen. Würde es keinen unsere Willkür einschränkenden objektiven Zweck geben, könnte es keinen kategorischen Imperativ geben. Die Geltung einer Maxime würde einzig und allein auf ihrer Funktion im Rahmen von hypothetischen Imperativen beruhen.

Auch wenn Kant an dieser Stelle seiner Ausführungen keinen Beweis für die Existenz des Vernunftwesens als eines Zwecks an sich selbst geben kann (dies würde den Beweis der Möglichkeit des kategorischen Imperativs implizieren), scheint er diesem Beweis doch schon sehr nahe gekommen zu sein:

1. Worauf beruht das oberste praktische Prinzip? Es beruht auf der Vorstellung von etwas, »was notwendig für jedermann Zweck ist, weil es Zweck an sich selbst ist« (428).
2. Was ist notwendig für jedes Vernunftwesen ein Zweck an sich selbst? Die »*vernünftige Natur*«. Sie »*existiert als Zweck an sich selbst.*« (429)
3. Wenn sich jede vernünftige Natur *notwendig* als Zweck an sich selbst vorstellt, dann haben wir ein »*objektives* Prinzip« des Willens gefunden.[12]

12 »So stellt sich notwendig der Mensch sein eigenes Dasein vor;

Da sich alle Vernunftwesen ihr Dasein notwendig als Zweck an sich selbst vorstellen und dieser Zweck der Grund der Geltung des kategorischen Imperativs ist: Warum sollte dies dann kein hinreichender Grund für den Nachweis der Möglichkeit eines kategorischen Imperativs sein? Reicht es nicht aus, dass sich alle Vernunftwesen ihr Dasein so vorstellen? Kant scheint nach einem Argument Ausschau zu halten, das erklärt, warum sich alle Vernunftwesen ihr Dasein notwendig (und nicht nur zufälligerweise) so vorstellen. Und diesen Nachweis einer notwendigen Verknüpfung zwischen unserer vernünftigen Natur und dem Begriff des Zweckes an sich selbst ist er bisher schuldig geblieben.

Obwohl wir noch keine Antwort auf die Möglichkeit einer apriorischen Verknüpfung zwischen Vernunft und Wille gefunden haben, können wir bereits eine provisorische Antwort auf die Frage versuchen, wie denn der Zweck an sich selbst inhaltlich zu bestimmen ist: Kant identifiziert ihn mit dem Dasein eines vernünftigen Wesens. Hat das Dasein eines vernünftigen Wesens einen »absoluten Wert«, kann dies nur bedeuten, dass sich dieser Wert in den vernunftspezifischen Leistungen, Fähigkeiten oder Vermögen dieses Wesens materialisiert. Ein vernünftiges Wesen als Zweck an sich selbst zu achten bedeutet, seine Vernunftfähigkeit anzuerkennen, seine Fähigkeit, nach Maximen zu handeln, die sich zu einer allgemeinen Gesetzlichkeit qualifizieren. Sprechen wir einem We-

sofern ist es also ein *subjektives* Prinzip menschlicher Handlungen. So stellt sich aber auch jedes andere vernünftige Wesen sein Dasein zufolge eben desselben Vernunftgrundes, der auch für mich gilt, vor; also ist es zugleich ein *objektives* Prinzip, woraus als einem obersten praktischen Grunde alle Gesetze des Willens müssen abgeleitet werden können.« (429) Kant weist darauf hin, diesen »Satz […] hier als Postulat« aufgestellt zu haben. Die »Gründe dazu« (429 Anm.) fänden sich in Abschnitt III.

sen dieses Vermögen ab, hat es einen bloß relativen Wert für uns. Es wäre eine Sache, die als Mittel zu beliebigen Absichten gebraucht werden darf.

Die Materie der Maxime und ihre Formel

Eine jede Formel des kategorischen Imperativs beschreibt die Art und Weise, nach der sich der Wille zum Handeln bestimmen soll. Stellt die vernünftige Natur als Zweck an sich selbst eine einschränkende Bedingung für alle unseren subjektiven Zwecksetzungen dar, muss es auch möglich sein, eine Formel des kategorischen Imperativs anzugeben, die auf diesen Umstand Bezug nimmt. Unsere Maximen haben nicht nur eine Form, sie haben auch eine Materie. Kant nennt diese Materie den Zweck. Derjenige Zweck, der mit der Form der Maxime (ihrer strengen Allgemeinheit) übereinstimmt, muss durch die Vernunft selbst gegeben werden. Nur derjenige Zweck, der für alle vernünftigen Wesen gilt, weil er durch die Vernunft selbst gegeben wird, kann der Grund eines kategorischen Imperativs sein.

In seiner Zusammenfassung aller drei Formeln des kategorischen Imperativs schreibt Kant:

> »Alle Maximen haben nämlich [...] 2. eine *Materie*, nämlich einen Zweck, und da sagt die Formel: daß das vernünftige Wesen als Zweck seiner Natur nach, mithin als Zweck an sich selbst jeder Maxime zur einschränkenden Bedingung aller bloß relativen und willkürlichen Zwecke dienen müsse« (436).

Jede Maxime nimmt auf einen »bloß relativen« Zweck Bezug, um dessen willen die Maxime gebildet und befolgt wird. Wenn wir uns keine subjektiven Zwecke setzen und wir nicht nach Maximen handeln würden, dann könnte die »bloße Vernunft« auch nicht praktisch werden. Sie setzt voraus, dass wir subjektive Zwecke haben. An diesen Zwecken muss sie sich gewissermaßen materialisieren. Die reine Vernunft will nun, dass wir nur solche Maximen befolgen, deren subjektive Zwecke nicht der reinen Vernunft als oberster einschränkender Bedingung unseres Wollens widersprechen.

Die Formel des »praktischen Imperativs«, in der auf die Materie unserer Maximen Bezug genommen wird, lautet:

> *»Handle so, daß du die Menschheit, sowohl in deiner Person, als in der Person eines jeden andern jederzeit zugleich als Zweck, niemals bloß als Mittel brauchst.«* (429)

Offensichtlich identifiziert Kant den Begriff der Menschheit mit dem Begriff der »vernünftigen Natur«: Nur aus dem Grunde, weil wir eine gemeinsame vernünftige Natur haben, zählen wir uns zur Menschheit. Die Vernunftnatur ist kein zu bewirkender Zweck, sondern hat eine unsere subjektiven Zwecksetzungen *einschränkende* Funktion. Das »Prinzip der Menschheit und jeder vernünftigen Natur überhaupt *als Zwecks an sich selbst*« ist »die oberste einschränkende Bedingung der Freiheit der Handlungen eines jeden Menschen« (431).

Warum Kant in der Gesetzesformel die allgemeine Gesetzlichkeit nicht ebenfalls eine »einschränkende Bedingung« nennt, ist nicht ganz klar. Vielleicht ist dies der Grund: Die Form der Maxime ist ihre Allgemeinheit. Ist sie nicht allgemein, dann handelt es sich auch nicht um eine Maxime. Fordert der kategorische Imperativ eine strenge (nicht bloß subjektive) Allgemeinheit der Maxime im Sinne einer gedachten allgemeinen Gesetzgebung, dann erfüllt die Maxime dieses Kriterium – oder sie erfüllt es eben nicht. Bei der Menschheitsformel verhält es sich jedoch anders: Sie geht von unseren subjektiven Zwecken aus und stellt uns ihre Befolgung frei, wenn diese Zwecke nicht dem Begriff des objektiven Zwecks (der Mensch als Zweck an sich selbst) widersprechen.

Besondere Beachtung verdient Kants »Prinzip der Menschheit« auch deshalb, weil in ihm von der »Freiheit der Handlungen eines jeden Menschen« die Rede ist. Erstmals erwähnt Kant den Schlüsselbegriff seiner Moralphilosophie in einer Formel des kategorischen Imperativs, nämlich die Freiheit. Sie ist »die Bedingung, unter der der Mensch selbst Zweck seyn kann.« (27:1320) Dass die vernünftige Natur als Zweck an sich selbst existiert, bedeutet, dass sie »die oberste einschränkende Bedingung der Freiheit der Handlungen eines jeden Menschen ist«. Dass diese Einschränkung nicht aus der Erfahrung bekannt ist, sondern ihre Quelle in der reinen Vernunft selbst liegt, bedürfte kaum mehr der Erläuterung. Um jeden Zweifel an der Vernunft als Quelle des »Prinzips der Menschheit« (430) zu beseitigen, verweist Kant nochmals auf die »Allgemeinheit« des Gesetzes und auf die Menschheit als »objektiven Zweck« (431).

Die Menschheitsformel gebietet, dass ich die »*Menschheit*« »*in*« meiner »*Person*« und »*in der Person eines jeden andern jederzeit zugleich als Zweck, niemals bloß als Mittel*« (429) brauche. Wie habe ich mir das vorzustellen? Wie kann die Menschheit »in« meiner Person oder »in« einer anderen Person sein? Die Menschheit ist insofern »in« einer Person, als eine Person sich durch die Fähigkeit auszeichnet, nach der Vorstellung von Gesetzen oder Prinzipien zu handeln. Die Befolgung dieser Gesetze oder Prinzipien hat einen (gedachten oder realen) Effekt auf alle anderen Menschen, weil und insofern sie das Mittel für die Befolgung meiner subjektiven Zwecke sind oder sein können. Dies gilt im Übrigen auch für mich selbst: Ich kann mich meiner selbst als eines bloßen Mittels für meine subjektiven Zwecksetzungen bedienen. An einer späteren Textstelle verzichtet Kant auf die Rede von der Menschheit in einer Person:

> »handle in Beziehung auf ein jedes vernünftige Wesen (auf dich selbst und andere) so, daß es in deiner Maxime zugleich als Zweck an sich selbst gelte« (437–438).

Die Formel der eigenen Gesetzgebung, der Autonomie und des Reichs der Zwecke

Was gibt es jetzt noch zu den Formeln des kategorischen Imperativs zu sagen? Steht in der ersten Formel der Gedanke der (naturgesetzlichen) Allgemeinheit und in der zweiten Formel der Begriff eines Zwecks im Zentrum, der durch die Vernunft selbst gegeben wird, stellt Kant in einer dritten Formel den Gedanken des selbstgesetzgebenden Willens heraus. Dass der Wille als praktische Vernunft sich selbst das Gesetz gibt, dem dieser Wille zugleich als sinnlich affizierter Wille unterworfen ist, erläutert Kant durch zwei Begriffe:

> Der *erste* dieser Begriffe ist der der Autonomie.
> Der *zweite* ist der des Reichs der Zwecke.

Mit dem Begriff des »Reichs der Zwecke« macht Kant deutlich, dass Autonomie nicht als bloß individuelle Selbstbestimmung verstanden werden kann. Ähnlich wie bei der Gesetzgebung in einem Staat müssen wir uns auch die moralische Gesetzgebung in dem gedachten Reich der Zwecke denken: Sie ist allgemein und wechselseitig. Meine eigenen subjektiven Zwecke stehen auf einer Ebene mit den subjektiven Zwecken aller anderen Personen. Die Befolgung aller subjektiven

Zwecke wird einerseits durch die Existenz aller vernünftigen Wesen als Selbstzwecke eingeschränkt. Andererseits erkennt jedes einzelne Vernunftwesen das Interesse aller Menschen an, ihren eigenen Naturzweck (d. h. die Glückseligkeit) zu befolgen.

Der Grund für die Geltung des moralischen Gesetzes beruht nicht auf Rechten, die andere Personen mir gegenüber haben. Sie beruht auch nicht bloß darauf, dass ich zu mir selbst in einem bestimmten normativen Verhältnis der Wertschätzung meiner selbst als eines vernünftigen Wesens stehe. Seine Geltung beruht vielmehr auf dem Gedanken, dass wir gegenüber dem vernünftigen Selbst als solchem verpflichtet sind. Wir sind verpflichtet, die Existenz vernünftiger Subjekte, mit denen wir eine gemeinsame Handlungswelt bilden, zu erhalten und ihre subjektiven Zwecke zu befördern.[13] Kant denkt das moralische Gesetz intersubjektiv, kosmologisch (stoisch). Die praktische Berücksichtigung einer Person als Zweck an sich impliziert die Achtung aller Vernunftwesen als Selbstzweck. Das allgemeine Gesetz allein garantiert die Allgemeinheit der Freiheit.[14]

Kants Ansicht nach folgt die (in diversen Fassungen ausformulierte) dritte Formel aus den beiden anderen Formeln. Die Vernunft gibt zwar dem Willen das Gesetz (Form) und setzt sich selbst als dessen letzter Zweck (Materie). Aber der Wille kann sich selbst insofern »als *selbstgesetzgebend*« verstehen, als er nach einer Maxime zu handeln befähigt ist, die »mit der all-

13 Ein ähnlicher Gedanke findet sich bei Wolff: Jeder »Mensch [ist] einem jeden, er sey wer er wolle, eben das schuldig, was er sich selbst schuldig ist«. Die »Pflichten des Menschen gegen andere [sind] mit den Pflichten gegen sich selbst einerley«. Der Mensch ist »verbunden«, die Vollkommenheit des Anderen, wenn er Hilfe benötigt, »so viel als ihm möglich« (1754, § 133, vgl. § 136) ist zu befördern.

14 Vgl. Löwith 2013, § 40, bes. S. 242–246.

gemeinen praktischen Vernunft« (431) übereinstimmt. Das ist der entscheidende, in das Zentrum von Kants Ethik verweisende Gedanke:

> »Der Wille wird also nicht lediglich dem Gesetze unterworfen, sondern so unterworfen, daß er auch *als selbstgesetzgebend* und eben um deswillen allererst dem Gesetze (davon er selbst sich als Urheber betrachten kann) unterworfen angesehen werden muß.«[15]

Der Wille wird von Kant als das Vermögen gedacht, sich selbst durch die Vorstellung von Maximen zum Handeln zu bestimmen, die im Sinne des kategorischen Imperativs geboten sind. Da der Wille seinem Vermögen nach vernünftig ist, kann er sich nach Maßstäben zum Handeln bestimmen, durch die er ein »eigener Wille« (27:1320; vgl. 1322) ist. Die selbstgesetzgebende Funktion des Willens bezeichnet zugleich – und dieser Gedanke wird nun betont – eine allgemeine Gesetzgebung. Bestimmt sich der Wille durch das Gesetz der reinen Vernunft, handelt es sich um einen für alle vernünftigen Wesen gesetzgebenden Willen. Der vernünftig bestimmte Wille ist ein *»allgemeingesetzgebender Wille«* (432).

Wie ist ein derartiger Wille möglich? Er ist möglich dadurch, dass dieser Wille sich von »allem Interesse beim Wollen« (431) lossagt. Bestimmt sich der Wille nicht durch seine subjektiven Zwecke, dann handelt es sich um einen Willen, der *»durch alle seine Maximen«* ein *»allgemein gesetzgebender*

15 431. Genau dies hatte Rousseau mit Blick auf die politische Gesetzgebung behauptet: »nur die Beobachtung der Gesetze, die man sich selbsten vorschreibet, [ist] Freyheit« (1763, 72). Hierin besteht ein signifikanter Unterschied zu Crusius, der den Menschen aufgrund seiner Freiheit dem Gesetz unterworfen denkt, ohne ihn zugleich zum Gesetzgeber zu machen (vgl. Crusius 1767, § 38).

Wille« (432) ist. Handelt der Wille um der eigenen Gesetzgebung willen, liegt die Notwendigkeit der Handlung nicht im Begriff des Interesses, sondern im Begriff der reinen Vernunft begründet. Kant erläutert dieses Prinzip anhand des Begriffs der Autonomie: »Ich will also diesen Grundsatz das Prinzip der *Autonomie* des Willens im Gegensatz mit jedem anderen, das ich deshalb zur *Heteronomie* zähle, nennen.« (433)

Handle ich nach dem Prinzip der Autonomie, dann handle ich nur nach solchen Maximen, die sich aus dem »Gesichtspunkt« (433) eines allgemein gesetzgebenden Willens rechtfertigen lassen. Und weil sich jedes vernünftige Wesen aus diesem »Gesichtspunkt« betrachten muss, führt der »Begriff eines jeden vernünftigen Wesens [...] auf einen ihm anhängenden sehr fruchtbaren Begriff, nämlich den *eines Reichs der Zwecke*.« (Ebd.)

Was ist ein »*Reich der Zwecke*«, und warum handelt es sich bei ihm um einen »sehr fruchtbaren Begriff« (433)? Kant definiert das Reich der Zwecke als eine »systematische Verbindung verschiedener vernünftiger Wesen durch gemeinschaftliche Gesetze.« (Ebd.) Die Gesetze dieses Reichs regeln die Beziehungen, die zwischen diesen Wesen bestehen, nach den Begriffen von Mittel und Zweck. Es ist ein »Reich der Zwecke«, in dem die »gemeinschaftlichen objektiven Gesetze« entsprechend der dritten Formel gebieten, dass in diesem Reich jedes einzelne Vernunftwesen sich selbst und andere Vernunftwesen »*niemals bloß als Mittel*, sondern jederzeit *zugleich als Zweck an sich selbst*« (ebd.) behandeln soll.

Vernünftige Wesen gehören entweder als »*Glied*« oder als »*Oberhaupt*« zu diesem Reich. Während ein Glied zugleich »allgemein gesetzgebend« und diesen Gesetzen unterworfen ist, ist das Oberhaupt »als gesetzgebend keinem Willen eines anderen unterworfen« (433). Wann und inwiefern ist ein vernünftiges Wesen dem gesetzgebenden Willen eines anderen nicht unterworfen? Offenbar nur dann, wenn es seiner eigenen Natur nach nicht unvernünftig sein kann. Mit dem Begriff »unterworfen« markiert Kant immer eine Differenz im Begriff des Willens, die sich ergibt, sobald dieser Wille kein ausschließlich durch reine Vernunft bestimmter Wille ist. Nun zeichnet es zwar ein Glied im Reich der Zwecke aus, allgemein gesetzgebend sein zu können. Aber die Maximen dieses Vernunftwesens müssen nicht vernünftig im Sinne ihrer allgemeinen Gesetzesfähigkeit sein. Sie können der Befriedigung von »Privatzwecken« (ebd.) dienen. Aus diesem Grunde ist ein Glied seinen eigenen Gesetzen zugleich auch unterworfen.

Dies entspricht der Beschreibung, die Kant vom kategorischen Imperativ gibt. Dieser Imperativ ist auf ein reines Vernunftwesen nicht anwendbar, weil es »ein völlig unabhängiges Wesen, ohne Bedürfnis und Einschränkung eines dem Willen adäquaten Vermögens ist« (434). Jedes vernünftige Wesen muss sich aufgrund seiner vernünftigen Natur als gesetzgebend im Reich der Zwecke betrachten. Einige Vernunftwesen sind dem Gesetz, das sie sich geben, jedoch auch unterworfen. Hat ein Wesen eine vernünftige Natur (und einen Willen), dann »muß« es »sich jederzeit als gesetzgebend in einem durch Freiheit des Willens möglichen Reiche der Zwecke betrachten, es mag nun sein als Glied oder als Oberhaupt.« (Ebd.)

Kant verliert hierüber nicht viele Worte: Die Vernunft ist das Vermögen der Prinzipien, und die Vernunft fragt nach dem Unbedingten, drückt in praktischer Hinsicht also eine Notwendigkeit aus. Dass sich ein Vernunftwesen seiner eigenen Natur nach als gesetzgebend im Reich der Zwecke existierend betrachten muss, ist sozusagen die Geschäftsgrundlage von Kants reiner Moralphilosophie. Müssten diesem Vernunftwesen Gründe genannt werden, warum es Mitglied werden sollte, würden diese Gründe jenseits der Vernunft angesiedelt sein. Es gäbe dann keine kategorischen Imperative. Kant verknüpft den Begriff des »vernünftigen Wesens« deshalb mit der »Freiheit des Willens«. *Durch* diese Freiheit wird das Reich der Zwecke möglich. Wenn die Freiheit des Willens jedoch durch Bedürfnisse eines vernünftigen Wesens eingeschränkt wird, dann kann dieses Wesen kein Oberhaupt im Reich der Zwecke sein.

Der Begriff eines Reiches der Zwecke stellt uns eine Welt vor, in der kein vernunftfähiges Wesen bloß als Mittel behandelt wird, weil die in ihm geltenden Gesetze einer allgemeinen Gesetzgebung entspringen. Insofern wir uns unter diesem Reich eine derartige Welt vorstellen, handelt es sich auch um einen »sehr fruchtbaren Begriff«. Dieser Begriff führt uns den normativen Anspruch plastisch vor Augen, den unsere subjektiven Handlungsregeln (Maximen) erfüllen sollten.

Praktische Notwendigkeit, praktische Nötigung und Würde

Kant greift die Unterscheidung zwischen einem Glied und einem Oberhaupt im Reich der Zwecke zur Erläuterung der Begriffe »praktische Notwendigkeit«, »praktische Nötigung« und »Pflicht« (434) auf. Ein lediglich vernünftiges Wesen (das Oberhaupt im Reich der Zwecke) handelt nach Maximen, die »durch ihre Natur« mit dem objektiven Prinzip der Sittlichkeit übereinstimmen. Es ist wichtig zu sehen, dass Kant dieses Prinzip an dieser Stelle nicht explizit als einen kategorischen Imperativ formuliert. Das Prinzip der Sittlichkeit ist das »objektive Prinzip der vernünftigen Wesen« (ebd.), d. h. die Regel, nach der dieses Wesen seine Maximen bildet oder wählt. Für das Oberhaupt gibt es kein Gebot, nur nach Maximen zu handeln, durch die der Wille »*sich selbst zugleich als allgemein gesetzgebend betrachten könne*« (ebd.). Das Oberhaupt folgt ja diesem Prinzip bereits aufgrund seiner uneingeschränkt vernünftigen

Natur. Die »Notwendigkeit der Handlung nach jenem Prinzip« der Sittlichkeit heißt nur bei einem Glied im Reich der Zwecke »praktische Nötigung d. i. Pflicht. Pflicht kommt nicht dem Oberhaupte im Reiche der Zwecke, wohl aber jedem Gliede und zwar allein in gleichem Maße zu.« (Ebd.)

Mit dem Begriff der »praktischen Notwendigkeit« leitet Kant zu einem weiteren Schlüsselbegriff seiner reinen Moralphilosophie über, nämlich zur Würde. Der Übergang von dem einen zum anderen Begriff wird durch erneute Überlegungen zum Begriff des allgemein gesetzgebenden Willens vollzogen. Doch zunächst zum Begriff der »praktischen Notwendigkeit«. Nennt Kant die »praktische Notwendigkeit«, nach dem Prinzip eines allgemein-gesetzgebenden Willens zu handeln, »Pflicht«, identifiziert er den Begriff der »praktischen Notwendigkeit« mit dem der »praktischen Nötigung«. Würde man dieser Identifikation folgen, hätte dies zur Folge, dass Kants weitere Überlegungen nicht für das Oberhaupt im Reich der Zwecke zutreffen würden. Oder aber Kant verwendet den Begriff der Pflicht in einem weiteren Sinne: Praktische Notwendigkeit würde dann die Eigenschaft eines Prinzips sein, dessen Grund die Vernunft ist. Dass die »praktische Notwendigkeit« des Prinzips »nicht auf Gefühlen, Antrieben und Neigungen« (434) beruht, ist für den Leser nicht neu. Dass diese Notwendigkeit »bloß auf dem Verhältnisse vernünftiger Wesen zueinander« beruht, »in welchem der Wille eines vernünftigen Wesens jederzeit zugleich als *gesetzgebend* betrachtet werden muß, weil es [sic. das Wesen?] sie [sic. die Wesen?] sonst nicht als *Zweck an sich selbst* denken könnte« (ebd.), dagegen schon.

Warum kann ich mich selbst *nicht* als Zweck an sich selbst denken, ohne auf das Verhältnis zu sehen, in dem ich zu anderen Vernunftwesen stehe? Will Kant die praktische Notwendigkeit des praktischen Prinzips von der Existenz einer Pluralität von Vernunftwesen abhängig machen? Wenn dem so wäre, dann würde es in einer Welt, in der ich das einzige vernünftige Wesen bin, kein Prinzip der Sittlichkeit geben. Doch es gibt Pflichten gegenüber mir selbst. Die praktische Notwendigkeit kann also nicht auf dem realen »Verhältnisse vernünftiger Wesen« als solchem beruhen. Worauf sie beruhen kann, ist der Gedanke einer Gesetzgebung für eine *mögliche* Pluralität von vernünftigen Wesen.

Das vernünftige Wesen bezieht, wie Kant im nächsten Satz ausführt, »jede Maxime des Willens als allgemein gesetzgebend auf jeden anderen Willen und auch auf jede Handlung gegen sich selbst« (434). Die Existenz einer Pluralität vernünftiger Wesen ist nicht für die Erkenntnis des Grundes praktischer Notwendigkeit von Bedeutung, sondern bloß für die Anwendung des Prinzips der Sittlichkeit auf die Maximen. Erst nachdem Robinson auf der zuvor einsamen Insel auf Freitag gestoßen ist, werden Pflichten gegenüber anderen vernünftigen Wesen von praktischer Bedeutung. Pflichten gegenüber sich selbst hat Robinson aber selbst dann, wenn es keinen Freitag geben würde.

Warum kann ein vernünftiges Wesen andere vernünftige Wesen nur unter der Voraussetzung als »Zweck an sich selbst denken«, dass diese »jederzeit zugleich als gesetzgebend betrachtet werden« (434)? Diese Frage beantwortet Kant mit dem Begriff der Würde:

> »Die Vernunft bezieht also jede Maxime des Willens als allgemein gesetzgebend auf jeden anderen Willen und auch auf jede Handlung gegen sich selbst und dies zwar nicht um irgend eines anderen praktischen Bewegungsgrundes oder künftigen Vorteils willen, sondern aus der Idee der *Würde* eines vernünftigen Wesens, das keinem Gesetze gehorcht als dem, das es zugleich selbst gibt.« (434)

Damit ist unsere obige Frage beantwortet: Praktische Notwendigkeit ist im Sinne der praktischen Nötigung zu verstehen, und das Oberhaupt im Reich der Zwecke scheint paradoxerweise keine Würde zu haben: Es »gehorcht« ja keinem Gesetz, welches es sich selbst gibt. Oder begründet sich die Würde schon allein dadurch, dass ein vernünftiges Wesen mit praktischer Notwendigkeit einem Gesetz folgt, welches es sich selbst gibt?

Was bedeutet die »Idee der Würde«? Warum ist sie wichtig, um das normative Verhältnis zu verstehen, in dem der Wille zur Vernunft steht? Während in der Selbstzweckformel das »Verhältnis eines Willens zu sich selbst, sofern er sich bloß durch Vernunft bestimmt« (427), in das Zentrum der Aufmerksamkeit rückte, findet im Rahmen der dritten Formel eine Erweiterung statt. Jetzt geht es um das »Verhältnis vernünftiger Wesen zueinander« (434). Als Zweck an sich selbst zu existieren, bedeutet, eine bestimmte Fähigkeit notwendig ausüben zu müssen, nämlich die, allgemeine Gesetze zu geben.

Kant erläutert den Begriff der Würde in Abgrenzung zum Begriff des Preises:

> »Im Reich der Zwecke hat alles entweder einen *Preis*, oder eine *Würde*. Was einen Preis hat, an dessen Stelle kann auch etwas anderes als *Äquivalent* gesetzt werden; was dagegen über allen Preis erhaben ist, mithin kein Äquivalent verstattet, das hat eine Würde.« (434)

Der Begriff des Preises differenziert sich in den »*Marktpreis*« und in den »*Affektionspreis*«. Einen »*Marktpreis*« hat alles das, was sich auf unsere Bedürfnisse und Neigungen bezieht, d. h. auf unser unteres Begehrungsvermögen. Empfinden wir an einem Gegenstand auch ohne ein vorausgesetztes Bedürfnis ein Wohlgefallen (Geschmack), dann hat er einen »Affektionspreis« (435). Im ersteren Fall findet ein Zweckbezug statt, im zweiten nicht. Interessant ist Kants Hinweis, dass wir dieses Wohlgefallen »auch ohne ein Bedürfnis vorauszusetzen« empfinden. Da auch dasjenige einen »*Affektionspreis*« hat, was ohne ein Bedürfnis gefällt, scheint dies in die Richtung seiner in der *Kritik der Urteilskraft* entwickelten Lehre vom reinen ästhetischen Geschmacksurteil zu verweisen. Dieses Urteil beruht ja auf einem »uninteressierten Wohlgefallen« (5:205). Für den Verlauf seiner Argumentation ist dieser Verweis aber nicht entscheidend. Höchst relevant ist vielmehr Kants Hinweis darauf, was Würde hat:

> »[…] das aber, was die Bedingung ausmacht, unter der allein etwas Zweck an sich selbst sein kann, hat nicht bloß einen relativen Wert, d. i. einen Preis, sondern einen innern Wert, d. i. *Würde*.« (435)

Hat etwas Würde, dann existiert alles andere um dieses Zweckes willen. In einer studentischen Nachschrift von Kants Logik-Vorlesung findet sich die Bemerkung: »Der Mensch allein hat Würde, und das ist der beste Zwek, um deßen Willen die Welt diese Einrichtung hat.« (1998, 387)

Falls Würde der »Bedingung« zukommt, unter der etwas als Zweck an sich selbst existieren kann, erklärt dies, warum Kant im Rahmen der Selbstzweckformel den Begriff der Würde nicht erwähnt hat. Er kann ihn nämlich überhaupt erst im Rahmen seiner dritten Formel einführen. Denn erst in ihr wird die Bedingung genannt, unter der etwas als Zweck an sich selbst zu existieren vermag. Und diese Bedingung wird durch ein vernünftiges Wesen dadurch erfüllt, dass sein Wille allgemein-gesetzgebend ist. Die Fähigkeit zur allgemeinen Gesetzgebung ist dasjenige, dem Würde zukommt. Sie stellt das notwendige und hinreichende Kriterium dar, welches über die Mitgliedschaft im Reich der Zwecke entscheidet:

> »Nun ist Moralität die Bedingung, unter der allein ein vernünftiges Wesen Zweck an sich selbst sein kann, weil nur durch sie es möglich ist, ein gesetzgebend Glied im Reiche der Zwecke zu sein. Also ist Sittlichkeit und die Menschheit, sofern sie derselben fähig ist, dasjenige, was allein Würde hat.« (435)

Der Mensch, der aufgrund seiner Vernunftnatur Würde hat, ist aufgrund seines Wollens jedoch mehr oder weniger würdevoll. Vollständig verlieren kann er seine Würde aber niemals. Trotz aller Schlechtigkeit ist er Kants Verständnis nach doch ein Wesen, das sich aus eigenem Entschluss bessern kann.

Damit ist ein strikter Gegensatz zu Christian Wolff bezeichnet. Für Wolff ist ein Mensch, der sich

> »durch den Trieb seiner Sinnen und Affecten [...] zu Schand- und Uebelthaten verleiten lässt [...], nichts anderes als einem Viehe und insonderheit einem rasenden Hunde gleich zu achten, der zu weiter nichts nutzet, als dass man ihn todt schläget und auf den Schind-Anger den Raben und andern Raub-Vögeln zur Speise hinwirft.« (1736, § 351)

Kant stellt Wolff ein Konzept des Menschen gegenüber, nach dem dieser aus eigenem oder fremdem Tun niemals zu einer bloßen Sache werden kann. Ermöglicht wird diese doppelte Perspektive auf den Würdebegriff durch Kants Unterscheidung zwischen dem Menschen als *homo noumenon* und *homo phaenomenon* (vgl. 6:418). Als Vernunftwesen existiert der Mensch zugleich im *mundus intelligibilis* (also in der Verstandeswelt) und im *mundus sensibilis* (also in der Sinnenwelt).

Seine Bürgerschaft im *mundus intelligibilis* (definiert durch seine Freiheit) kann durch Ereignisse und Geschehnisse im *mundus sensibilis* nicht aufgehoben werden.

Findet sich diese doppelte Perspektive auf den Begriff der Würde bereits in der *Grundlegung*? Kant erläutert in ihr den Begriff der Würde durch die »Gesinnungen« bzw. die »Denkungsart« (435) einer Person. Der Gegenstand unserer Achtung ist also nicht die faktisch vollzogene Handlung, sondern die Maxime, nach der sich eine Person zum Handeln bestimmt. Wir erkennen unsere Pflichten durch die Vernunft. Mit dem Begriff »*aufzuerlegen*« bezieht sich Kant dabei unausgesprochen auf die von der Vernunft selbst ausgehende »praktische Notwendigkeit« oder »praktische Nötigung«. Der Gegenstand unserer Achtung sind Maximen, zu denen »nichts als Vernunft gefordert wird, um sie dem Willen *aufzuerlegen*, nicht von ihm zu *erschmeicheln*, welches letztere bei Pflichten ohnedem ein Widerspruch wäre.« (Ebd.) Wir benötigen nur unsere Vernunft, um aus Achtung vor den praktischen Gesetzen uns zum Handeln zu bestimmen, und es kann auch nur die reine Vernunft sein, die Grund dieser Achtung ist. Die »unmittelbare Achtung« vor einer uns das Gesetz gebenden Vernunft ist eine spezifische Art der Wertschätzung. Die Wertschätzung unseres eigenen Selbst und aller anderen Vernunftwesen steht unter keiner empirischen Bedingung.

Für die oben bezeichnete Alternative zwischen einem Begriff der Würde, der sich auf die Fähigkeit bezieht, aus Achtung vor dem Moralgesetz zu handeln, und einer Würde, die eine Person erwirbt, indem sie aus Achtung vor dem Moralgesetz handelt, scheint sich Kant 1785 allerdings nicht zu interessieren. Ihm geht es vielmehr um die Aufklärung des Begriffs der »praktischen Notwendigkeit«, nach dem Prinzip der Sittlichkeit zu handeln. Und diese Aufklärung versucht er dadurch zu leisten, dass er sich fragt, was »die sittlich gute Gesinnung oder die Tugend berechtigt, so hohe Ansprüche zu machen« (435). Die Antwort lautet: Weil die »sittlich gute Gesinnung« dem »vernünftigen Wesen« einen

> »Anteil« »an der *allgemeinen Gesetzgebung* verschafft und es hiedurch zum Gliede in einem möglichen Reiche der Zwecke tauglich macht, wozu es durch seine eigene Natur schon bestimmt war, als Zweck an sich selbst und eben darum als gesetzgebend im Reich der Zwecke, in Ansehung aller Naturgesetze als frei, nur denjenigen allein gehorchend, die es selbst gibt und nach welchen seine Maximen zu einer allgemeinen Gesetzgebung (der es sich zugleich selbst unterwirft) gehören können.« (435–436)

Dieser Satz führt einen neuen Gedanken ein: Das vernünftige Wesen ist »durch seine eigene Natur« schon dazu bestimmt, als Zweck an sich selbst in einem möglichen Reich der Zwecke zu existieren. Warum das vernünftige Wesen auf diese Weise seiner Natur nach bestimmt ist, steht gar nicht zur Debatte. Für dieses Problem braucht sich die reine Moralphilosophie, die sich um die Analyse und Aufklärung des Begriffs der »praktischen Notwendigkeit« und die Beantwortung der Frage nach der Möglichkeit eines kategorischen Imperativs bemüht, auch gar nicht zu interessieren. Dass die vernünftige Natur als Zweck an sich selbst existiert, zeigt sich in dem Gebrauch, den wir von unserer Vernunft machen, und in unserer Wertschätzung dieses Gebrauchs im Gefühl der Achtung. Dass für uns »nichts einen Wert als den [hat], welchen ihm das Gesetz bestimmt«, kann nur insofern gerechtfertigt werden, als es durch die Analyse des Begriffs eines uneingeschränkt guten Willens zum Ausdruck kommt. Da wir durch die Gesetzgebung den Wert aller zu befördernden Zwecke und Zustände des Wohlbefindens beurteilen, kommt ihr ein nicht-relativer, ein unbedingter Wert zu. Wir schätzen die Gesetzgebung als Vernunftwesen schlechthin:

> »Die Gesetzgebung selbst aber, die allen Wert bestimmt, muß eben darum eine Würde, d. i. unbedingten, unvergleichlichen Wert, haben, für welchen das Wort *Achtung* allein den geziemenden Ausdruck der Schätzung abgibt, die ein vernünftiges Wesen über sie anzustellen hat. *Autonomie* ist also der Grund der Würde der menschlichen und jeder vernünftigen Natur.« (436)

Da der Mensch der allgemeinen Gesetzgebung fähig ist, hat er auch Würde. »Würde« ist ein Prädikat, das wir nur deshalb einem vernünftigen Wesen zuschreiben können, weil wir als vernünftige Wesen uns selbst in unserer Eigenschaft als Vernunftwesen schätzen. Dass wir etwas unbedingt (vorbehaltlos) wertschätzen, setzt voraus, dass es an sich selbst schätzenswert ist. Beziehen wir uns auf den Begriff der Achtung, den Kant in diesem Zusammenhang nennt, handelt es sich bei dieser Wertschätzung um ein durch unsere Vernunft in uns bewirktes Gefühl. Es drückt eine praktische Anteilnahme, ein Interesse am Bestehen der Bedingung aus, unter der es selbst nur bestehen kann. Dass die Pflicht die »praktische Nötigung« bezeichnet, nach dem Prinzip der Sittlichkeit zu handeln, erklärt sich also durch das Verhältnis, in dem wir als vernünftige und mit einem Willen begabte Wesen zu allen vernünftigen Wesen stehen: Wir achten uns wechselseitig als Selbstzwecke, weil wir dies als Vernunftwesen unserer eigenen Bestimmung nach so tun müssen. Achtung für das Moralgesetz ist Achtung vor der allgemeinen Gesetzgebung, eine Wertschätzung, die wir auch dann haben, wenn wir gegen unsere Pflicht verstoßen. Nur so ist verständlich, warum Kant pflichtwidrige Handlungen durch den Versuch eines Menschen zu erklären versucht, eine Ausnahme von der allgemeinen Geltung des moralischen Gesetzes zu begründen.

Die Formeln des kategorischen Imperativs und der gute Wille

Die Gedankenführung zum Begriff des kategorischen Imperativs ist damit abgeschlossen. Es gibt »drei Arten, das Prinzip der Sittlichkeit vorzustellen,« die »im Grunde« nichts anderes als drei »Formeln ebendesselben Gesetzes« sind. Die eine »vereinigt« die »anderen zwei von selbst in sich« (436). Ihr Unterschied ist nicht »objektiv-praktisch«, sondern »eher« subjektiv-praktisch. Vermittels dieser Formeln kann »eine Idee der Vernunft der Anschauung (nach einer gewissen Analogie) und dadurch dem Gefühle näher« (ebd.) gebracht werden. Der Begriff eines kategorischen Imperativs erlangt dann eine größere praktische Wirksamkeit in einem Subjekt, wenn er in verschiedenen Formeln der Anschauung genähert wird. Die Formeln selbst nehmen Bestimmungen der Maximen auf: Jede Maxime hat eine Form (Allgemeinheit), eine Materie (Zweck) und eine »vollständige Bestimmung« (ebd.).

Es gehört zu den verwirrenden Aspekten der Formellehre, dass Kant auf der einen Seite von drei Formeln spricht, die nützlich sind, »um dem sittlichen Gesetze Eingang« in das menschliche Gemüt zu »verschaffen« (437). Auf der anderen Seite soll die »Beurteilung« unserer Maximen aber »nach der strengen Methode« verfahren. Diese fände ihren Ausdruck in der »allgemeinen Formel des kategorischen Imperativs [...]: *handle nach der Maxime, die sich selbst zugleich zum allgemeinen Gesetze machen kann.*« (436–437). Tatsächlich wird Kant die Pflichtenbeispiele anhand der Naturgesetzformel und der Menschheitsformel diskutieren.

Mit seinen typologischen Ausführungen zu den verschiedenen Formeln des kategorischen Imperativs beendet Kant dem eigenen Vernehmen nach seine eingangs des zweiten Abschnitts einsetzenden Überlegungen zum »Begriff eines unbedingt guten Willens.« (437): »Der *Wille ist schlechterdings gut*, der nicht böse sein, mithin dessen Maxime, wenn sie zu einem allgemeinen Gesetze gemacht wird, sich selbst niemals widerstreiten kann.« (Ebd.; vgl. 444) Die »Allgemeinheit des Gesetzes« ist die »einzige Bedingung, unter der ein Wille niemals mit sich selbst im Widerstreit sein kann« (ebd.). Bestimmt der Wille sich durch Maximen, die sich nicht zu einer allgemeinen Gesetzgebung qualifizieren, dann findet dieser Wille seinen Bestimmungsgrund in seinen subjektiven Zwecken.

Kant erläutert dies durch den uns schon vertrauten Begriff eines zu »bewirkenden Zweckes«, von dem der unbedingt gute Wille »abstrahieren« muss, wenn er nach praktischen Gesetzen handeln will. Die Vernunft nötigt uns, uns selbst aus einer Perspektive der größten Allgemeinheit zu betrachten. Und für diese Allgemeinheit steht der Begriff eines »*selbständigen Zwecks*«, dem im Wollen nicht widersprochen werden darf.

Der Grund dieses selbständigen Zwecks ist die Vernunft selbst. »Die vernünftige Natur nimmt sich dadurch vor den übrigen aus, daß sie ihr selbst einen Zweck setzt.« (437) Das ist nun in der Tat eine rätselhafte Formulierung:

Sie könnte *erstens* bedeuten, dass die vernünftige Natur der nicht-vernünftigen Natur einen Zweck setzt. Die vernünftige Natur setzt sich als einschränkende Bedingung für die Befolgung subjektiver Zwecke.
Sie könnte *zweitens* bedeuten, dass die vernünftige Natur sich selbst einen Zweck setzt. Sie unterscheidet sich dadurch von allen anderen Wesen, die nach Zwecken streben, die ihnen gegeben werden.

Vielleicht ergänzen beide Interpretationen einander: Die vernünftige Natur kann sich selbst als einen Zweck setzen, und indem sie sich als einen Zweck setzt, setzt sie der nicht-vernünftigen Natur einen die Befolgung ihrer subjektiven Zwecke einschränkenden Zweck. In diesem Sinne schreibt Kant, dass

> »das Subjekt der Zwecke, d. i. das vernünftige Wesen selbst, [...] niemals bloß als Mittel, sondern als oberste einschränkende Bedingung im Gebrauche aller Mittel, d. i. jederzeit zugleich als Zweck, allen Maximen der Handlungen zum Grunde gelegt werden [muss].« (438)

Möglich wird dies durch den Gedanken eines »Gesichtspunktes«, den wir uns selbst gegenüber insofern einnehmen müssen, als wir uns dem Gesetz nur deshalb »unterworfen« (438) denken können, weil wir es uns selbst geben. Würden alle Menschen das Gesetz befolgen, würde das »Reich der Zwecke« »wirklich zu Stande kommen« (ebd.). Warum die Menschen nicht immer ihre Pflichten erfüllen, erklärt Kant jedoch nicht. Es steht an dieser Stelle auch nicht zur Debatte. Zur Debatte steht die Frage nach der Möglichkeit eines kategorischen Imperativs. Und diese Frage wird (vorläufig) durch ein »Paradoxon«, d. h. durch einen Gedanken, der unseren Erwartungen nicht entspricht, beantwortet:

> »Und hierin liegt eben das Paradoxon: daß bloß die Würde der Menschheit als vernünftiger Natur ohne irgend einen andern dadurch zu erreichenden Zweck oder Vorteil, mithin die Achtung für eine bloße Idee dennoch zur unnachlaßlichen Vorschrift des Willens dienen sollte, und daß gerade in dieser Unabhängigkeit der Maxime von allen solchen Triebfedern die Erhabenheit derselben bestehe und die Würdigkeit eines jeden vernünftigen Subjekts, ein gesetzgebendes Glied im Reiche der Zwecke zu sein« (439).

Kant unterstellt einen Leser, der die *Grundlegung* mit der Erwartung aufgeschlagen hat, in ihr Auskunft über das gute, weil glückliche Leben zu erhalten. Und jetzt sieht er sich von Kant darüber belehrt, dass nicht die Beförderung von subjektiven Zwecken, sondern einzig und allein die Achtung vor der Menschheit als vernünftiger Natur der Grund und das Motiv unseres moralischen Handelns ist. Ihr seid vernünftige Wesen, lesen sie sinngemäß bei Kant, die die mit diesem Vermögen verbundene Fähigkeit zur allgemeinen Gesetzgebung über alles schätzen. Es gibt keine subjektiven Zwecke, die Grund der praktischen Notwendigkeit sein könnten, die wir im Begriff eines unbedingt guten Willens denken. Unsere Achtung gilt allein unserer reinen und gesetzgebenden Vernunft. Streichen wir die reine Vernunft, wird alles verhandelbar. Der »absolute Wert des Menschen«, seine »Würde« und »Erhabenheit« werden zu Funktionsbegriffen einer Handlungswelt herabgestuft, in der erlaubt ist, was gefällt und opportun erscheint.

Kant hat sich in seinen bisherigen Ausführungen an den Begriffen der praktischen Notwendigkeit, des Gesetzes, der Autonomie, der Nötigung und der Pflicht orientiert. Den zentralen Begriff von Wolffs allgemeiner praktischer Philosophie, nämlich den Begriff der Verbindlichkeit, hat er bisher dagegen eher am Rande thematisiert.

Als ob ihm dieser Mangel erst bei der Niederschrift seiner zusammenfassenden Überlegungen gegen Ende des zweiten Abschnitts aufgefallen wäre, äußert er sich jetzt mit einiger Ausführlichkeit zum Begriff der Verbindlichkeit:

> »Der Wille, dessen Maximen notwendig mit den Gesetzen der Autonomie zusammenstimmen, ist ein *heiliger*, schlechterdings guter Wille. Die Abhängigkeit eines nicht schlechterdings guten Willens vom Prinzip der Autonomie (die moralische Nötigung) ist *Verbindlichkeit*. Diese kann also auf

ein heiliges Wesen nicht bezogen werden. Die objektive Notwendigkeit einer Handlung aus Verbindlichkeit heißt *Pflicht.*«[16]

Der »*heilige*, schlechterdings gute Wille« ist ein Wille, dessen Maximen »notwendig« mit den Gesetzen der Autonomie zusammenstimmen. Aus diesem Grunde – so Kant 1797 – ›wohnt‹ »die Nothwendigkeit einer Handlung« diesem Wesen bereits »*innerlich* nothwendig« (6:222) bei.

Der »nicht schlechterdings gute Wille« ist dagegen ein Wille, der nicht mit Notwendigkeit den »Gesetzen der Autonomie« folgt. Bei diesem (menschlichen) Willen wirkt das Prinzip der Autonomie nicht mit Notwendigkeit als ein Gesetz. Der menschliche Wille ist vielmehr insofern von dem »Prinzip der Autonomie« »abhängig«, als er dieses Prinzip benötigt, um zu erkennen, unter welcher Bedingung (der allgemeinen Gesetzlichkeit) seine Maximen moralisch notwendig sind. Das ist die eine Seite der Abhängigkeit. Wir können sie die *epistemische* (oder *normative*) Abhängigkeit nennen.

Auf die andere Seite dieser Abhängigkeit bezieht sich Kant mit dem Begriff der »moralischen Nötigung«. Wir können dies die *motivationale* Abhängigkeit nennen. Der menschliche Wille muss nicht nur erkennen können, ob sich seine Maximen zur Moralität qualifizieren, er muss auch einen Grund haben, sie in seinen praktischen Überlegungen zu berücksichtigen. Und dieser Grund wird von Kant als Verbindlichkeit definiert. Die reine Vernunft selbst verbindet uns in unserem Wollen mit ihr. Sie nötigt uns, die Fähigkeit zur allgemeinen Gesetzgebung als einschränkenden Grund für unsere Maxi-

16 439; vgl. 29:609, 29:611, 27:1326–1327 und 6:222 (»*Verbindlichkeit* ist die Nothwendigkeit einer freien Handlung unter einem kategorischen Imperativ der Vernunft.«)

menbildung und -befolgung zu berücksichtigen. Insofern hat diese Seite einen Bezug zur menschlichen Motivation. Die Frage nach der Möglichkeit des kategorischen Imperativs ist somit als Frage nach der Möglichkeit einer Verbindung zu verstehen, die zwischen dem gesetzgebenden und diesem Gesetz zugleich unterworfenen Willen besteht.

Kants Ausführungen zum Begriff der moralischen Nötigung erinnern an Überlegungen, die Georg Friedrich Meier im Anschluss an seinen Lehrer Baumgarten anstellt. Nach Meier heißt »(m)oralisch nöthigen [...] nichts anders, als eine Handlung moralisch nothwendig machen.«[17] Oder anders formuliert:

> »Wenn etwas, so zufällig ist, in etwas nothwendiges verwandelt wird; oder wenn es nothwendig wird, da es vorher zufällig war; oder wenn es eine Nothwendigkeit bekomt, die es nicht hatte: *so wird es nothwendig gemacht*, und diese Veränderung wollen wir *die Nöthigung* nennen.« (1765, § 696)

Während Kant unter »Verbindlichkeit« die Nötigung durch die reine Vernunft versteht, die dem Willen die Freiheit lässt, sich gegen seine Pflicht zu entscheiden, *muss* der freie Wille nach Meier – und hier ist er ganz Wolffianer – entsprechend der Verbindlichkeit handeln. Der Vollzug der Pflicht folgt *notwendig* der Verbindlichkeit.[18] Meiers Begriff der Verbindlichkeit ist

17 1764, § 66; vgl. 1765, § 694 ff. (»Von der Freyheit des Willens«). Meier folgt Baumgarten, der »moralische Nötigung« (*necessitatio moralis*) und »sittlichen Zwang« (*coactio moralis*) (2011, §§ 324, 723, 724) als zwei Formen der Verbindlichkeit interpretiert. Zu Kants Kritik an Baumgarten vgl. 27:1326.

18 Vgl. Meier 1764, § 67.

darüber hinaus rein psychologisch, Kant gibt ihm demgegenüber einen primär rationalitätstheoretischen Sinn.

Im vorletzten Absatz des zweiten Abschnitts führt Kant aus, dass das Prinzip des »schlechterdings guten Willens« »ein kategorischer Imperativ« (444) sein muss. Diese Ausdrucksweise ist verwirrend, weil Kant an anderer Stelle (vgl. 439) den schlechterdings guten Willen mit dem heiligen Willen identifiziert hat. Auf einen heiligen Willen trifft der kategorische Imperativ jedoch nicht zu. »Schlechterdings« wird an dieser Stelle synonym zu der Passage auf Seite 437 gebraucht, in der Kant einen Willen dann »schlechterdings gut« nennt, wenn er sich selbst nicht widerstreiten kann. Und er kann sich dann nicht selbst widerstreiten, wenn er sich durch den kategorischen Imperativ zum Handeln bestimmt.

Mit Kants Definition der Verbindlichkeit als moralischer Nötigung ergibt sich eine vielleicht überraschende Nuance beim Verständnis seiner Rede von einer Handlung, die »aus Pflicht« vollzogen wird. Wenn die »objektive Notwendigkeit einer Handlung aus Verbindlichkeit [...] *Pflicht* heißt« (439), dann handeln wir genau dann »aus Pflicht«, wenn wir eine »aus Verbindlichkeit« objektiv notwendige Handlung um dieser Verbindlichkeit willen vollziehen. In der *Kritik der praktischen Vernunft* führt Kant einen mit »aus Pflicht« bedeutungsgleichen Ausdruck ein: »aus Achtung« (5:81). Mit diesen Ausdrücken grenzt er sich wie erwähnt von Ethiken ab, die die Verbindlichkeit des Gesetzes auf eine äußere Autorität gründen und aus diesem Grunde vom Menschen verlangen, dem Gesetz »aus Gehorsam« zu folgen.

Kant hatte auf die allgemeine Gesetzesformel als Maßstab und Norm für die Beurteilung unserer Pflichten hingewiesen. Am Ende des zweiten Abschnitts nimmt er eine Gegenüberstellung zwischen dem »*obersten Prinzip der Sittlichkeit*« und »*allen unechten Prinzipien der Sittlichkeit*« (440–441) vor. Er nennt die dritte Formel auch das »Prinzip der *Autonomie*«, um zu erklären, warum »alle bisherigen Bemühungen, die jemals unternommen worden, um das Prinzip der Sittlichkeit ausfindig zu machen« (433), scheitern mussten. Die als »Prinzip der Autonomie« ausbuchstabierte Formel der allgemeinen Gesetzgebung unseres Willens markiert somit die *differentia specifica*, also das charakteristische Unterscheidungsmerkmal, zu allen anderen Prinzipien der Ethik, die Prinzipien der »*Heteronomie*« (ebd.) sind.

Kant spricht dabei nicht vom Prinzip der Autonomie und dem Prinzip der Heteronomie. Vielmehr stellt er die »***Autonomie des Willens** als oberstem Prinzip der Sittlichkeit*« (440) der »***Heteronomie des Willens** als* der *Quell aller unechten Prinzipien der Sittlichkeit*« (441) gegenüber. Die Betonung liegt auf der Autonomie und Heteronomie des Willens, also auf der Beschaffenheit des Willens selbst, die dieses Vermögen als Quelle oder als Prinzip der Sittlichkeit qualifiziert bzw. disqualifiziert.

Beginnen wir mit der Autonomie: In seinem ersten Satz nennt Kant die Autonomie eine »Beschaffenheit des Willens«: »Autonomie des Willens ist die Beschaffenheit des Willens, dadurch derselbe ihm selbst (unabhängig von aller Beschaffenheit der Gegenstände des Wollens) ein Gesetz ist.« (440) Da die Autonomie nach Kant eine Beschaffenheit des Willens ist, muss auch die Hinsicht genannt werden, unter der dieser Wille diese Beschaffenheit hat. Diese Hinsicht drückt Kant dadurch aus, dass er im nachfolgenden Satz vom »Prinzip der Autonomie« spricht. Wählt ein Wille so, »daß die Maximen seiner Wahl in demselben Wollen zugleich als allgemeines Gesetz mit begriffen seien« (ebd.), dann hat dieser Wille die Beschaffenheit der Autonomie. Unter Rückgriff auf Kants frühere Ausführungen können wir sagen, dass diese »Beschaffenheit« (oder Eigenschaft) einem schlechterdings guten (heiligen) Willen mit Notwendigkeit zukommt. Sie gehört zu seinem Begriff. Ein heiliger Wille bestimmt sich notwendig durch praktische Prinzipien, deren Geltung für einen freien Willen die Vernunft als notwendig erkennt. Dieser heilige Wille kennt keine Pflichten, weil er nichts anderes als praktische Vernunft ist. Er erfüllt nicht zufällig seine Pflicht, sondern mit Notwendigkeit.

Ein »nicht schlechterdings guter Wille« steht demgegenüber in einem Verhältnis der »Abhängigkeit« zum »Prinzip der Autonomie« (439). Von diesem Prinzip geht eine »moralische Nötigung« aus, die Kant »*Verbindlichkeit*« nennt. Und darin genau besteht das Problem: Wie ist zu erklären, dass ein »nicht schlechterdings guter Wille« diesem Prinzip folgen *soll*? Wie ist es möglich, dass die Autonomie des Willens ein Prinzip der Verbindlichkeit ist? Da die Autonomie ein notwendiges Merkmal des Willens ist, wird dieser Wille, wie wir gesehen haben, durch die Vernunft selbst zum Handeln bestimmt. Wenn das Prinzip jedoch ein Imperativ ist, d. h. eine Verbindlichkeit ausdrückt, dann muss gezeigt werden, warum dieser Wille sich durch Vernunft bestimmen soll. Bei einem nicht schlechterdings guten Willen drückt das Prinzip der Autonomie die Verbindlichkeit aus, nur nach solchen Regeln zu handeln, durch die dieser Wille sich selbst ein Gesetz ist. Autonomie ist hier die Quelle und das Ziel unseres Handelns. Das Prinzip der Sittlichkeit ist »ein kategorischer Imperativ«, der »nichts mehr oder weniger als gerade diese Autonomie« (440) gebietet. Dass der kategorische Imperativ das Prinzip der Sittlichkeit ist, kann

Kants Auffassung nach »durch bloße Zergliederung der Begriffe der Sittlichkeit« (ebd.) gezeigt werden. In dieser Absicht hatte er seine bisherigen Überlegungen angestellt. Was gibt es dann noch zu bedenken?

Wie bereits in der Vorrede herausgestellt, ist der kategorische Imperativ ein synthetischer Satz *a priori*. In ihm wird zum Ausdruck gebracht, dass »der Wille jedes vernünftigen Wesens« (440) an die Autonomie als Prinzip des Handelns gebunden ist. Da es sich bei ihm jedoch um einen »apodiktisch« gebietenden Satz handelt, muss er auch *a priori* erkannt werden. Dies kann nur in »einer Kritik des Subjekts, d.i. der reinen praktischen Vernunft« (ebd.) gelingen. Dass das Prinzip der Autonomie das (einzige) Prinzip der Sittlichkeit ist, wurde durch die analytische Methode bewiesen. Dass es sich bei diesem Prinzip jedoch auch um einen kategorischen Imperativ handelt, der für alle vernünftigen Wesen gilt, steht damit noch nicht fest. Es muss gezeigt werden, dass der Wille eines *jeden* vernünftigen Wesens durch das Gesetz zum Handeln bestimmt wird. Wenn dies nicht gezeigt werden könnte, wäre die Sittlichkeit ein »Hirngespinst« (445).

Die »*Autonomie des Willens*« findet ihren Gegenbegriff in der »*Heteronomie des Willens*«. Sucht der Wille in der Beschaffenheit eines Objekts das ihn bestimmende Gesetz, »so kömmt jederzeit *Heteronomie* heraus«. Es ist bemerkenswert, dass das Verhältnis, in dem der Wille zum Objekt steht, wenn dieses ihn bestimmt, auf »Neigungen oder auf Vorstellungen der Vernunft« (441) beruhen kann. Was mit »Vorstellungen der Vernunft« gemeint ist, findet seine Erklärung im Unterabschnitt »*Einteilung aller möglichen Prinzipien der Sittlichkeit aus dem angenommenen Grundsatze der Heteronomie*« (ebd.). Diesen leitet Kant mit den Worten ein, dass die »menschliche Vernunft [...] in ihrem reinen Gebrauche, solange es ihr an Kritik fehlt, vorher alle möglichen unrechten Wege versucht, ehe es ihr gelingt, den einzigen wahren zu treffen.« (ebd.) Ohne eine Kritik der Vernunft müssen die Quellen, der Umfang und die Grenzen unserer Erkenntnis unbestimmt bleiben. Im Bereich der Sittlichkeit hat dies zur Folge, dass das Prinzip der Autonomie nicht als einzig mögliches Prinzip der Sittlichkeit erkannt worden ist. Die früheren Philosophen gingen nach Kant fälschlich davon aus, dass das Prinzip der Sittlichkeit die Heteronomie des Willens ist.

Aus dem Gesichtspunkt der Heteronomie betrachtet, sind alle Prinzipien entweder »*empirisch* oder *rational*« (441). Empirische Prinzipien sind solche der Glückseligkeit, die ihren Grund im physischen oder moralischen Gefühl finden. Das physische Gefühl hat die »*eigene Glückseligkeit*« zum Ziel, das moralische Gefühl schließt die »Teilnehmung an anderer Glückseligkeit« (442 Anm.) ein. Die rationalen Prinzipien sind solche der Vollkommenheit, die entweder die Beförderung der Vernunft des Menschen als Wirkung oder »den Begriff einer selbständigen Vollkommenheit (den Willen Gottes) als bestimmender Ursache unseres Willens« (ebd.) annehmen. Es fiele nicht schwer, diese Prinzipien Philosophen wie Epikur oder Bernard de Mandeville (physisches Gefühl), (dem namentlich genannten) Francis Hutcheson (moralisches Gefühl), Christian Wolff (»ontologische[r] Begriff der Vollkommenheit«, 443) und Christian August Crusius (»theologischer Begriff« der Vollkommenheit, 443) zuzuordnen. Kants Ausführungen sind jedoch weitgehend selbsterklärend, und eine Diskussion der unterschiedlichen ethischen Konzeptionen würde hier zu weit führen.

Leise Kritik an der Plausibilität von Kants grundsätzlicher Kritik an diesen Positionen soll jedoch nicht verschwiegen werden. Es ließe sich fragen, ob sich unter diesen ethischen Prinzipien nicht auch solche finden ließen, die nicht von dem Vorwurf betroffen sind, der Heteronomie des Willens das

Wort zu reden. Heteronom ist das, was uns fremd ist. Fremd ist alles, was nicht vernünftig ist, was uns gegeben wird, was uns sinnlich beeindruckt bzw. affiziert.

Unter dieser Voraussetzung stellt sich die Frage, ob Wolff eine heteronome Ethik vertritt. Behauptet Wolff, dass ich etwas tun »soll [...], weil ich etwas anderes will« (444)? Es gibt viele Stellen in seinen Schriften, in denen er Tugend und Vollkommenheit als Mittel zur Erlangung der Glückseligkeit versteht. Es gibt aber auch die Vorrede zur zweiten Auflage seiner *Deutschen Ethik*, in der (wie wir bereits gesehen haben) Wolff betont, dass »[v]erständige und vernünfftige Menschen [...] keine weitere Verbindlichkeit als die natürliche« brauchen. Der vernünftige Mensch handelt vernünftig, weil er vernünftig ist. Er schielt nicht auf die eigene Glückseligkeit als ausschlaggebendes Motiv seines Wollens. Der Lohn der Vernunft ist die Freiheit, die Autokratie. Wer »seine freyen Handlungen in seiner Gewalt hat, [der ist] Herr über sich selbst« (1720, § 185; § 187).

Vielleicht war sich Kant auch selbst im Klaren darüber, dass die Wolff'sche Auffassung der »*Vollkommenheit*« (443) als Grund der Sittlichkeit eher nicht mit dem Vorwurf der Heteronomie konfrontiert werden kann. Kants Vorwurf lautet vielmehr, dass die Vollkommenheit »einen unvermeidlichen Hang hat, sich im Zirkel zu drehen und die Sittlichkeit, die er erklären soll, insgeheim vorauszusetzen nicht vermeiden kann« (ebd.).

Auch im Bereich der Ethik moralischer Gefühle können Autoren namhaft gemacht werden, die der Idee einer Ethik der Autonomie recht nahekommen. Zunächst ist auf den schottischen Moralphilosophen und Ästhetiker Henry Home, Lord Kames (1696–1782) zu verweisen, dessen Schriften Kant vertraut waren. Lord Kames' Ansicht nach ist die Vernunft nicht nur das Vermögen, Mittel für unsere Zwecke zu erkennen. Die Vernunft ist ein Vermögen *sui generis*, d. h. von eigener Art. Sie gibt uns Regeln zu erkennen, die, obwohl sie auf Gefühlen basieren, befolgt werden *müssen*. Lord Kames entwickelt seine These in seinem 1768 in deutscher Übersetzung publizierten *Versuch über die ersten Gründe der Sittlichkeit und der natürlichen Religion*. Seines Erachtens hat Hutcheson im Rahmen seiner Kritik an Begriffen wie »Pflicht« und »Verbindlichkeit« eine signifikante Differenz im Urteilsverhalten des moralischen Sinns übersehen, dass wir nämlich sehr wohl mit einem Pflichtgefühl vertraut sind. Es ist auf Fälle der Gerechtigkeit beschränkt und steht im Zentrum der Moral. Dieses Gefühl drückt die praktische Notwendigkeit aus, gerecht sein zu *müssen*. In Fällen der Gerechtigkeit haben wir

> »eine besondere Empfindung von Pflicht, ein Gefühl, daß diese Handlungen das sind, was wir thun müssen und was wir ursprünglich verbunden sind zu thun. Dieser Umstand verwandelt das in ein Gesetz, was sonst nur als ein Rath der Vernunft, oder als eine Regel der Klugheit könnte angesehen werden. Nichts ist vergessen, diesem Gesetz den vollkommensten Charakter eines Gesetzes zu geben.« (1768/1786, 62; vgl. 51, 56, 57)

Das Pflichtgefühl ist ein Vernunftgebot, weil es eine praktische Notwendigkeit ausdrückt: »[...] die Vernunft hat die Kraft, ihn [den Menschen, H. K.] zurückzuhalten, sie giebt ihm Bewegungsgründe, die aus der richtigen Betrachtung des Guten und Bösen benommen sind.« (1768, 134) Die Vernunft gebietet unbedingt, nicht bloß hypothetisch.

Schließlich sei auf einen heute weitgehend vergessenen Moralphilosophen hingewiesen, dessen Schriften Kant ebenfalls nicht unbekannt waren: David Fordyce (1711–1751). Ähnlich wie später Lord Kames behauptet Fordyce in seinen *Elements of Moral Philosophy* (1748), dass der für die Moralphilosophie zentrale Begriff der Verbindlichkeit auf einem Gefühl beruht. Und ähnlich wie zuvor Wolff betont er den Gedanken, dass wir »*uns selbst ein Gesetz*« sind. Fordyce ist davon überzeugt,

> »daß die Natur, die Ursachen und Verhältnisse der Dinge uns nie diesen einfältigen Begrif von *moralischer Verbindlichkeit* ohne ein eigentliches Gefühl, so desselben fähig ist, verschafft haben würde. Er ist selbst mit der Einrichtung und Verfassung unserer Natur eingewebt, und vermöge derselben sind wir in dem genauesten Verstande *uns selbst ein Gesetz.*« (1757, 99)

Die Ableitung der Pflichten

Welche Pflichten können aus der Anwendung des kategorischen Imperativs auf unsere Maximen abgeleitet werden? Eine Handlung kann geboten (positive Pflicht), verboten (negative Pflicht) oder mir freigestellt (weder geboten noch verboten) sein. Es gibt vollkommene und unvollkommene Pflichten. Unvollkommene Pflichten gestatten »Ausnahmen zum Vorteil der Neigung« (421 Anm.). Kant nennt sie auch (mit der Tradition[19]) »Liebespflichten« oder »zufällige (verdienstliche)« (430) Pflichten.

»Zufällig« ist in einem doppelten Sinne zu verstehen. Zufällig ist eine Pflicht deshalb, weil sie von empirischen Bedingungen abhängt. So bin ich zwar prinzipiell verpflichtet, die Glückseligkeit anderer Menschen zu befördern. Es könnte jedoch *erstens* der Fall sein, dass es gar keine Menschen gibt, deren Glückseligkeit ich befördern könnte. Ich könnte *zweitens* physisch unvermögend sein, meine Pflicht zu erfüllen. Und

19 Vgl. u. a. Eberhard 1781, § 90.

drittens könnte ich verpflichtet sein, eine vollkommene Pflicht zu erfüllen, die es mir moralisch unmöglich macht, meine unvollkommene Pflicht zu erfüllen.

Alle meine Pflichten sind unmittelbar Pflichten gegenüber Vernunftwesen. Es kann (wie Kant in der *Metaphysik der Sitten* herausstellt) aber auch mittelbare Pflichten gegenüber nicht-vernünftigen Lebewesen (Tieren) geben. Mittelbare Pflichten sind Handlungen, die geboten oder verboten sind, weil eine unmittelbare Pflicht gegenüber einem vernünftigen Wesen besteht. So darf ich Kants Ansicht nach Tiere deshalb nicht quälen, weil ich durch diese Art von Praxis Gefallen an Grausamkeiten gegenüber Menschen finden könnte.

Meine Pflichten erkenne ich dann, wenn ich danach frage, ob meine Maxime als ein allgemeines Gesetz widerspruchsfrei *gedacht* oder *gewollt* werden kann.[20] Unter welcher Voraussetzung kann eine Maxime *nicht* als ein Gesetz für alle vernünftigen Wesen gedacht werden? Die Antwort auf diese Frage fällt nicht einfach. Ein Widerspruch im Denken einer Maxime scheint genau dann vorzuliegen, wenn die Handlung der Absicht, die mit der Maxime verfolgt wird, widerspricht. Um ein Beispiel zu geben: Aus der Perspektive meiner Neigungen betrachtet kann ich es mir zwar zum Prinzip meines Handelns machen, ein lügenhaftes Versprechen in der Absicht zu geben, mir Geld zu leihen, ohne es jemals zurückzahlen zu wollen (oder zu können). Als ein vernünftiges Subjekt kann ich diese Maxime jedoch nicht denken, weil das Mittel (das lügenhafte Versprechen) die Absicht (das Leihen von Geld) praktisch unmöglich machen würde. Wenn die Lüge zum allgemeinen Gesetz wird, dann kann es keine Wahrheit und keine moralische Verbindlichkeit geben.

20 Zu verschiedenen Interpretationen zur dieser Unterscheidung vgl. Horn/Mieth/Scarano 2007, 231–233.

Ein Widerspruch im Denken impliziert einen Widerspruch im Wollen: Was ich nicht denken kann, kann ich (als ein vernünftiges Subjekt!) auch nicht wollen. Es gibt aber Maximen, die ich zwar denken, aber nicht wollen kann.[21] Auch dieser Gedanke Kants ist nicht einfach zu verstehen: Seinen Beispielen nach zu urteilen, beruht Kants Überlegung auf einer sehr speziellen Voraussetzung. Diese Voraussetzung besagt, dass unsere subjektiven Zwecke so subjektiv gar nicht sind:

Erstens ist unsere Glückseligkeit unser Naturzweck. Wir können als vernünftige Subjekte also nicht wollen, nicht glücklich zu werden. Dies würde unserer natürlichen Bestimmung widersprechen. Es wäre eine absurde, mit unserer Natur als Menschen nicht vereinbare und somit unbillige Forderung, unser Glück in unserem Wollen nicht zu berücksichtigen. Aus diesem Grunde fordert der kategorische Imperativ ja auch nicht, dass wir unsere subjektiven Zwecke prinzipiell nicht befolgen sollen. Er fordert uns vielmehr auf, diese Zwecke nur innerhalb eines bestimmten Rahmens zu verfolgen, der durch die Würde des Menschen als reines Vernunftwesen gesetzt wird.

Zweitens geht Kant (wie wir bereits diskutiert haben) davon aus, dass die Natur selbst Zwecke verfolgt. Dass die Natur diese Zwecke verfolgt, ist eine Aussage, die wir aus der Perspektive unserer praktischen Vernunft treffen. Die vernünftige Natur als Zweck an sich selbst zu beurteilen, bedeutet,

21 Die Unterscheidung zwischen einem Widerspruch im Denken und im Wollen ist in Wolffs Logik angelegt. Es gibt einen Widerspruch im absoluten Sinne (analytisch), wenn einem Seienden ein Prädikat abgesprochen wird, welches ihm absolut zukommt. Dem steht der Widerspruch »sub data conditione« (unter einer gegebenen Bedingung) (synthetisch) entgegen. In diesem Fall kommt das Prädikat dem Seienden nicht absolut zu (vgl. Schröer 1988, 174–175).

die Natur als einen Ort zu begreifen, an dem alles um der Erhaltung und Beförderung dieses Zweckes willen existiert. Die Natur muss vom Menschen als ein Ort verstanden werden, an dem er das tun kann, was er aufgrund des moralischen Gesetzes tun soll, nämlich die vernünftige Natur als letzten Zweck der Natur zu realisieren. Da der Mensch der letzte oder oberste Zweck der Natur ist, kann er bestimmte Maximen nicht als allgemeine Gesetze wollen. Der Mensch selbst hat eine Bestimmung.[22]

Die Erwartungen an das Verfahren, mittels dessen wir feststellen können, ob sich unsere Maximen zu einer allgemeinen Gesetzgebung qualifizieren, sind hoch. Es steht viel auf dem Spiel. Sollte sich das in »seiner Reinigkeit und Echtheit« vorgestellte »sittliche Gesetz« (390) nicht bei der Erkenntnis unserer konkreten Pflichten bewähren, müsste es als gescheitert angesehen werden, noch bevor seine Möglichkeit in Abschnitt III deduziert worden ist. Tatsächlich zeichnen sich Kants Ausführungen zu unseren konkreten Pflichten durch eine gewisse Doppelbödigkeit aus. Auf der einen Seite nennt er mit dem Begriff des Widerspruchs zwar das Kriterium, anhand dessen wir unsere Pflichten förmlich *erkennen* können. Auf der anderen Seite gibt er sich aber bescheiden und unverbindlich – und dies aus zwei Gründen:

Erstens behält er sich die »Einteilung der Pflichten für eine künftige *Metaphysik der Sitten* [...] gänzlich« vor. Die in der *Grundlegung* zu findende Einteilung in Pflichten gegenüber sich selbst und andere, in »vollkommene« (»notwendige oder schuldige Pflicht« 429) und »unvollkommene Pflichten« (421) dient nur dazu, »Beispiele zu ordnen«, wird aber selbst

22 Siehe dazu umfassend Brandt 2014.

nicht eigens begründet. Ausdrücklich verweist Kant auf seine Definition »innerer *vollkommener Pflichten*«, die »dem in Schulen angenommenen Wortgebrauch zuwiderläuft« (ebd.). Es ist schon erstaunlich, dass Kant bekennt, es sei »zu meiner Absicht einerlei [...], ob man es mir einräumt oder nicht.« (Ebd.) Wie kann ihm dies »einerlei« sein?

Zweitens hatte Kant in der Vorrede zwar gegenüber Wolff darauf hingewiesen, dass die Moralphilosophie nicht auf Anthropologie gegründet ist. Allerdings erfordern ihre Gesetze a priori

»freilich noch durch Erfahrung geschärfte Urteilskraft [...], um teils zu unterscheiden, in welchen Fällen sie ihre Anwendung haben, teils ihnen Eingang in den Willen des Menschen und Nachdruck zur Ausübung zu verschaffen« (389).

Wie ist dieser Hinweis auf das Verhältnis von Urteilskraft und Anwendung zu verstehen? Bedürfen wir der Urteilskraft, um unsere Pflichten zu erkennen? Oder bedürfen wir der Urteilskraft, um den Begriff der Pflicht auf konkrete Situationen anzuwenden? Vermutlich denkt Kant an die zweite Alternative. Wir erkennen beispielsweise, dass wir Menschen in Not zu helfen verpflichtet sind. Diese Erkenntnis impliziert keine Urteilskraft im Sinne der Anwendung einer Pflicht. Urteilskraft wird vielmehr dann erfordert, wenn wir uns fragen, ob wir in einer bestimmten Situation einer Person helfen sollen oder eher nicht: Befindet sich die Person in einer Notsituation? Habe ich das physische Vermögen, ihr zu helfen? Besteht eine höherrangige Pflicht für mich?

Mehr kann die Urteilskraft nicht leisten. Ansonsten müssten wir unsere Pflichten aus Beispielen, aus (wie Crusius sich ausdrückt) »*guten concreten Ideen*, Exempeln und wichtigen Prädicaten« (Crusius 1767, § 43) abzuleiten versuchen. Doch dies ist Kants fester Überzeugung nach nicht möglich. Wir Menschen müssen immer erst eine Art von Testverfahren durchführen, um uns moralisch zu orientieren. Besteht die Maxime den Test der allgemeinen Gesetzgebung, haben wir die Erlaubnis, sie zu befolgen. Besteht sie den Test nicht, folgt ein Verbot. Die konkrete Diskussion der Pflichten erfolgt im Rahmen der Naturgesetzformel und der Menschheitsformel. Für jede Pflichtenart wählt Kant ein Beispiel:

a) Vollkommene Pflicht gegen uns selbst: Selbsttötung aus Eigenliebe

Die vollkommene Pflicht gegenüber uns selbst erläutert Kant am Beispiel der Selbsttötung (Kant spricht von »Selbstmord«). Darf ich es mir aus »Selbstliebe« zum Prinzip machen, »wenn das Leben bei einer längern Frist mehr Übel droht, als es Annehmlichkeit verspricht, es mir abzukürzen«? (422) Das Beispiel setzt voraus, dass der Mensch »im Besitze seiner Vernunft« (ebd.) ist. Weder bezieht sich das Beispiel auf Akte der Selbsttötung, die im Affekt oder in einem Zustand der Unzurechnungsfähigkeit begangen werden, noch auf Akte der Selbsttötung, die dem Erhalt oder dem Schutz des Lebens anderer Personen dienen. (Kant erläutert einige dieser Beispiele unter dem Stichwort »Kasuistik« in der *Metaphysik der Sitten.*) Es handelt sich hier also um eine (wie wir heute sagen würden) ›rationale‹ Selbsttötung.

Kann die Maxime der Handlung ein allgemeines Naturgesetz werden? Kant beantwortet diese Frage negativ. Der Ausgangspunkt seiner Überlegung ist die Funktion unserer Empfindungen. Sie treiben uns »zur Beförderung des Lebens« (422) an. Wäre die Selbsttötung erlaubt, würden die Empfindungen auch für die Zerstörung des Lebens bestimmt sein. Es gäbe einen *Widerspruch* im Begriff der Natur. Wir können uns keine

Natur *denken*, die die Empfindung zugleich als Mittel der Beförderung und der Zerstörung des Lebens verwendet. Eine derartige Natur könnte nicht »als Natur bestehen« (ebd.). Würde ich es mir aus »Selbstliebe« zum Prinzip machen, meinem Leben unter bestimmten Umständen ein gewaltsames Ende zu setzen, könnte ich mich »durch« diese Maxime nicht als Gesetzgeber der Natur denken. Die Natur wäre ohne gesetzliche Ordnung – also (für Kant) ein Unding.

In seiner Begründung für die moralische Verwerflichkeit der Maxime der Selbsttötung aus Selbstliebe verzichtet Kant auf religiöse oder theologische Prämissen: Ich dürfe mich nicht etwa deshalb nicht töten, weil ich das Angesicht Gottes trage. Über die Beantwortung der Frage, ob es nicht eine Maxime geben könnte, die die Selbsttötung erlaubt (Verteidigung einer Stadt gegen ungerechte Angreifer usw.), ist damit noch nicht entschieden.

In der Menschheitsformel thematisiert Kant die Maxime der Selbsttötung aus der Perspektive der Mittel-Zweck-Unterscheidung. Darf ich es mir zur Maxime machen, mein Leben abzukürzen, »um einem beschwerlichen Zustande zu entfliehen?« (429) Die Frage muss negativ beantwortet werden: Handelt ein Mensch nach dieser Maxime, dann »bedient er sich seiner Person bloß als *eines Mittels* zur Erhaltung eines erträglichen Zustandes bis zu Ende des Lebens.« Da der Mensch aber nicht »*bloß* als Mittel gebraucht werden kann«, sondern »bei allen seinen Handlungen jederzeit als Zweck an sich selbst betrachtet werden« muss, »kann ich über den Menschen in meiner Person nicht disponieren« (ebd.). Ich darf mich nicht töten, nicht verstümmeln, (charakterlich) nicht verderben.[23]

23 Im Rahmen seiner Ausführungen im Kontext der Menschheitsformel verweist Kant auf die »eigentliche Moral« (wir würden heute von »angewandter Ethik« sprechen): »(Die nähere Bestimmung die-

Worin genau besteht der Widerspruch? Ähnlich wie im Falle der Naturgesetzformel geht Kant von einem bestimmten Verständnis dessen aus, was der Mensch ist. Es geht um das Verhältnis meines Handelns zu dem, was ich meiner Natur (meinem Wesen) nach bin. Der subjektive Zweck meines Wollens ist die Aufrechterhaltung »eines erträglichen Zustandes«. Ordne ich meine Existenz als Vernunftwesen diesem Zweck unter, dann gebrauche ich mich selbst als ein bloßes Mittel für meinen subjektiven Zweck. Ich begehe einen Widerspruch im Denken, weil ich mich nicht zugleich als Zweck an sich selbst und als bloßes Mittel zu meinen subjektiven Zwecken denken kann. Dass ich mich immer als Zweck an sich selbst denke, ist eine Voraussetzung, die Kant nicht eigens erwähnt. Ohne sie ergibt sein Argument jedoch keinen Sinn.

Das Verbot, etwas als bloßes Mittel zu gebrauchen, kann sich nur auf etwas beziehen, welches ich auch als bloßes Mittel gebrauchen kann. Und das sind die Menschen aus Fleisch und Blut. Gebrauche ich mich selbst wie eine Sache, widerspreche ich mir selbst als einem Wesen, das als Person immer als Zweck an sich selbst existiert.

b) Vollkommene Pflicht gegen andere Menschen: das lügenhafte Versprechen

Ein Mensch in Geldnöten fragt sich, ob es »nicht unerlaubt und pflichtwidrig« wäre, sich Geld zu borgen und zu versprechen, es zurückzuzahlen, obwohl er weiß, »es werde niemals geschehen« (422). Kant ist davon überzeugt, dass diese Maxime kein

ses Grundsatzes zur Vermeidung alles Mißverstandes, z. B. der Amputation der Glieder, um mich zu erhalten, der Gefahr, der ich mein Leben aussetze, um mein Leben zu erhalten etc., muß ich hier vorbeigehen; sie gehört zur eigentlichen Moral.)« (429)

allgemeines Naturgesetz werden kann. Es würde sich als ein solches »notwendig widersprechen« (ebd.). Warum? Würde die Maxime ein allgemeines Gesetz sein, würde es kein Versprechen mehr geben:

> »Denn die Allgemeinheit eines Gesetzes, daß jeder, nachdem er in Not zu sein glaubt, versprechen könne, was ihm einfällt, mit dem Vorsatz, es nicht zu halten, würde das Versprechen und den Zweck, den man damit haben mag, selbst unmöglich machen, indem niemand glauben würde, daß ihm was versprochen sei, sondern über alle solche Äußerung als eitles Vorgeben lachen würde.« (422)

Im Rahmen der Menschheitsformel weist Kant auf einen anderen Aspekt hin: Das »lügenhafte Versprechen« kann nicht als eine Maxime gedacht werden, weil ich mich dabei eines anderen Menschen bloß als eines bloßen Mittels für meine subjektiven Zwecke bediene. Dass ich ihn bloß als Mittel zu meinen Absichten gebrauche, wird dadurch deutlich, dass der andere Mensch »unmöglich in meine Art, gegen ihn zu verfahren, einstimmen und also selbst den Zweck dieser Handlung enthalten kann.« (430) Warum kann der andere Mensch unmöglich wollen, dass er getäuscht wird? Weil er sich selbst als Zweck an sich selbst denkt. Wer seinem eigenen Dasein einen unbedingten Wert beimisst, der kann einer Maxime nicht zustimmen, die ihn zu einer Sache degradiert.

In einer der wenigen Passagen der *Grundlegung*, in denen Kant auf Fragen der Rechtsphilosophie zu sprechen kommt, bringt er zum Ausdruck, dass der »Widerstreit gegen das Prinzip anderer Menschen« bei »Beispielen von Angriffen auf Freiheit und Eigentum anderer« viel deutlicher werde. Die Angriffe auf die »Rechte der Menschen« (430) führen deutlich vor Augen, dass der »Übertreter« die anderen Personen bloß als

Mittel und niemals als Zwecke an sich selbst betrachtet. Wer als Zweck an sich selbst existiert, der hat das Recht und den Anspruch, von anderen Personen geachtet zu werden. Täusche ich andere Personen oder verletze ich ihre Rechte, widerstreite ich dem Prinzip, andere immer auch als Vernunftwesen zu achten.

In einer Anmerkung weist Kant darauf hin, dass die Goldene Regel ungeeignet ist, als »Richtschnur oder Prinzip« (430 Anm.) zu dienen. Dass Kant diese Anmerkung gerade an diese Stelle platziert, mag angesichts ihrer grundlegenden Bedeutung zunächst überraschend sein. Doch der spezifische Referenzpunkt der Anmerkung (die »Rechte der Menschen«) gibt Aufschluss über Kants Motiv. In ihren *Elementa Iuris Naturae* (*Anfangsgründe des Naturrechts*) (Göttingen 1750), die Kant seinen Naturrechtsvorlesungen als Kompendium zugrunde legte, erklären Gottfried Achenwall (1719–1772) und Johann Stephan Pütter (1725–1807) das von Kant in der *Grundlegung* ebenfalls in lateinischer Sprache zitierte Prinzip »quod tibi non vis fieri, alteri ne feceris« (»Tue keinem anderen, was du nicht willst, was dir getan werde«) zu den »vollkommenen Gesetzen«[24] des Naturrechts.

Diese Auffassung lehnt Kant entschieden ab. Er nennt verschiedene Gründe, die gegen die Goldene Regel als das grundlegende Prinzip der (im weitesten Sinne so zu verstehenden) Moralphilosophie sprechen:

1. Es ist (»obzwar mit verschiedenen Einschränkungen«) ein aus einem anderen Prinzip abgeleiteter Grundsatz.
2. Es kann kein »allgemeines Gesetz sein«, weil aus ihm
   a) die unvollkommenen Pflichten gegen andere (Liebespflichten) und

24 1750, § 215; vgl. 29:610–611 und Wolff 1754, § 73.

b) die vollkommenen Pflichten gegen andere nicht abgeleitet werden können.

Die Goldene Regel kann nicht verständlich machen, warum ich verpflichtet sein sollte, einer Person in Not zu helfen (Kant spricht in diesem Zusammenhang von »Wohltat«), wenn ich bereit sein sollte, auf deren Hilfe in Not zu verzichten. Sie kann auch nicht verständlich machen, warum der Täter nicht gegenüber seinem Richter die ihm drohende Strafe mit dem Argument, dieser möchte sie doch auch nicht erleiden, zurückweisen sollte.

c) Unvollkommene Pflicht gegen uns selbst: Verwahrlosung seiner Naturgaben

Darf ein unter sorglosen Umständen lebender Mensch seine Talente und »Naturgaben« vernachlässigen? Darf er es sich zur Maxime machen, auf die Kultivierung seiner »glücklichen Naturanlagen« (423) zu verzichten? Wendet er die Naturgesetzformel auf »seine Maxime der Verwahrlosung seiner Naturanlagen« (ebd.) an, erkennt der Mensch, dass die Natur bestehen kann, wenn diese Maxime zu einem allgemeinen Naturgesetz erhoben würde. Als zeittypisches Beispiel verweist Kant auf den »Südsee-Einwohner«, der kulturfern »sein Leben bloß auf Müßiggang, Ergötzlichkeit, Fortpflanzung, mit einem Wort auf Genuß zu verwenden bedacht« (ebd.) ist. Was ist gegen ein derartiges Leben einzuwenden? Warum sollte ein Mensch seine »glücklichen Naturanlagen« kultivieren? Ein Mensch kann »unmöglich wollen«, dass seine Maxime der »Verwahrlosung« seiner Naturanlagen ein allgemeines Naturgesetz wird. Denn »als ein vernünftiges Wesen« will der Mensch notwendig, »daß alle Vermögen in ihm entwickelt werden, weil sie ihm doch zu allerlei möglichen Absichten dienlich und gegeben sind.« (Ebd.)

Kants Argument ist nicht ganz einfach zu verstehen: Warum sollte ich in einer Welt voller Südfrüchte meine Talente kultivieren? Und was hat das mit einer moralischen Pflicht zu tun? Falls ich alles im Überfluss habe oder jedenfalls nicht mehr benötige, als ich habe, ist es gut zu wissen, verschiedene Talente zu haben, die in mir schlummern. Warum aber sollte ich mich für ihre Beförderung und Pflege anstrengen? Dass »alle Vermögen« in mir »entwickelt werden«, scheint eine unbillige Forderung zu sein, selbst wenn sie mir »zu allerlei Absichten dienlich« sein könnten. Wenn ich bestimmte Absichten nicht habe, dann benötige ich auch nicht das entsprechende Vermögen. Kant denkt an ein spezielles Argument: *Da* mir bestimmte Vermögen »gegeben« sind, die mir zu »allerlei möglichen Absichten« dienen, bin ich auch verpflichtet, sie zu kultivieren. Als ein Vernunftwesen bediene ich mich aller meiner Vermögen deshalb, weil sie mir erlauben, mich als ein Vernunftwesen in dieser Welt zu orientieren und darzustellen. Als ein Vernunftwesen nehme ich ein Interesse an allen meinen freien Handlungen.

Der Gegenbegriff zu der Beziehung, in der die Vernunft zu den Vermögen ihrer Wirksamkeit steht, ist der des Instinkts. Nicht zufällig wird er von Kant erwähnt. Der Mensch »kann unmöglich *wollen*, daß dieses ein allgemeines Naturgesetz werde oder als ein solches in uns durch Naturinstinkt gelegt sei.« (423) Der Feind der Vernunft ist der Instinkt. Er beraubt uns aller Freiheit. Auch wenn ich nicht verpflichtet bin, mich ständig, überall und in jeder Hinsicht zu kultivieren, kann ich doch nicht wollen, dass die »Verwahrlosung« der Naturanlagen ein allgemeines Naturgesetz wird. Die Moralität der positiven Pflicht der Selbstkultivierung erklärt sich durch das Interesse der Vernunft, die Freiheit überall dort befördert und realisiert zu sehen, wo es auch möglich ist. Kant geht also davon aus, dass die Vernunft sich selbst insofern als Zweck unseres Wollens setzt, als sie von mir die Kultivierung aller Vermögen verlangt, die ihrem umfassenden Gebrauch zugutekommen.

Im Rahmen der Menschheitsformel spricht Kant von »der zufälligen (verdienstlichen) Pflicht gegen sich selbst« (430). Sie ist deshalb »zufällig«, weil die Verteilung der Talente und Vermögen keinem bestimmten Gesetz folgt. Und sie ist deshalb »verdienstlich«, weil der Mensch eine Anstrengung auf sich nehmen muss, deren Unterlassung nicht (wie im Falle der vollkommenen Pflichten) prinzipiell tadelnswert ist. Warum darf ich nach dieser Formel des kategorischen Imperativs meine Talente nicht rosten lassen? Zwar würde die Handlung der Idee der »Menschheit in unserer Person als Zweck an sich selbst« nicht »widerstreiten«. Aber sie würde diesen Zweck eben auch nicht befördern. Kant schließt von der Existenz unserer »Anlagen zu größerer Vollkommenheit« auf die Pflicht, diese Anlagen zu befördern:

> »Nun sind in der Menschheit Anlagen zu größerer Vollkommenheit, die zum Zwecke der Natur in Ansehung der Menschheit in unserem Subjekt gehören; diese zu vernachlässigen, würde allenfalls wohl mit der *Erhaltung* der Menschheit als Zwecks an sich selbst, aber nicht der *Beförderung* dieses Zwecks bestehen können.« (Ebd.)

Begeht Kant hier aber nicht eine Art von naturalistischem Fehlschluss, wenn er in seinen Beispielen (Selbsttötung, Selbstkultivierung) vom Sein (unsere Anlagen) auf das Sollen (die Pflicht, diese Anlagen zu befördern) schließt? Nein, denn um einen naturalistischen Fehlschluss würde es sich nur dann handeln, wenn die Natur selbst nicht als zweckmäßig erkannt bzw. beurteilt würde. Erkennen wir in der Natur bestimmte Zwecke, dann setzt uns die Natur bestimmte Zwecke. Doch das Argument, dass die Natur selbst Zwecke enthält, scheint aus einer Periode der Philosophie zu stammen, die Kant doch gerade überwinden wollte. Die Zielgerichtetheit bzw. Teleologie ist, wie Kant in der *Kritik der reinen Vernunft* gezeigt hat, kein konstitutives Prinzip der Natur. Die Natur enthält auch kein »Sollen«[25]. Betrachten wir die Natur jedoch aus der Perspektive der reinen praktischen Vernunft, kommen wir zu einem anderen Ergebnis: Zwar kann auch sie die Teleologie nicht in ein für die Gegenstände unserer Erfahrung konstitutives Prinzip verwandeln. Sie hält sich aber doch für berechtigt, alle Dinge in der Natur so zu beurteilen, *als ob* sie für ihren Gebrauch eingerichtet worden wären. Bezieht sich die reine praktische Vernunft auf unsere Anlagen und Vermögen, dann erkennt sie in ihnen Mittel, die für die Beförderung ihrer selbst (der Vernunft), für ihre Realisierung in Gestalt von Handlungen in der Welt wie geschaffen erscheinen. Die Vernunft selbst fordert von uns demnach, alles zu tun, was für die »Beförderung« dessen, was als Zweck an sich selbst existiert (d. h. Vernunftwesen ist), nützlich und gut ist.

d) Unvollkommene Pflicht gegen andere Menschen: Beistand in der Not

Kann es sich ein Mensch, dem es gut geht, zur Maxime machen, anderen Menschen in Not und Bedrängnis nicht beizustehen? Aus der Perspektive der Naturgesetzformel betrachtet kann eine Natur, in der diese Maxime als ein allgemeines Gesetz gilt, zwar bestehen. Doch warum ist es nicht möglich, sie als ein Naturgesetz zu »wollen« (423)? Kant fragt an dieser Stelle nicht da-

25 »Das *Sollen* drückt eine Art von Notwendigkeit und Verknüpfung mit Gründen aus, die in der ganzen Natur sonst nicht vorkommt. Der Verstand kann von dieser nur erkennen, *was da ist,* oder gewesen ist, oder sein wird. [...] das Sollen [hat], wenn man bloß den Lauf der Natur vor Augen hat, [...] ganz und gar keine Bedeutung.« (KrV A 547 / B 575)

nach, welche Auswirkungen die Maxime der Gleichgültigkeit für ein Individuum haben mag. Selbstverständlich könnten Akte unterlassener Hilfeleistung den Tod einer Person zur Folge haben. Er fragt vielmehr nach der Bedeutung dieses Prinzips für das Bestehen des »menschlichen Geschlechts« als Ganzes. Und dieses würde wohl nicht untergehen, wenn wir uns nicht um das Wohl der anderen Menschen kümmern würden.

Warum können wir es aber gar nicht wollen? Diese Frage beantwortet Kant aus der Perspektive der 1. Person Singular. Würde sich ein Wille die Maxime der Gleichgültigkeit zu eigen machen, würde er

> »sich selbst widerstreiten, indem der Fälle sich doch manche ereignen können, wo er anderer Liebe und Teilnehmung bedarf, und wo er durch ein solches aus eigenem Willen entsprungenes Naturgesetz sich selbst alle Hoffnung des Beistandes, den er sich wünscht, rauben würde.« (423)

Das klingt wie ein folgenorientiertes Argument. Und es ist auch eines. Der Grund seiner Geltung ist jedoch die reine Vernunft selbst. Sie verbietet uns nach Maximen zu handeln, deren allgemeine Befolgung den Untergang des vernünftigen Wesens zur Folge haben würde. Bezugspunkt ist also das Prinzip der Selbsterhaltung des Menschen als eines vernünftigen Subjekts, nicht aber die Beförderung unserer Glückseligkeit.

Wie argumentiert Kant im Rahmen der Menschheitsformel? Zunächst verweist er auf die Tatsache, dass die eigene Glückseligkeit »der Naturzweck [ist], den alle Menschen haben.« (430) Die »Menschheit« kann selbst dann bestehen, wenn ich zur Glückseligkeit anderer Menschen nichts beitrage. Ich entziehe ihnen nichts vorsätzlich, wenn ich ihnen in Not nicht beistehe. Dennoch besteht die Verpflichtung, ihnen zu helfen. Diese Verpflichtung gründet sich auf ihrem Status, Zweck an sich selbst zu sein. Wenn die Vorstellung, dass ein Subjekt Zweck an sich selbst ist, »bei mir *alle* Wirkung tun soll«, dann müssen dessen subjektive Zwecke »auch soviel möglich *meine* Zwecke sein« (ebd.). Ich befördere die subjektiven Zwecke des anderen Menschen, weil ich dies als ein Vernunftwesen notwendigerweise so will. Man könnte sogar sagen, dass der andere Mensch mich dadurch, dass er mir seine Zwecke zu erkennen gibt, verpflichtet, ihn in seinem Streben nach Glückseligkeit zu unterstützen. Bittet mich jemand um Hilfe, konkretisiert er eine für mich bestehende generelle Pflicht zur Hilfeleistung. Dies bedeutet nicht, dass ich ihm unter allen Umständen helfen muss. Es bedeutet aber, dass die Bitte des Anderen moralisch relevant für mich ist. Ich muss sie in meinen praktischen Überlegungen ernsthaft berücksichtigen.

Kants Ausführungen zu den unvollkommenen Pflichten machen deutlich, dass unser Streben nach Glückseligkeit eine moralische Komponente hat. Entgegen einem weit verbreiteten Vorurteil gegenüber Kants Ethik verhält es sich gerade nicht so, als ob die Folgen unseres Handelns immer moralisch unentschieden bzw. indifferent wären. Für Kant ist das Argument, anderen Menschen in Not zu helfen, um in der Zukunft selbst auf Hilfe hoffen zu können, kein rein eigeninteressiertes Argument. Seine moralische Relevanz erlangt die entsprechende Handlung dadurch, dass die Vernunft selbst die Erhaltung und Verwirklichung ihrer selbst in der empirischen Welt will. Die reine Vernunft will nicht, dass wir nicht auf unsere Glückseligkeit achten. Sie will vielmehr, dass wir sie innerhalb der von ihr mit dem kategorischen Imperativ bezeichneten Grenzen befördern. Lasst uns glücklich sein, aber bitte lasst uns unser Glück nur innerhalb der Grenzen der reinen Vernunft, innerhalb der Gesetze unserer allgemeinen und gleichen Freiheit suchen! Dies könnte die Maxime sein, unter der wir Menschen uns wechselseitig adressieren könnten. Selbstverständlich lässt sie Raum für konsequentialistische, auf das Ergebnis und die Folgen der Handlung abzielende Überlegungen. Aber diese können, was den moralischen Gehalt unseres Wollens betrifft, niemals moral-konstitutiv sein. Eine Ethik jedenfalls, die allein auf den Nutzen unseres Handelns für die Befriedigung unserer Wünsche und Neigungen, für die Steigerung unseres Lustempfindens gegründet wäre, wäre nach Kant gar keine.

Aus Kants Pflichtbegriff ergibt sich eine Reihe von Fragen: Gibt es nicht Dilemmata-Situationen, in denen jede Entscheidung und Handlung falsch ist, weil sich zwei Pflichten widersprechen? Wie kann ich erkennen, unter welche Maxime eine Situation oder Handlung zu subsumieren ist? Wie verhalten sich allgemeine zu weniger allgemeinen Maximen? Wie müssen Maximen formuliert werden? In welchem Verhältnis zueinander stehen sie?

Es ist keine Übertreibung zu sagen, dass Kant in seinen späteren Publikationen keine größere Klarheit in seine Argumentation gebracht hat. Eher das Gegenteil scheint der Fall zu sein. Ein Beispiel hierfür ist sein berühmt-berüchtigter Aufsatz über ein vermeintes Recht, aus Menschenliebe zu lügen, in dem Kant behauptet, dass ich eine Person selbst dann nicht belügen darf, wenn es in der Absicht geschieht, ein Verbrechen zu verhindern (8:425–430). Ein anderes Beispiel betrifft die Kasuistik in der *Tugendlehre*, dem zweiten Teil der *Metaphysik der Sitten*, in der Kant der Urteilskraft einen Spielraum zugesteht, der nach den Ausführungen der *Grundlegung* überraschen muss. Die Ableitung der Pflichten und die von Kant in seinen gedruckten und ungedruckten Schriften, Notizen und Vorlesungen gegebenen Beispiele sind ein Kapitel für sich. Wir müssen uns hier damit begnügen, den ungefähren Sinn von Kants Ausführungen zur Ableitung unserer Pflichten aus dem obersten Prinzip der Moralität zu verstehen.

IV. Der dritte Abschnitt: »Übergang von der Metaphysik der Sitten zur Kritik der reinen praktischen Vernunft«

Der kategorische Imperativ ist ein synthetischer Satz a priori. Wie dieser Satz »möglich« und »warum er notwendig« ist, kann in der Metaphysik der Sitten nicht beantwortet werden. Einen »möglichen synthetischen Gebrauch der reinen praktischen Vernunft« dürfen wir nicht wagen, »ohne eine Kritik dieses Vernunftvermögens selbst voranzuschicken« (445).

Diese Kritik soll nun in Abschnitt III geleistet werden. Leider äußert sich Kant nicht zu der Frage, wo der Übergang von der analytischen zur synthetischen Methode stattfindet. Folgt der dritte Abschnitt durchgehend der synthetischen Methode? Woran ist diese Methode zu erkennen? In welcher Beziehung steht sie zur Kritik der reinen praktischen Vernunft? Und fällt der synthetische Gebrauch der reinen praktischen Vernunft mit ihrer Kritik zusammen? Für eine Schrift, die es sich zum Ziel gesetzt hat, den kategorischen Imperativ in seiner »Reinigkeit und Strenge« darzustellen, ist es schon erstaunlich, dass sie diese Fragen nicht eindeutig beantwortet.

Die drei Abschnitte der *Grundlegung* weisen eine zunehmend ausdifferenzierte Untergliederung auf. Die Titel der sechs Unterabschnitte von Abschnitt III deuten mit den Begriffen der Freiheit, der Autonomie, des Willens, der Vernunft und des Interesses bereits an, aus welcher Perspektive Kant die Frage nach der Möglichkeit eines kategorischen Imperativs beantworten will. Die Unterabschnitte tragen folgende Überschriften: »*Der Begriff der Freiheit ist der Schlüssel zur Erklärung der Autonomie des Willens*« (III.1), »*Freiheit muß als Eigenschaft des Willens aller vernünftigen Wesen vorausgesetzt werden*« (III.2), »*Von dem Interesse, welches den Ideen der Sitt-*

lichkeit anhängt« (III.3), »*Wie ist ein kategorischer Imperativ möglich?*« (III.4), »*Von der äußersten Grenze aller praktischen Philosophie*« (III.5) und »*Schlußanmerkung*« (III.6).

Zu beachten ist, dass Kant in III.4 nicht von der *Wirklichkeit* und auch nicht von der Möglichkeit des *einen* kategorischen Imperativs spricht. Sein Interesse gilt nicht der Frage, wie der Inhalt des Begriffs des kategorischen Imperativs lautet (diese wurde bereits in Abschnitt II geklärt). Kant möchte vielmehr in Erfahrung bringen, warum »die Gesetze der Verstandeswelt für mich als Imperativen und die diesem Prinzip gemäßen Handlungen als Pflichten« (454) angesehen werden müssen. Dies ist die entscheidende, die Abfassung der *Grundlegung* motivierende Frage. In welcher Absicht Kant den Abschnitt III.5 geschrieben hat, wird aus seiner Überschrift nicht deutlich. Was interessiert uns die »äußerste Grenze aller praktischen Philosophie«, nachdem wir in III.4 den Grund der Möglichkeit kategorischer Imperative erkannt haben? Der Leser darf gespannt sein.

Freiheit und Autonomie

Weist Kant dem Begriff der Freiheit im analytischen Teil der *Grundlegung* eine eher randständige Bedeutung zu, rückt er ihn nun in das Zentrum seiner Beweisführung. Überhaupt erweckt der Abschnitt III den Eindruck eines radikalen Neuanfangs. Autonomie ist das Prinzip der Sittlichkeit. Es muss demnach eine Art von Freiheit des Willens geben, die diesen Willen als Ursprung oder Quelle moralischer Gesetze zu verstehen erlaubt. Der Wille muss sich selbst das Gesetz geben können. Was ist das für ein Wille? Worin besteht seine Freiheit? In welcher Beziehung steht die Freiheit zum Vernunftgesetz?

Kant setzt mit einer »Erklärung« des Willens ein:

»Der *Wille* ist eine Art von Kausalität lebender Wesen, sofern sie vernünftig sind, und *Freiheit* würde diejenige Eigenschaft dieser Kausalität sein, da sie unabhängig von fremden sie *bestimmenden* Ursachen wirkend sein kann« (446).

Mit den »fremden sie *bestimmenden* Ursachen« meint Kant Ursachen, die der »*Naturnotwendigkeit*« (446) unterliegen. Aus dieser negativen folgt eine positive Erklärung der Freiheit. Ist der Wille eine Art von Kausalität, die nicht durch fremde Ursachen bestimmt wird, dann muss es ein Gesetz geben, durch das dieser Wille wirksam werden kann. Da der Begriff der Kausalität den Begriff des Gesetzes mit sich führt, wäre ein freier, aber gesetzloser Wille »ein Unding.« (Ebd.) In den Welten von Natur und Freiheit gibt es keinen Zufall. In ihnen herrscht das Gesetz der Notwendigkeit. Das Naturgesetz drückt eine natürliche, das Sittengesetz eine moralische Notwendigkeit aus. Ist der Wille frei, dann unterliegt er nicht der natürlichen, wohl aber der moralischen Notwendigkeit. Diese Notwendigkeit ist, in Gestalt des moralischen Gesetzes, eine Wesenseigenschaft des reinen Willens. Die Freiheit des Willens ist, positiv ausgedrückt, Autonomie. Autonomie bezeichnet die Eigenschaft des Willens, »sich selbst ein Gesetz zu sein« (ebd.).

Definiert Kant in Abschnitt II den Willen als das Vermögen, »*nach der Vorstellung* der Gesetze d. i. nach Prinzipien zu handeln« (412), so will er damit nicht zum Ausdruck bringen, dass sich der freie Wille *ex negativo* auch ohne Gesetzesbezug zum Handeln bestimmen kann. Wenn sich seine Maxime nicht zu einer gedachten allgemeinen Gesetzgebung qualifiziert, dann lässt sich dieser Wille durch die Naturgesetze zum Handeln bestimmen. Bezeichnet Autonomie die Eigenschaft des Willens, sich selbst ein Gesetz zu sein, dann handelt dieser Wille genau dann autonom, wenn er nach Maximen handelt, die sich zu einer allgemeinen Gesetzgebung qualifizieren:

»Der Satz aber: der Wille ist in allen Handlungen sich selbst ein Gesetz, bezeichnet nur das Prinzip, nach keiner anderen Maxime zu handeln, als die sich selbst auch als ein allgemeines Gesetz zum Gegenstand haben kann. Dies ist aber gerade die Formel des kategorischen Imperativs und das Prinzip der Sittlichkeit: also ist ein freier Wille und ein Wille unter sittlichen Gesetzen einerlei.« (447)

Dass der Wille sich selbst ein Gesetz ist, bezeichnet ein Prinzip, nach dem (wie wir aus Abschnitt II wissen) ein schlechterdings guter (ein heiliger) Wille mit Notwendigkeit handelt. Zu einem kategorischen Imperativ wird dieses Prinzip der Autonomie genau dann, wenn es ein Prinzip für einen nicht schlechterdings guten Willen ist. Hier gebietet das Prinzip der Autonomie die Autonomie im Gebrauche des Willens. Was der Wille seiner Möglichkeit nach ist, soll er dadurch realisieren, dass er nach Maximen handelt, die sich zu einer allgemeinen Gesetzgebung qualifizieren.

Mit der Aussage, dass ein »freier Wille und ein Wille unter sittlichen Gesetzen einerlei« (447) ist, kann zweierlei gemeint sein: Entweder ist der Wille insofern ein freier Wille, als er sich durch das Prinzip der Autonomie zum Handeln bestimmen kann (und soll). In diesem Falle wäre der Wille zugleich frei (das Prinzip der Autonomie ist die Norm eines freien Willens) und unfrei (der Wille lässt sich durch seine Neigungen bestimmen). Oder der Wille ist nur insofern ein freier Wille, als er sich durch das Prinzip der Autonomie tatsächlich zum Handeln bestimmt.[1]

1 Leider hat es Kant in der *Grundlegung* versäumt, zwischen »Wille« und »Willkür« zu unterscheiden (vgl. dazu Klemme 2013). Weil Kant »freier Wille« und »Wille unter sittlichen Gesetzen« miteinander identifiziert, vertreten einige Interpreten die (m. E. nicht haltbare)

Was genau heißt aber nun »unter sittlichen Gesetzen«? Im zweiten Abschnitt betont Kant, dass das Prinzip der Autonomie das Prinzip der Sittlichkeit ist, und dass der kategorische Imperativ diese Autonomie gebietet. Autonomie kann also zugleich der Grund und das Ziel der Willensbestimmungen sein. Da der Wille sich als zugleich gesetzgebend und diesen Gesetzen selbst unterworfen denken muss, steht der freie Wille insofern auch »unter sittlichen Gesetzen«. Dass der freie Wille »unter sittlichen Gesetzen« steht, bedeutet dabei nichts anderes, als dass er sich selbst ein Gesetz ist. Weil ich meine Pflicht erfüllen soll, aber dazu nicht gezwungen werde, muss es eine weitere Bedeutung von Freiheit geben: Der menschliche Wille ist nicht nur autonom, er ist auch frei, sich gegen eine als Pflicht erkannte Handlung zu entscheiden. Der Wille ist also nicht nur das Vermögen, nach der Vorstellung von Gesetzen zu handeln, er ist auch vermögend, sich von Gesetzen bestimmen zu lassen, die eine ihm »fremde« Kausalität ausdrücken.

Das Prinzip der Sittlichkeit folgt »durch bloße Zergliederung« (447) aus dem Begriff der Freiheit des Willens. Dies scheint der grundlegende Gedanke zu sein, den Kant mit seiner Identitätsthese[2] von »freiem Wille« und »Wille unter sittlichen Gesetzen« ausdrücken möchte: Der Wille ist frei, insofern er über eine *eigene* Kausalität verfügt. Erneut führt Kant dabei den Begriff eines »schlechthin« guten Willens an: Der Wille, der sich durch das Prinzip der Sittlichkeit zum Handeln bestimmt, ist »schlechthin« gut. Dieser Wille kann nicht böse sein. Vermutlich denkt Kant hier weniger an den heiligen Wil-

Ansicht, dass es nach der *Grundlegung* gar nicht möglich ist, dass sich ein »freier Wille« gegen den Vollzug seiner Pflichten entscheidet.

2 In der Literatur wird auch von der »Reziprozitätsthese« (Allison 1990, 201–213) und der »Analytizitätsthese« gesprochen; vgl. Schönecker 1999, 147–195 sowie die Beiträge von Larissa Berger und Jochen Bojanowski in Schönecker (Hrsg.) 2015.

len. Worauf es ihm vielmehr anzukommen scheint, ist, dass ein Wille bloß deshalb gut ist, weil er sich durch das Prinzip der Autonomie bestimmt – ohne Rücksicht auf die Folgen, die sein Handeln in der empirischen Welt haben mag. Dies würde dem zu Beginn von Abschnitt I exponierten Begriff eines uneingeschränkt guten Willens entsprechen.

Mit der Identitätsthese ist die Frage nach der Möglichkeit des kategorischen Imperativs jedoch noch nicht beantwortet worden, und dies aus einem nicht ganz einfach zu verstehenden Grund: Zwar ist der Wille unter dem Sittengesetz ein freier Wille. Aber der menschliche Wille stellt zunächst das Vermögen dar, nach der Vorstellung von Prinzipien zu handeln. Wie ist es möglich, dass diese Prinzipien den Status praktischer Gesetze haben? Nur dadurch, dass der nach Maximen handelnde Wille unter den Gesetzen der reinen Vernunft stehend betrachtet wird. Ganz in diesem Sinne können die folgenden Worte zur synthetischen Verbindung zwischen dem guten Willen und seinen Maximen interpretiert werden: »Indessen ist das letztere [H. K.: Prinzip?] doch immer ein synthetischer Satz: ein schlechterdings guter Wille ist derjenige, dessen Maxime jederzeit sich selbst, als allgemeines Gesetz betrachtet, in sich enthalten kann« (447).

Der von Kant immer wieder herausgestellte synthetische Charakter des kategorischen Imperativs drückt die Verknüpfung von zwei Erkenntnissen (»beide Erkenntnisse«, 447) aus. Um welche Erkenntnisse handelt es sich?

Die *erste* Erkenntnis besagt, dass ein freier Wille bereits bloß deshalb, weil er ein freier Wille ist, unter Gesetzen der Freiheit steht. Freiheit ist eine Kausalität des Willens, die den Begriff des Gesetzes mit sich führt. Als ein freier Wille handelt dieser Wille nach »sittlichen Gesetzen«. Dass der Wille »unter« (447) diesen Gesetzen steht, bedeutet für einen nicht schlechterdings guten Willen, dass ihm die Autonomie *geboten* ist (vgl.

440). Selbstverständlich kann die reine Vernunft uns nicht die Freiheit des Willens als Voraussetzung ihrer eigenen Geltung gebieten. Sie kann uns nur gebieten, den an sich freien Willen entsprechend dem Prinzip der Autonomie zu gebrauchen.[3]

Die *zweite* Erkenntnis ergibt sich aus der Formulierung, dass die Maximen eines »schlechterdings guten Willens [...] sich selbst, als allgemeines Gesetz betrachtet, in sich enthalten« (447). Damit macht Kant auf ein Problem der Verbindung zwischen dem an sich freien Willen und dem Willen aufmerksam, der durch seine Neigungen affiziert wird. Kant sieht das Problem, zwischen diesen beiden Begriffen des Willens vermitteln zu müssen. Der empirisch bestimmte Wille erweitert sich zu einem Willen, dessen Prinzip die Autonomie ist. Diese (aus der Perspektive des sinnlich affizierten Willens vorgenommene) Erweiterung setzt den Bezug auf ein zwischen beiden Begriffen vermittelndes »Drittes« voraus.

Synthetische Sätze a priori sind prinzipiell nur dadurch möglich, »daß beide Erkenntnisse durch Verknüpfung mit einem Dritten, darin sie beiderseits anzutreffen sind, unter einander verbunden werden.« (447) Wie erhalten wir Kenntnis von diesem Dritten? Kant behauptet, dass der »*positive* Begriff der

3 Es liegt also eine Art von ›metaphysischer‹ Identität von reiner Vernunft und freiem Willen vor. Der freie Wille ist genau dann frei, wenn er sich durch reine Vernunft bestimmt. Lässt sich der Mensch durch die Naturgesetze zum Handeln bestimmen, ist dieser Wille in seiner Wirkungsweise (in seiner Anwendung) zwar nicht mehr frei, denn er folgt dem Gesetz der Natur. Er bleibt jedoch auf der *intelligiblen* Ebene ein freier Wille: Obwohl der Mensch sich durch seine Neigungen (bzw. die auf ihnen beruhenden Maximen) zum Handeln bestimmen lässt, besitzt er das Vermögen, jederzeit nach Maximen zu handeln, die sich zu einer allgemeinen Gesetzgebung qualifizieren. Es ist für den Menschen möglich, jederzeit einen guten Willen zu begründen, wenn er dies denn will. Kurz: Er hat einen freien Willen.

Freiheit« »dieses Dritte« »schafft« bzw. auf dieses Dritte »weiset«. Und er erläutert auch umgehend, was auf keinen Fall mit diesem Dritten gemeint sein kann: die »Natur der Sinnenwelt« (ebd.).

Die Bedeutung von Kants dunkel anmutender Formulierung »jene Eigenschaft der Maxime« klärt sich auf, wenn wir uns daran erinnern, was eine Maxime überhaupt ist: Eine Maxime ist eine subjektive Regel des Handelns. Von Haus aus haben Maximen gar keinen moralischen Gehalt. Ihr Ursprung ist die praktische Vernunft als solche, die in eine dienende Funktion zu unseren Naturzwecken tritt. Alles, was mit unserer Befolgung von Maximen verbunden ist, unterliegt zunächst nur der mit den Gesetzen der Natur verbundenen Notwendigkeit. Und das gilt auch für den Gebrauch unserer praktischen Vernunft. Wie kann ein und dieselbe Maxime, die einerseits der natürlichen Notwendigkeit unterliegt, andererseits eine moralische Notwendigkeit zum Ausdruck bringen? Wie kann ein »schlechterdings guter Wille« nach einer Maxime handeln, die »jederzeit sich selbst, als allgemeines Gesetz betrachtet, in sich enthalten kann« (447)?

Worauf könnte uns der »*positive* Begriff der Freiheit« verweisen, wenn es nicht die Sinnenwelt ist? Kant hatte den Übergang von der »*populären sittlichen Weltweisheit zur Metaphysik der Sitten*« (406) mit der Frage eingeleitet, ob es »ein notwendiges *Gesetz für alle vernünftigen* Wesen« sei, »ihre Handlungen jederzeit nach solchen Maximen zu beurteilen, von denen sie selbst wollen können, daß sie zu allgemeinen Gesetzen dienen sollen« (ebd.). Ob dies für alle vernünftigen Wesen gilt, wissen wir noch nicht. Aber wir wissen nach der Lektüre von III.2, dass mit dem Begriff des freien Willens der Begriff von Gesetzen verbunden ist. Und wir wissen auch, dass ein »schlechterdings guter Wille« nur dann möglich ist, wenn sich seine Maximen zu einer allgemeinen Gesetzgebung qualifizieren.

Das »Dritte«, auf das der Begriff der Freiheit weist, muss also erklären, wie Maximen Gesetze für einen guten Willen werden können. Und diese Erklärung muss im Rahmen einer Konzeption erfolgen, in der das »Verhältnis eines Willens zu sich selbst« (427) im Zentrum steht. Es reicht auch nicht aus, »jene Eigenschaft der Maxime« zu erkennen. Es muss gezeigt werden, wie diese Eigenschaft Grund des verpflichtenden Charakters des Prinzips der Autonomie sein kann. Was ist es, das uns diese Erweiterung im Begriff der Maxime zu denken erlaubt?

Der Leser fragt sich verwundert, warum Kant nicht bereits an dieser Stelle seiner Argumentation den erlösenden Begriff nennt, nämlich die Verstandeswelt. Doch Kant möchte die Spannung aufrechterhalten. Er möchte die Verstandeswelt nicht nennen, ohne zuvor erläutert zu haben, warum genau sie das gesuchte »Dritte« ist. Es bedarf noch einiger vorbereitender Überlegungen.

> »Was dieses Dritte sei, worauf uns die Freiheit weiset, und von dem wir a priori eine Idee haben, läßt sich hier sofort noch nicht anzeigen und die Deduktion des Begriffs der Freiheit aus der reinen praktischen Vernunft, mit ihr auch die Möglichkeit eines kategorischen Imperativs begreiflich machen, sondern bedarf noch einiger Vorbereitung.« (447)

Damit liegt das Beweisprogramm auf dem Tisch: Die Möglichkeit des (eines) kategorischen Imperativs beruht auf einem »Dritten«. Auf es verweist uns der positive Begriff der Freiheit. Dieser positive Begriff der Freiheit muss aber seinerseits gerechtfertigt werden. Diese Rechtfertigung nennt Kant »Deduktion«. Mit der Deduktion des Begriffs der Freiheit ist auch der kategorische Imperativ seiner Möglichkeit nach deduziert. Denn der Begriff der Freiheit verweist auf ein »Drittes«, auf dem die synthetische Verknüpfung zwischen Vernunft und

Wille beruht. Es gibt keine zwei Deduktionen, nämlich eine Deduktion des Begriffs der Freiheit und eine solche des kategorischen Imperativs. Ist der Begriff der Freiheit gerechtfertigt, haben wir verstanden, worauf die Möglichkeit des kategorischen Imperativs beruht.

Freiheit und Vernunft

Warum müssen wir die Freiheit des Willens bei *allen* vernünftigen Wesen »voraussetzen«? Reicht es nicht aus, dass nur wir Menschen allein vernünftig sind? Wie wir gesehen haben, kann die Vernunft praktisch werden, ohne dass wir den Begriff eines freien Willens in Anspruch nehmen müssen. Wir benötigen praktische Vernunft, um Maximen zu formulieren, und wir benötigen sie, wenn wir hypothetische Imperative bilden. In beiden Fällen steht die Vernunft unter den Gesetzen der Natur. An der Existenz dieses Vermögens (unter welchem Titel auch immer) zweifelt kein Philosoph, der bei Verstand ist.

Philosophisch hochgradig umstritten ist jedoch Kants These, dass wir jedem vernünftigen Wesen einen freien Willen zusprechen müssen. Die Freiheit besteht ja gerade nicht darin, der Erkenntnis des Guten zu folgen (wie bei Wolff). Sie besteht auch nicht darin, tun und lassen zu können, was man will. Wenn ein vernünftiges Wesen einen freien Willen hat, dann bedeutet dies, dass die Vernunft den freien Willen bestimmt, seine Regeln unter eine Notwendigkeit zu stellen, die diese Freiheit als Kausalität überhaupt erst möglich macht. Die Notwendigkeit manifestiert sich formal in der strengen Allgemeinheit der Maxime (Gesetzesformel und Naturgesetzformel), material aber darin, dass die Vernunft sich selbst als Zweck an sich selbst für diesen freien Willen setzt (Selbstzweckformel). Wenn die reine Vernunft kategorisch gebietet, dann kann dies nicht auf einem *zufälligen* Verhältnis beruhen, in dem die Vernunft zum freien Willen steht. Es muss eine notwendige Beziehung a priori zwischen diesen beiden Vermögen bestehen. Diese Beziehung muss auch durch reine Begriffe a priori erkannt werden können.

Um diesen Begriff der praktischen reinen Vernunft rechtfertigen zu können, muss Kant von einer Voraussetzung ausgehen, die er ihrerseits nicht begründet. Wie lautet diese Voraussetzung? Dass die Vernunft sich selbst als »Urheberin« der Prinzipien ansehen muss, nach denen sie praktisch wird (praktische Vernunft = Wille), weil sie »ihrem eigenen Bewußtsein« nach nicht das Subjekt von (praktischen) Urteilen sein kann, das »anderwärts her eine Lenkung« (448) empfängt. Wenn sich die Vernunft als »Urheberin« ihrer Prinzipien ansieht, dann muss die Freiheit des Willens dem Menschen »in praktischer Hinsicht« (also nicht als ein theoretisch bewiesener Satz) »beigelegt werden«. Wäre der Wille nicht frei, dann könnte er nicht durch die Gesetze bestimmt werden, die ihren Ursprung in der Vernunft selbst haben. Die reine Vernunft wäre nicht praktisch.

Das Verhältnis von reiner Vernunft und freiem Willen wird im Begriff »eigener Wille« (448) von Kant zum Ausdruck gebracht. Der Wille ist nur dann ein »eigener Wille«, wenn er sich durch sich selbst bestimmt. ›Ich selbst‹, das ist in praktischer Hinsicht die reine Vernunft. Da es sich um einen praktischen Standpunkt handelt, den ich gegenüber mir selbst als wollendes Subjekt einnehme, betrachte ich mich selbst als durch meine eigene Vernunft zum Handeln bestimmbar. Da es sich um einen praktischen Anspruch handelt, der sich gewissermaßen in der Tat manifestiert, erhält die »Idee der Freiheit« auch nur eine praktische Bedeutung. Keinesfalls setzt das Argument voraus, die Idee der Freiheit mit den Mitteln der theoretischen (spekulativen) Vernunft beweisen zu wollen.

Kant hat die Freiheit als Eigenschaft des Willens von allen Vernunftwesen aus dem Begriff der Vernunft in ihrem praktischen Gebrauch abgeleitet. Vernünftige Wesen handeln unter der Idee der Freiheit. Es ist unmöglich,

> »sich eine Vernunft [zu] denken, die mit ihrem eigenen Bewußtsein in Ansehung ihrer Urteile anderwärts her eine Lenkung empfinge, denn alsdann würde das Subjekt nicht seiner Vernunft, sondern einem Antriebe die Bestimmung der Urteilskraft zuschreiben.« (448)

Wohlgemerkt: Kant behauptet an dieser Stelle nicht, dass es derartige Vernunftwesen tatsächlich gibt. Seine Behauptung ist konditionaler Art: Wenn sich jemand einen »eigenen Willen« zuschreibt, kann er dies nur unter der Voraussetzung eines freien Willens tun. Der freie Wille kann ausschließlich als durch dasjenige Vermögen bestimmbar gedacht werden, vermittels dessen ich Urheber meiner Handlungen sein kann, d. h. durch meine Vernunft.

Wenden wir uns den zum Begriff des eigenen Willens führenden Überlegungen Kants etwas näher zu, fällt auf, dass in seiner Behauptung (»Nun behaupte ich«), »daß wir jedem vernünftigen Wesen, das einen Willen hat, notwendig auch die Idee der Freiheit leihen müssen, unter der es allein handle« (448), vom Willen generell die Rede ist. Selbstverständlich zielt Kant bereits an dieser Stelle aber nicht auf den Willen im Sinne des unteren Begehrungsvermögens ab. »Wille« meint hier: der durch Prinzipien der reinen Vernunft zum Handeln bestimmbare Wille.

Kant trägt in Abschnitt III.2 ein begriffliches Argument vor: Alle Vernunftwesen haben einen freien Willen, weil sie aufgrund ihrer vernünftigen Natur notwendig unter der Idee der Freiheit handeln. Nur unter dieser Voraussetzung können sie sich einen »eigenen Willen« anmaßen. Wir können dies die Selbstermächtigung der reinen Vernunft in ihrem praktischen Gebrauch nennen: Sie muss sich ihrem Begriff nach als ein Vermögen betrachten, das dem Willen das Prinzip seines Handelns gibt. In ihrem praktischen Gebrauch erklärt sie den Willen zu einem freien Willen. Denn ohne freien Willen kann die Vernunft kein Gesetz geben, kann sie sich nicht als die Urheberin von Prinzipien betrachten, die praktisch werden sollen. Obwohl es sich um eine praktische Selbstermächtigung der Vernunft handelt, gelten ihre Gesetze so, »als ob« die Freiheit förmlich im Bereich der theoretischen Philosophie bewiesen worden wäre.

In der Geschichte der Philosophie stellt dieses Argument eine Novität dar. Der Wille ist frei, weil sich die reine Vernunft ansonsten nicht als Urheberin ihrer Handlungen denken könnte. Der freie Wille ist die Voraussetzung, deren Erfüllung die reine Vernunft aus Gründen ihrer eigenen Wirksamkeit postuliert:

> »Ich sage nun: ein jedes Wesen, das nicht anders als *unter der Idee der Freiheit* handeln kann, ist eben darum in praktischer Rücksicht wirklich frei, d. i. es gelten für dasselbe alle Gesetze, die mit der Freiheit unzertrennlich verbunden sind, ebenso als ob sein Wille an sich selbst und in der theoretischen Philosophie gültig für frei erklärt würde.« (448; vgl. 8:13)

Die Freiheit ist nicht im Bereich der theoretischen Philosophie als eine Eigenschaft des Willens bewiesen worden. Und so stellt sich nun hier die Frage, was es bedeuten würde, wenn innerhalb der theoretischen Philosophie ein negativer Freiheitsbeweis geführt werden könnte. Wäre der freie Wille und mit ihm die praktische reine Vernunft dann eine Chimäre? Es besteht Klärungsbedarf, und Kant wird diesen Bedarf durch eine

Argumentation zu erfüllen versuchen, die er im Anschluss an seine Überlegungen zur Möglichkeit des kategorischen Imperativs in Abschnitt III.5 durchführen wird. Es muss ihm gelingen, die Idee der Freiheit vor Angriffen zu schützen, die aus der Perspektive des Fatalismus geführt werden.

Dass sich Kant mit der Gefahr des Fatalismus, für die unter anderem Johann Heinrich Schulz (1739–1823)[4] steht, in Abschnitt III.5 eigens beschäftigen wird, wirft ein bezeichnendes Licht auf das Verhältnis von Vernunft und Wille. Schreibt Kant, dass »man sich unmöglich eine Vernunft denken [kann], die mit ihrem eigenen Bewußtsein in Ansehung ihrer Urteile anderwärts eine Lenkung« (448) empfängt, besagt dies gerade nicht, dass sie *als solche* vor den Angriffen des Fatalisten sicher ist. Gibt es keine Freiheit, kann die reine Vernunft nicht praktisch werden. Es gibt sie dann so wenig wie Einhörner oder Feen.

Vor dem Hintergrund dieser Problematik wird deutlich, dass Kant mit Bedacht »mit ihrem eigenen Bewußtsein« schreibt. Das eigene Bewusstsein beweist die Existenz der praktischen reinen Vernunft nicht förmlich. Ob es Wesen gibt, die sich in praktischer Hinsicht einen »eigenen Willen« (448) zuschreiben, kann zudem allein durch das Faktum entschieden werden. Die *Grundlegung* wendet sich an Leser, die sich beherzt melden, wenn nach Subjekten gefragt wird, die unter der Idee der Freiheit handeln. Sie geben sich damit als Personen zu erkennen, die befähigt sind, nach Vernunftprinzipien zu handeln.

Ergänzend zum Unterschied zwischen der bloß praktischen und der praktischen reinen Vernunft sei auf eine Vorarbeit zur *Metaphysik der Sitten* hingewiesen, die Kant selbst jedoch nicht publiziert hat. In ihr unterscheidet er zwischen einer

4 Zu der von Kant 1783 verfassten Schulz-Rezension siehe Klemme 2015a.

Kausalität, »nach der man sich denkt daß etwas geschieht«, und einer solchen, nach der man sich denkt »daß etwas geschehen *sollte* wenn es gleich nicht geschieht.« (23:242) Die letztere Regel, die »practische Caußalität«, ist ihrerseits »von zweifacher Art«. Die erstere steht unter notwendigen Gesetzen der Natur. Die zweite jedoch nicht:

> »Aber es gibt eine andere Art Caußalität wo man von etwas sagen kan es hätte geschehen sollen ob es zwar in allen Bestimmungsgründen die die Erfahrung geben kann unwandelbar ausgemacht ist, daß es nicht geschehen ist noch seyn kann und das ist das moralisch-practische Sollen was daher absolut ist und das Können schlechterdings voraussetzt.« (23:242)

Vernunft und Interesse

Vernünftige Wesen maßen sich einen eigenen Willen deshalb an, weil sie vernünftig sind. Sie betrachten sich als Urheber ihrer Handlungsprinzipien. Weil mit dem Begriff des eigenen Willens der Begriff der Freiheit des Willens einhergeht, müssen wir »jedem mit Vernunft und Willen begabten Wesen diese Eigenschaft, sich unter der Idee der Freiheit zum Handeln zu bestimmen, beilegen.« (449) Ob es derartig beschaffene Wesen gibt, wurde bisher nicht bewiesen: Es könnte sich herausstellen, dass die Klasse vernünftiger Wesen leer ist. Allerdings kann sich der Leser an dieser Stelle mit Fug und Recht fragen, warum Kant diese Frage nicht doch schon für entschieden hält. Hatte er nicht bereits darauf hingewiesen, dass wir Menschen »unserem Willen, es sei aus welchem Grunde, Freiheit zuschreiben« (447)? Vorausgesetzt, dass wir unter der Idee der Freiheit handeln: Kann dann die Klasse von Wesen, die unter der Idee der Freiheit handeln, leer sein? Ist die ›Wirklichkeit‹ (vgl. 448) der Idee der Freiheit nicht schon durch ihre faktische Inanspruchnahme durch uns Menschen bewiesen worden? Also: Wirklichkeit durch Wirksamkeit und Vollzug?

Da Kant zu Beginn von Abschnitt III.3 darauf hinweist, dass wir die Idee der Freiheit »als etwas Wirkliches nicht einmal in uns selbst und in der menschlichen Natur beweisen« (448–449) können, wird er schwerlich das Fehlen eines Beweisganges moniert haben, der aus der Perspektive der theoretischen Philosophie geführt wird. Dass es eines derartigen Beweises nicht bedarf, hatte er in Abschnitt III.2 eigens hervorgehoben. Sein Hinweis muss also einem Beweis gelten, der den *praktischen* Gebrauch der Freiheit betrifft. Ohne dass er ihn zu Beginn von Abschnitt III.3 nennen würde, drängt sich der Begriff der Deduktion auf. Die Idee der Freiheit muss als »etwas Wirkliches« in einem Gedankengang »bewiesen« werden, den Kant »Deduktion« nennt. Und dieser Beweis soll eine Antwort auf die Frage zu geben erlauben, wie ein kategorischer Imperativ möglich ist.

Wie lauten die zu dieser Deduktion hinführenden Überlegungen Kants? Sie gelten dem Begriff der Verbindlichkeit. Setzen wir die Idee der Freiheit des Willens und den Begriff der Vernunft voraus, folgt aus ihnen das Prinzip der Autonomie. Ein »nicht schlechterdings guter Wille« ist »vom Prinzip der Autonomie« (439) abhängig. Diese Abhängigkeit wird durch den kategorischen Imperativ zum Ausdruck gebracht, der die Autonomie des Willens gebietet. Der Wille ist qua Autonomie nicht nur sich selbst das Gesetz; der Wille ist diesem Gesetz selbst unterworfen. Genau bei dieser bereits in Abschnitt II erreichten Einsicht über die Beziehung, in der der Wille zu sich selbst als allgemein gesetzgebend und dieser Gesetzgebung zugleich unterworfen steht, setzt Kant mit seinen Überlegungen zum (namentlich nicht genannten) Begriff der Verbindlichkeit ein. Die zentrale Frage gilt dem Begriff des Sollens: »Warum aber soll ich mich denn diesem Prinzip [der Sittlichkeit, H. K.] unterwerfen und zwar als vernünftiges Wesen überhaupt, mithin auch dadurch alle anderen mit Vernunft begabten Wesen?« (449)

Das »Sollen« kann in zwei verschiedenen Bedeutungen verstanden werden. Es kann zum einen die Antwort auf die Frage bedeuten, warum ich eine als Pflicht erkannte Handlung vollziehen soll. Warum sollte ich ein gegebenes Versprechen einhalten, wenn ich einen großen Vorteil davon habe, es zu brechen? Die Beantwortung dieser Frage fällt in den Bereich der Moralpsychologie und allgemeinen Motivationstheorie. Das Sollen kann zum anderen eine geltungslogische Bedeutung haben. Es stellt eine Antwort auf die Frage dar, aus welchem Grund der kategorische Imperativ uns gebietet, nur nach gesetzesförmigen Maximen zu handeln. Die moralpsychologische Frage stellt sich erst, nachdem die geltungslogische Frage beantwortet worden ist. Um letztere geht es Kant hier.

Bereits in Abschnitt II hatte Kant zwischen zwei Bedeutungen von Interesse unterschieden: Als Sinnenwesen *habe* ich ein Interesse an der Bewirkung meiner subjektiven Zwecke. Als Vernunftwesen *nehme* ich ein Interesse an mir selbst als Zweck an sich selbst. Den Begriff eines durch die Vernunft selbst in mir bewirkten Interesses nimmt Kant in Abschnitt III.3 auf:

> »Ich will einräumen, daß mich hierzu kein Interesse *treibt*, denn das würde keinen kategorischen Imperativ geben; aber ich muß doch hieran notwendig ein Interesse *nehmen* und einsehen, wie das zugeht; denn dieses Sollen ist eigentlich ein Wollen, das unter der Bedingung für jedes vernünftige Wesen gilt, wenn die Vernunft bei ihm ohne Hindernisse praktisch wäre« (449).

»Sollen« setzt Hindernisse voraus, die den Einfluss der (reinen) Vernunft als gesetzgebendem Vermögen auf unseren Willen betreffen. Diese Hindernisse stellen ein strukturelles Merkmal unserer praktischen Rationalität dar. Die objektive Notwendigkeit der Handlung stellt sich für uns Menschen als eine »subjektive Notwendigkeit« (449) dar und wird im Begriff des Sollens zum Ausdruck gebracht. Die »moralische Nötigung« geht von der Vernunft aus, die einen Willen vorfindet, der »noch durch Sinnlichkeit als Triebfedern anderer Art affiziert« (ebd.) wird. Genötigt werden wir Menschen als Subjekte, die ihre praktischen Überlegungen immer mit der Formulierung von Maximen beginnen, die der subjektiven Zweckrealisierung dienen.

Kant fasst den Stand der bisherigen Argumentation zusammen und kommt zu einem eher ernüchternden Ergebnis. Seiner Einschätzung nach scheint es so,

> »als setzten wir in der Idee der Freiheit eigentlich das moralische Gesetz, nämlich das Prinzip der Autonomie des Willens selbst, nur voraus, und könnten seine Realität und objektive Notwendigkeit nicht für sich beweisen« (449).

Was versteht Kant unter der »Realität und objektive[n] Notwendigkeit« des Moralgesetzes? Dass ein reines Vernunftwesen (ein heiliger Wille) mit Notwendigkeit nach allgemeinen Gesetzen sich selbst zum Handeln bestimmt? Wohl kaum. Diese Frage steht nicht mehr zur Debatte und kann als abschließend beantwortet betrachtet werden. Spricht Kant von der »Realität und objektive[n] Notwendigkeit«, verwendet er diese Begriffe mit Blick auf uns Menschen, die wir einen nicht schlechterdings guten Willen haben. Beide Begriffe werden im folgenden Satzteil mit den Begriffen »Gültigkeit« und »praktische Notwendigkeit« erläutert. Und diese beziehen sich eindeutig auf die Frage, ob wir uns dem moralischen Gesetz »unterwerfen« sollen. Was in den bisherigen Ausführungen fehlt, ist eine Antwort auf die Frage des Skeptikers,

> »warum denn die Allgemeingültigkeit unserer Maxime, als eines Gesetzes, die einschränkende Bedingung unserer Handlungen sein müsse, und worauf wir den Wert gründen, den wir dieser Art zu handeln beilegen, der so groß sein soll, daß es überall kein höheres Interesse geben kann, und wie es zugehe, daß der Mensch dadurch allein seinen persönlichen Wert zu fühlen glaubt, gegen den der eines angenehmen oder unangenehmen Zustandes für nichts zu halten sei« (449–450).

Die Dramatik, mit der Kant das Problem herausstellt, kommt etwas überraschend. Hatte er nicht bereits in Abschnitt II den Begriff der Würde eingeführt? Haben wir uns nicht bereits darüber verständigt, dass unser Dasein als vernünftiges Wesen einen »absoluten Wert« (428) hat? Kant erwähnt hier den Begriff der Würde. Er ist jedoch nicht Teil der Antwort, er stellt vielmehr das zu lösende Problem dar. Warum sind wir bereit, den Wert unserer Existenz nicht in unserem Glück, sondern in unserer Glückswürdigkeit zu sehen? Wie zu erklären ist, dass wir uns von unserem empirischen Interesse

> »trennen, d. i. uns als frei im Handeln betrachten und so uns dennoch für gewissen Gesetzen unterworfen halten sollen, um einen Wert bloß in unserer Person zu finden, der uns allen Verlust dessen, was unserem Zustande einen Wert verschafft, vergüten könne, und wie dieses möglich sei, mithin *woher das moralische Gesetz verbinde*, können wir auf solche Art noch nicht einsehen« (449).

Wenn wir den Grund der Geltung des Gesetzes, den Grund unserer Verbindlichkeit kennen, dann haben wir auch den Begriff der Würde verstanden.

Das moralische Gesetz ›verbindet‹ uns Menschen. Es ist das Band, das uns mit einem Ort, einem Standpunkt, einer Quelle, einem Vermögen verbindet. Das »Woher« kann zugleich kausal wie normativ gemeint sein. Mit dem lateinischen Wort »ratio«, das in der Philosophie der Zeit entweder mit »Grund« oder mit »Ursache« übersetzt wird, könnte so eine Quelle zum Ausdruck gebracht werden. Die Frage danach, *»woher das moralische Gesetz verbinde«*, ist eine Frage nach der *Ratio* der im moralischen Gesetz ausgedrückten Verbindlichkeit (*obligatio*). Die Ratio muss erklären, wie das Gesetz nicht nur in einer Maxime enthalten sein kann, sondern auch enthalten sein soll.

Dass die Frage nach dem *Woher* unserer moralischen Verbindlichkeit keine für die zeitgenössischen Leser der *Grundlegung* absurd klingende Frage ist, ja, dass diese Leser eine Antwort auf diese Frage in das Zentrum ihrer Anfragen an die *Grundlegung* selbst stellen würden, kann leicht gezeigt werden. Erneut kann uns Christian Wolff als Referenzautor dienen. Erinnern wir uns: Die Quelle der Verbindlichkeit ist entweder das *»Gesetz der Natur«*, das *»göttliche Gesetze«* oder das *»menschliche Gesetz«* (1720, § 17). In seinem *Natur- und Völckerrecht* behauptet Wolff, dass »alle Verbindlichkeit und alle Rechte der Menschen aus der menschlichen Natur selbst, als aus ihrer Quelle, fließen« (1754, Vorrede, viii). Das natürliche Gesetz ist nicht nur die Quelle unserer Verbindlichkeit, es ist auch die »Quelle« des Rechts, keine *obligatio passiva* ohne *obligatio activa* (d. h. keine passive Verbindlichkeit ohne aktive Verbindlichkeit). Wer von Verbindlichkeit spricht, muss sich zu der Frage nach ihrer Quelle äußern. Und genau dies ist die Absicht, in der Kant den Abschnitt III.3 schreibt. Den drei möglichen Quellen der Verbindlichkeit (Gott, Natur, Mensch), so viel muss dem Leser bereits klar sein, wird Kant mit der reinen Vernunft eine vierte hinzufügen. Die reine Vernunft allein kann der Grund der im moralischen Gesetze ausgedrückten Verbindlichkeit sein. Die Frage ist nur: Auf welche Weise bindet die Vernunft den Willen?

Dass Kant die Frage nach dem *Woher* als Frage nach dem »Grund« der Verbindlichkeit versteht, wird spätestens an der Stelle deutlich, an der Kant auf »eine Art von Zirkel«[5] hinweist. In diesen scheinen wir bei unserer Frage nach dem Grund der Verbindlichkeit zu gelangen. Dieser Zirkel scheint sich aus folgender Gedankenführung zu ergeben:

> In einem *ersten* Schritt »nehmen wir uns in der Ordnung der wirkenden Ursachen als frei an, um uns in der Ordnung der Zwecke unter sittlichen Gesetzen zu denken.« (450) Wir handeln unter der Idee der Freiheit. Wir bestimmen unseren Willen nicht mehr durch die Kausalität der Natur, sondern nach den Gesetzen dieser Freiheit.
> In einem *zweiten* Schritt »denken« wir »uns nachher als diesen Gesetzen unterworfen, weil wir uns die Freiheit des Willens beigelegt haben«[6].

Was ist an diesen beiden Schritten zirkulär? Kants Auffassung nach zeigt sich hier »eine Art von Zirkel«, weil

> »Freiheit und eigene Gesetzgebung des Willens beides Autonomie, mithin Wechselbegriffe [sind], davon aber einer eben um deswillen nicht dazu gebraucht werden kann, um

5 451; vgl. u. a. Schönecker 1999 und Timmermann 2007, 131–134.
6 450. Später formuliert er den Zirkel so, als ob dieser darin bestehen würde, dass wir die Idee der Freiheit »nur um des sittlichen Gesetzes willen zum Grunde legten, um dieses nachher aus der Freiheit wiederum zu schließen« (453).

den anderen zu erklären und von ihm Grund anzugeben, sondern höchstens nur, um in logischer Absicht verschieden scheinende Vorstellungen von eben demselben Gegenstande auf einen einzigen Begriff (wie verschiedne Brüche gleiches Inhalts auf die kleinsten Ausdrücke) zu bringen.« (450)

Was möchte uns Kant mitteilen? Warum erweisen sich die beiden Gedankenschritte als ungeeignet, den Grund der moralischen Verbindlichkeit des Gesetzes (die moralische Nötigung) zu erklären? Die Antwort ist überraschend einfach: Wenn Freiheit Autonomie und eigene Gesetzgebung ebenfalls Autonomie ist, dann kann die Freiheit nicht der Grund der eigenen Gesetzgebung sein. Warum nicht? Wenn die Freiheit der Grund der eigenen Gesetzgebung wäre, müsste es eine Differenz zwischen der Freiheit und der eigenen Gesetzgebung geben. Diese Differenz ist aber nicht gegeben. Da sie nicht gegeben ist, können wir selbstverständlich die Autonomie durch die Begriffe der Freiheit und der eigenen Gesetzgebung erläutern. Wir erklären damit jedoch nicht, was wir erklären wollen, nämlich die Verbindlichkeit der eigenen Gesetzgebung. Diese ist aber erklärungsbedürftig. Wir müssen einen Grund dafür angeben können, warum wir der eigenen Gesetzgebung »unterworfen« (450) sind. Diesen Grund können wir aber nur erkennen, wenn es uns gelingt, die »eigene Gesetzgebung« zugleich als Grund und als Wirkung dessen zu verstehen, was wir moralische Nötigung nennen.

Kant dramatisiert die Bedeutung des Zirkels für seine Beweisführung. Er tut dies jedoch in guter Absicht. Er möchte darauf aufmerksam machen, dass wir es in der reinen Moralphilosophie nicht bloß mit reinen Begriffen zu tun haben. Damit grenzt er sich von der Wolff'schen Ethik ab. Ihr wirft er (wie wir gesehen haben) vor, »sich im Zirkel zu drehen und die Sittlichkeit«, die der »ontologische Begriff der *Vollkom-*

menheit« erklären soll, »insgeheim vorauszusetzen« (443; vgl. 29:616). Wir haben es aber mit Menschen zu tun, die mit ihren reinen Vernunftbegriffen eine reale Bedeutung verbinden. Begriffe orientieren uns nicht nur im Denken, sie stiften Realitäten, die von praktischer Relevanz sind. Und so verhält es sich auch mit unseren Begriffen von Freiheit, eigener Gesetzgebung und Autonomie. Welche konkrete Bedeutung haben sie für unser praktisches Verhältnis zur natürlichen Welt, zur »Ordnung der wirkenden Ursachen« (450)? Kant beantwortet diese Frage im Rahmen einer Überlegung, die auf den Grund unserer Verpflichtung verweist:

> »Eine Auskunft bleibt uns aber noch übrig, nämlich zu suchen: ob wir, wenn wir uns durch Freiheit als a priori wirkende Ursachen denken, nicht einen anderen Standpunkt einnehmen, als wenn wir uns selbst nach unseren Handlungen als Wirkungen, die wir vor unseren Augen sehen, uns vorstellen.« (450)

Kant setzt grundsätzlich und mit Verweis auf den »gemeinen Verstand« (451) an, dem seiner Auffassung nach sofort einsichtig sei, was er nun vorträgt. Es ist dies seine berühmte Unterscheidung zwischen »Ding an sich« und »Erscheinung«. Wir erkennen die Gegenstände niemals so, wie sie an sich selbst beschaffen sein mögen, sondern immer nur so, wie uns diese Dinge affizieren. Hieraus zieht Kant die Konsequenz, dass wir zwischen der »*Sinnenwelt*« (Welt der Erscheinungen) und der »*Verstandeswelt*« (Dinge an sich) unterscheiden müssen. Er behauptet auch, dass die »Verstandeswelt« der »Sinnenwelt« »zum Grunde liegt« und »immer dieselbe bleibt« (ebd.).

Die Differenz zwischen beiden Welten ist auch für die Selbsterkenntnis des Menschen von größter Bedeutung. Der Mensch kann sich empirisch nur als Gegenstand des inneren

Sinnes, d. h. unter den Bedingungen der Zeit erkennen. Er erkennt sich als Erscheinung, als der Gesetzlichkeit der Natur unterworfen. Wie bei jeder anderen Erscheinung auch, kann er »über diese aus lauter Erscheinungen zusammengesetzte Beschaffenheit seines eigenen Subjekts noch etwas anderes zum Grunde liegendes, nämlich sein Ich, wie es an sich selbst beschaffen sein mag, annehmen« (451). Was mag der Grund dieser Annahme sein? Dieser Grund muss in dem gesucht werden, was nicht »durch die Affizierung der Sinne« erklärt werden kann. Kant nennt dies die »reine Tätigkeit« (ebd.) in diesem Subjekt selbst. Wenn sich das Subjekt einer »reinen Tätigkeit« bewusst ist, die nicht durch die Kausalität der Natur erklärt und somit als eine Eigenschaft der Natur verstanden werden kann, dann ist dieses Subjekt berechtigt, sich »zur *intellektuellen Welt*« (ebd.) zu zählen.

Ist der Mensch berechtigt, sich »zur *intellektuellen Welt*« (der Verstandeswelt) zu zählen? Kants Antwort lautet eindeutig ja. Und er kann sich dabei auf eine Konzeption berufen, die in der deutschen Philosophie seiner Zeit zwar alles andere als unumstritten, aber dennoch weit verbreitet war. Es ist dies die Konzeption der Spontaneität oder Selbsttätigkeit[7] unseres denkenden Vermögens, »Verstand« oder »Vernunft« genannt. Als denkendes Wesen kann der Mensch niemals nur Natur sein. Kant bezieht die Spontaneität des Denkens in der *Kritik der reinen Vernunft* auf das Vermögen des Verstandes, reine Begriffe (Ka-

7 Garve schreibt in seiner Ferguson-Ausgabe: »Der Unterschied zwischen der Maschine und dem lebendigen Wesen, soll in den Schulen das Wort Spontaneität, und den Unterschied zwischen dem Thier und dem Menschen soll das Wort Freyheit ausdrücken.« (1772, 291) Anders als beispielsweise Meier identifiziert Kant die Selbsttätigkeit nicht mit der Substantialität: »Eine selbstthätige Handlung einer Substanz ist eine Handlung, welche diese Substanz selbst thut« (Meier 1765, 3. Theil, § 697).

tegorien) hervorzubringen und im Urteil miteinander zu verbinden. Als Verstand schreiben wir der Natur die Gesetze vor, nach denen wir die uns in unserer Sinnlichkeit gegebenen Vorstellungen verknüpfen. In der zweiten Auflage der *Kritik der reinen Vernunft* beruft er sich auf Kopernikus, um seinen Neuansatz im Bereich der Philosophie auf den Punkt zu bringen (vgl. KrV B XXII Anm.): Wir müssen den Standpunkt wechseln. Wir müssen uns als Subjekte denken, die als Gesetzgeber der Natur auftreten. Nur auf diese Weise ist die Notwendigkeit dieser Gesetze erklärbar. Neben dem Verstand ist aber auch unsere Vernunft eine Form von Selbsttätigkeit, nämlich von Begriffen, die Kant Ideen nennt. Ihre objektive Bedeutung kann niemals durch Erfahrung bewiesen werden. Dennoch sind sie nicht bedeutungslos. Unter diesen Ideen der Vernunft befindet sich die Idee der Freiheit.

Die Spontaneität des Verstandes ist nicht identisch mit Freiheit. Die Idee der Freiheit verdankt sich vielmehr einer Tätigkeit der Vernunft, die über die Grenzen möglicher Erfahrung hinausgeht und nach dem Unbedingten aller Erkenntnis fragt. Diese Idee der Freiheit, die die Vernunft bildet, ist Ausdruck einer »reinen Spontaneität« (452).

Was ist das gemeinsame Merkmal der Spontaneität des Verstandes und der Vernunft? Worin unterscheidet sie sich? Es gibt nur einen Verstand und eine Spontaneität. Doch diese Spontaneität kann verschiedene Funktionen erfüllen, je nachdem, ob wir uns auf der Ebene des (wie wir ihn nennen) bloßen Verstandes oder der Vernunft im engeren Sinne befinden. Die Spontaneität ist generell der Ursprung von Begriffen. Als eine solche ist sie dafür verantwortlich, dass wir uns von uns selbst in zwei Hinsichten unterscheiden können, nämlich einmal als durch Gegenstände affiziert, und ein anderes Mal als selbsttätige Subjekte. Der Verstand kann »aus seiner Tätigkeit« allerdings »keine anderen Begriffe« hervorbringen als die, deren einzige Funktion darin besteht, »*sinnliche Vorstellungen unter Regeln zu bringen* und sie dadurch in einem Bewußtsein zu vereinigen« (452).

Der berühmteste Text aus Kants Feder zu dieser Thematik dürfte die zweite Fassung der »*Transzendentalen Deduktion der reinen Verstandesbegriffe*« von 1787 sein (KrV B 129–169). Die Begriffe des Verstandes haben allerdings nur dann eine objektive Bedeutung, wenn sie auf Vorstellungen bezogen werden, die uns in unserer Sinnlichkeit gegeben werden. Selbstverständlich setzt dies die Unterscheidung zwischen Ding an sich und Erscheinung voraus bzw. impliziert diese Unterscheidung. Die Funktion der Ideen besteht aber nicht primär darin, Einheit unter den uns gegebenen Vorstellungen zu stiften. Ihr »vornehmstes Geschäft« besteht darin, »Sinnenwelt und Verstandeswelt voneinander zu unterscheiden, dadurch aber dem Verstande selbst seine Schranke vorzuzeichnen.« (452)

Ob mit diesen Hinweisen zum Verhältnis von Verstand und Vernunft dem Beweisziel der *Kritik der reinen Vernunft* Gerechtigkeit widerfährt, steht auf einem anderen Blatt und kann im Detail nur unter ausführlicher Auseinandersetzung mit Kants Hauptwerk geklärt werden. Aber vielleicht kommt es darauf hier auch nicht an. Wichtig ist, dass der Mensch sich selbst gegenüber »zwei Standpunkte« einnimmt, aus denen er zwei verschiedene »Gesetze des Gebrauchs seiner Kräfte, folglich aller seiner Handlungen erkennen kann« (452). Als Naturwesen stehen seine Handlungen »unter Naturgesetzen (Heteronomie)«, als Glied der »intelligiblen Welt« stehen sie »unter Gesetzen, die [...] bloß in der Vernunft gegründet sind.« (Ebd.)

Mit der Einführung der Lehre von den »zwei Standpunkten« scheint Kant die Frage nach dem Grund der Verbindlichkeit endlich beantworten zu können: Als ein in der intelligiblen Welt existierendes Wesen muss der Mensch die Kausalität seines »eigenen Willens [...] unter der Idee der Freiheit denken«

(452). Der negative Freiheitsbegriff drückt die »Unabhängigkeit« des Willens »von den bestimmenden Ursachen der Sinnenwelt« aus. Der positive Begriff der Freiheit fällt (jede Kausalität bedarf eines Gesetzes) mit der Autonomie des Willens zusammen. Und jetzt äußert Kant einen für die Durchführung seines Beweisprogramms zentralen Gedanken: Mit dem Begriff der Autonomie ist »das allgemeine Prinzip der Sittlichkeit« verbunden, »welches in der Idee allen Handlungen *vernünftiger* Wesen ebenso zum Grunde liegt, als das Naturgesetz allen Erscheinungen.« (452–453) Warum liegt das Prinzip der Autonomie (oder der Sittlichkeit) in der »Idee allen Handlungen *vernünftiger* Wesen zum Grunde«? Da (wie wir bereits wissen) vernünftige Wesen notwendig unter der Idee der Freiheit handeln. Unter der Idee der Freiheit zu handeln, bedeutet schlicht nichts anderes, als sich der *Idee* nach als Gesetzgeber im Reich der Zwecke zu denken. Was im Bereich der theoretischen Philosophie eine bloße Idee ist, ein Begriff, der zwar sich denken lässt, dem aber keine objektive Realität gegeben werden kann, erhält im Bereich der Willensbestimmung praktische Realität, nämlich die Idee der Freiheit.

Der »Verdacht« eines »geheimen« Zirkelschlusses erweist sich also als unbegründet. Wir denken uns unter der Idee der Freiheit handelnd, weil wir uns einer Selbsttätigkeit bewusst sind. Dieses Bewusstsein berechtigt uns dazu, uns als Subjekte zu verstehen, die als Intelligenzen *Kausalität* hinsichtlich ihrer eigenen Handlungen haben. Die reine Vernunft ist der Grund der Verbindlichkeit (*obligatio activa*). Denken wir uns als frei,

> »so versetzen wir uns als Glieder in die Verstandeswelt und erkennen die Autonomie des Willens samt ihrer Folge, der Moralität; denken wir uns aber als verpflichtet, so betrachten wir uns als zur Sinnenwelt und doch zugleich zur Verstandeswelt gehörig.« (453)

Der Begriff der Verpflichtung setzt voraus, dass wir zugleich beide Standpunkte einnehmen, den Standpunkt der Vernunft und den der Sinnenwelt. Würden wir nur den Standpunkt der Sinnenwelt einnehmen, gäbe es keine moralische Nötigung, weil wir nicht über Vernunft verfügten. Wären wir reine Vernunftwesen mit einem heiligen Willen, gäbe es keine moralische Nötigung, weil wir mit Notwendigkeit dem Moralgesetz folgten.

Was also »schafft« der »positive Begriff der Freiheit«, auf was »weiset« er uns? Wovon haben wir »a priori eine Idee« (447)? Was ist das »Dritte«, das die Beantwortung der Frage nach der Möglichkeit eines kategorischen Imperativs zu beantworten erlaubt? Dieses »Dritte« muss die Verstandeswelt sein.

Ist mit dem Hinweis auf dieses »Dritte« die in Abschnitt III.1 in Aussicht gestellte »Deduktion des Begriffs der Freiheit aus der reinen praktischen Vernunft« (447) nun vollzogen worden? Wenn unter der Deduktion der Idee der Freiheit die Angabe eines Grundes gemeint ist, der es uns erlaubt, die reine Vernunft selbst als praktisch zu denken, dann scheint dieser Grund in der Tat bereits in Abschnitt III.3 gegeben worden zu sein. Dieser Grund fällt mit dem »Dritten« inhaltlich zusammen. Die Idee der Freiheit erzeugt mit der Differenz zwischen Verstandes- und Sinnenwelt die Bedingung, unter der die reine Vernunft sich als praktisch denken lässt. Sie »schafft« sich ihre eigene Wirklichkeit.

Mit dieser Deduktion der Idee der Freiheit kann die Antwort auf die Frage nach der Möglichkeit eines kategorischen Imperativs kein Geheimnis mehr sein. Kant hat den zentralen Gedanken bereits in Abschnitt III.3 genannt: Die Verstandeswelt ist der Grund der Sinnenwelt. Die Idee der Freiheit macht uns zu Gliedern der Verstandeswelt. Sie zeigt »eine so reine Spontaneität« (452) der Vernunft, die nicht als Eigenschaft der Sinnenwelt gedacht werden kann. Die Vernunft selbst »schafft«

unter dem Namen ihrer Ideen die Verstandeswelt. Damit hat Kant ein Argument für die Unterscheidung zwischen Ding an sich und Erscheinung angeführt, das allein auf den Begriffen der reinen Vernunft beruht. Denken wir uns nun »als verpflichtet«, »so betrachten wir uns als zur Sinnenwelt und doch zugleich zur Verstandeswelt gehörig.« (453)

Damit scheint das Geheimnis, das den Begriff der Verbindlichkeit des moralischen Gesetzes umgibt, gelüftet worden zu sein: Die Verbindlichkeit des moralischen Gesetzes erklärt sich durch den Umstand, dass es das Gesetz eines in der Verstandeswelt existierenden freien Willens ist, der zugleich durch die Sinnenwelt affiziert wird. Der freie Wille ist ein eigener Wille, weil er sich selbst die Regeln gibt, nach denen er kausal in der Welt wirken will. Diese grundlegende Funktion kann der Wille nicht aufheben. Aufgrund seiner intelligiblen Natur ist der Wille der Grund, die Quelle, der Ursprung von Handlungen in Raum und Zeit. Der Wille kann nicht verpflichtet werden, Grund seiner Handlungen zu sein. Er ist immer schon ein eigener Wille. Aber er kann dazu verpflichtet werden, in der Sinnenwelt *nach* seinen eigenen Gesetzen (dem moralischen Gesetz) wirksam zu werden.

Warum sollte sich der Wille nicht einfach durch die Natur der Sinnenwelt zum Handeln bestimmen lassen? Er wäre dann ein freier Wille, der sich durch die Gesetze der Natur bestimmen lassen würde (Heteronomie). Dass der freie Wille immer ein freier Wille ist, scheint dabei die Geschäftsgrundlage von Kants Ethik zu sein. Dieser Wille kann jedoch mehr oder weniger dem Prinzip der Autonomie in der Sinnenwelt Folge leisten. Der Mensch kann mehr oder weniger Würde haben.

In Kants Definition der Verbindlichkeit als »Abhängigkeit eines nicht schlechterdings guten Willens vom Prinzip der Autonomie (die moralische Nötigung)« scheint der Begriff der Abhängigkeit eine doppelte Bedeutung zu haben. Die eine Bedeutung haben wir bereits nach der Lektüre von Abschnitt III.3 herausgearbeitet: Der nicht schlechterdings gute Wille ist insofern vom Prinzip der Autonomie abhängig, als die Autonomie das Prinzip eines freien Willens ist. Der freie Wille ist als Glied der Verstandeswelt Grund aller Handlungen, die der Mensch vollzieht oder unterlässt. Insofern liegt eine (kausale) Abhängigkeit von der Vernunft als Gesetzgeberin eines freien Willens vor. Wie steht es aber mit der normativen Abhängigkeit? Wie kann die »Nötigung« verstanden werden? Warum sollte ich als Mensch nur nach solchen Maximen handeln, die sich zu einer allgemeinen Gesetzgebung qualifizieren? Wie begründet Kant den normativen *Vorrang* der Gesetze der Verstandes- vor denen der Sinnenwelt? Auf diese Frage erwartet der Leser noch eine Antwort. Oder hat er sie vielleicht nur überlesen?

Wenden wir uns noch einmal Abschnitt III.3 zu. Kant hatte die Frage, *»woher das moralische Gesetz verbinde«*, in der Hoffnung formuliert, eine Antwort auf die noch grundlegendere Frage nach dem Grund der »Wichtigkeit« des moralischen Gesetzes zu erhalten. Warum trennen wir uns von »allem empirischen Interesse«, warum betrachten wir »uns als frei« und »sollen« uns »dennoch für gewissen Gesetzen unterworfen halten [...] um einen Wert bloß in unserer Person zu finden« (450)? Bereits im zweiten Absatz von Abschnitt III.3 hatte Kant den Begriff des Interesses bemüht, um plausibel zu machen, dass das Sollen »eigentlich ein Wollen [ist], das unter der Bedingung für jedes vernünftige Wesen gilt, wenn die Vernunft bei ihm ohne Hindernis praktisch wäre.« (449) Weil das Sollen »eigentlich« ein Wollen unseres durch Vernunft allein bestimmten Willens ist, erklärt sich die normative Abhängigkeit vom Prinzip der Autonomie dadurch, dass wir uns selbst als vernünftige Subjekte wertschätzen. Wir nehmen ein Interesse an unserer Existenz in der intelligiblen Welt. »Als ein vernünftiges, mithin zur intelligiblen Welt gehöriges Wesen kann der Mensch die Kausalität seines eigenen Willens niemals anders als unter der Idee der Freiheit denken« (452). Darum also geht es: Um den *eigenen* Willen, um die »eigene allgemeine Gesetzgebung« (431, vgl. 448). Insofern wir an diesem Willen und seiner Gesetzgebung als vernünftige Wesen notwendig ein Interesse nehmen müssen, sind wir als Menschen vom Prinzip der Autonomie auch normativ abhängig.

In einem der »Grenzbestimmung der reinen Vernunft« gewidmeten Abschnitt der *Prolegomena* (1783) äußert sich Kant zum Begriff der Vernunft. Er führt aus, dass diese Vernunft ihrer eigenen Natur nach auf »transcendentale Ideen« geführt wird, weil ihr die zum empirischen Gebrauch gedachten Begriffe und Gesetze »keine Befriedigung« (353) zu geben vermögen. Die Sinnenwelt hat

> »kein Bestehen für sich, sie ist nicht das Ding an sich selbst und bezieht sich also nothwendig auf das, was den Grund dieser Erscheinungen enthält, auf Wesen, die nicht blos als Erscheinung, sondern als Dinge an sich selbst erkannt werden können.« (354; vgl. 315 und 5:195–196 Anm.)

Damit ist in anderen Worten wiederholt, was Kant in der unmittelbar im Anschluss an die *Prolegomena* verfassten *Grundlegung* im Bereich der reinen Moralphilosophie zum Ausdruck bringen will: Der Mensch erkennt sich qua seiner im Begriff des moralischen Gesetzes praktisch werdenden reinen Vernunft als das, was er seinem eigentlichen Wesen nach ist. Die Vernunft selbst nötigt den Menschen, sie im Gebrauch seines immer auch durch die Sinnenwelt affizierten Willens als oberste einschränkende Bedingung der Befolgung seiner Maximen zu berücksichtigen. Das Sein in der intelligiblen Welt begründet ein Sollen für den in beiden Welten existierenden

Menschen. Die reine Vernunft wird praktisch, weil und insofern sie den freien Willen bestimmt.

Im Begriff des Menschen als Vernunftwesen und Sinnenwesen fallen also *obligatio activa* und *obligatio passiva* zusammen. Verbindlichkeit muss als ein Akt der rationalen Selbstnötigung verstanden werden. Unser Wille steht zugleich unter der Gesetzlichkeit der Freiheit und der Natur. Als reine Vernunftwesen wollen wir vernünftig sein, als Menschen sollen wir dies, weil unsere Vernunft uns dies gebietet. Dies ist die Erkenntnis, mit der Kant in Abschnitt III.3 aufwartet.

Wie ist ein kategorischer Imperativ möglich?

Es wäre ein für einen Erstleser der *Grundlegung* reizvolles Unterfangen, vor der Lektüre von Abschnitt III.4, der den Titel »*Wie ist ein kategorischer Imperativ möglich?*« trägt, die Frage nach der Möglichkeit eines kategorischen Imperativs zunächst eigenständig zu beantworten. Wird er bei seiner Lektüre dieses Abschnitts auf Argumente treffen, die ihm neu sind? Sollte dies nicht der Fall sein, sollten wir Kant nicht für einen schlechten Schriftsteller halten, der die Fäden seiner Beweisführung nicht unter Kontrolle hat. Sicherlich: Kant könnte in diesem Abschnitt ein neues Argument präsentieren. Es könnte ihm aber auch schlicht darum gehen, seine bisherigen Überlegungen schulgerecht zusammenzuführen.

Abschnitt III.4 umfasst drei Absätze. In Absatz 1 argumentiert Kant in nuce wie folgt:

1. Das Vernunftwesen (der Mensch) zählt sich einerseits zur intelligiblen Welt und nennt »seine Kausalität einen *Willen*« (453).
2. Andererseits ist sich dieses Wesen bewusst, ein »Stück der

Sinnenwelt« zu sein, in der »seine Handlungen als bloße Erscheinungen jener Kausalität angetroffen werden« (453). (Wie die Vernunft die »wirkende Ursache« von Handlungen sein kann, die auch der Naturkausalität unterliegen, können wir nicht erkennen.)

3. Wäre das Vernunftwesen nur ein Glied der Verstandeswelt, würden alle seine Handlungen »dem Prinzip der Autonomie des reinen Willens« (453) gemäß sein (»oberstes Prinzip der Sittlichkeit«). Wäre dieses Wesen ein »bloßes Stück der Sinnenwelt«, würden sie der Naturkausalität (»oberstes der Glückseligkeit«) unterliegen.
4. Da die Verstandeswelt der »Grund« der Sinnenwelt ist, erkenne ich mich den Gesetzen der Verstandeswelt als Mensch »unterworfen«. »*Weil aber die Verstandeswelt den Grund*[8] *der Sinnenwelt, mithin auch der Gesetze derselben enthält* also in Ansehung meines Willens (der ganz zur Verstandeswelt gehört) unmittelbar gesetzgebend ist und also auch als solche

8 In den *Prolegomena* greift Kant wie bereits erwähnt auf den Gedanken zurück, dass die Verstandeswelt der Sinnenwelt »zum Grunde« liegt. Wenn der Verstand die Gegenstände unserer Sinne als »bloße Erscheinungen« (314) ansieht, dann muss es auch Dinge geben, die »den Erscheinungen zum Grunde liegen« (315). – In der *Kritik der praktischen Vernunft* führt Kant aus, dass die Erkenntnis des moralischen Gesetzes »der Grund von der Existenz der Gegenstände selbst werden kann und die Vernunft durch dieselbe [Erkenntnis, H. K.] Kausalität in einem vernünftigen Wesen hat«. Die »reine Vernunft« kann »als ein unmittelbar den Willen bestimmendes Vermögen angesehen werden« (5:46). – In der *Kritik der Urteilskraft* nennt Kant das »Übersinnliche im Subjekt« die »Kausalität aus Freiheit […], deren *Wirkung* diesen ihren formalen Gesetzen gemäß in der Welt geschehen soll, obzwar das Wort *Ursache*, von dem Übersinnlichen gebraucht, nur den *Grund* bedeutet, die Kausalität der Naturdinge zu einer Wirkung […] zu bestimmen« (5:195).

gedacht werden muß, so werde ich mich als Intelligenz, obgleich andererseits wie ein zur Sinnenwelt gehöriges Wesen, dennoch dem Gesetze der ersteren d. i. der Vernunft, die in der Idee der Freiheit das Gesetz derselben enthält, und also der Autonomie des Willens unterworfen erkennen« (454).

5. Weil ich den Gesetzen der Verstandeswelt als Mensch unterworfen bin, muss ich sie »für mich als Imperativen und die diesem Prinzip gemäßen Handlungen als Pflichten ansehen« (454).

Was ist neu an diesen Ausführungen? Nicht sehr viel. Kant behauptet, dass der Wille »unmittelbar gesetzgebend ist« und »ganz zur Verstandeswelt« (454) gehört. Das ist ein bemerkenswerter Hinweis. Ist Kant der Ansicht, dass nur der »reine Wille« (390) zur Verstandeswelt gehört? Oder vertritt er die Ansicht, dass auch der sinnlich bestimmte Wille zur Verstandeswelt gehört? Würde der sinnlich bestimmte Wille zur Sinnenwelt gehören, dann wäre er kein freier Wille. Würde er zur Verstandeswelt gehören, stellt sich die Frage, wie ein Wille, der auf der einen Seite ein freier Wille ist, auf der anderen Seite aber ein durch die Gesetze der Natur bestimmter Wille sein kann. Welche Position nimmt Kant ein?

Wenn der kategorische Imperativ die Verbindlichkeit zum Ausdruck bringt, dem moralischen Gesetz Folge zu leisten, dann richtet sich die Forderung an einen Willen, der hierzu auch befähigt ist. Da der freie Wille zur Verstandeswelt gehört, kann er durch keine sinnliche Bestimmung aufhören, ein freier Wille zu sein. Dieser freie Wille kann sich jedoch durch die Gesetze der Natur zum Handeln bestimmen lassen. Der Wille ist dann seinem *Wesen* nach zwar ein freier, in seinem *Gebrauch* aber unfreier Wille. Der freie Wille soll sich durch das Prinzip der Autonomie zum Handeln bestimmen, muss dies aber nicht. Durch keine Gesetze der Natur kann dieser Wille aufhören, ein freier Wille zu sein. Wäre der Wille nicht mehr frei, wäre es ihm nicht möglich, sich selbst durch das moralische Gesetz zum Handeln zu bestimmen, wären ihm seine Handlungen auch nicht zurechenbar.[9]

Im zweiten Absatz kündigt Kant die Beantwortung der Frage nach der Möglichkeit des kategorischen Imperativs an (»Und so sind kategorische Imperative möglich [...]«). Dass das in ihm ausgedrückte Sollen auf der gleichzeitigen Mitgliedschaft in der Verstandes- und Sinnenwelt beruht, fügt dem uns bereits Bekannten nichts Neues hinzu. Neu ist allerdings die Erklärung dafür, warum das »*kategorische* Sollen einen synthetischen Satz a priori vorstellt« (454). Ausgangspunkt der Überlegungen ist nicht etwa die Idee der Freiheit, die mich zu einem Glied der Verstandeswelt macht. Ausgangspunkt ist vielmehr der »durch sinnliche Begierden affizierte Wille« (ebd.). Es ist dies der Wille, der nach der Bewirkung seiner subjektiven Zwecke strebt. Wenn es einen kategorischen Imperativ gibt, dann muss zu diesem sinnlich affizierten Willen noch etwas »hinzukommen«. Und das ist die »Idee ebendesselben, aber zur Verstandeswelt gehörigen reinen, für sich selbst praktischen Willens« (ebd.). Mit der Idee der Freiheit ändert sich die Geschäftsgrundlage, unter der unser Wille wirksam wird. Der sinnlich affizierte Wille muss sich jetzt als ein zugleich gesetzgebender Wille verstehen, der in der Verstandeswelt existiert.

Wie müssen wir uns das Verhältnis von sinnlich affiziertem und reinem Willen vorstellen? Kant verweist vergleichend auf die theoretische Philosophie. In der *Kritik der reinen Vernunft* wurde gezeigt, dass ein Verstandesbegriff nur dann objektive Bedeutung hat, wenn er auf Anschauungen bezogen wird:

9 In der *Metaphysik der Sitten* unterscheidet Kant z. B. deutlich zwischen freier Willkür und Wille (vgl. 6:213–214, 226–227 und Klemme 2013).

»Gedanken ohne Inhalt sind leer, Anschauungen ohne Begriffe sind blind. Daher ist es ebenso notwendig, seine Begriffe sinnlich zu machen, [...] als seine Anschauungen sich verständlich zu machen« (KrV A 51 / B 75).

Ähnlich verhält es sich in der praktischen Philosophie: Der reine Wille erhält eine für uns Menschen dann praktische Bedeutung, wenn er auf den sinnlich affizierten Willen angewendet wird. Seine Form bestimmt die Bedingungen, unter denen der sinnlich affizierte Willen gebraucht werden kann, wenn es ein vernünftig bestimmter Wille sein soll.

Damit der sinnlich affizierte und der reine Wille aufeinander bezogen werden können, müssen sie ein gemeinsames Merkmal haben. Und dieses Merkmal besteht in ihrer *Formbestimmtheit.* Sie wird im Begriff des Gesetzes zum Ausdruck gebracht. Die Form des sinnlich affizierten Willens ist das Naturgesetz; die Form der Autonomie das moralische Gesetz. Es ist kein Zufall, dass Kant in Abschnitt II die allgemeine Formel des kategorischen Imperativs durch die Naturgesetzformel erläutert hat. Durch sie wird der Begriff der Form für den gemeinen Menschenverstand anschaulich gemacht. Mit etwas Übertreibung könnte man das Naturgesetz als das Schema des moralischen Gesetzes bezeichnen. In beiden Fällen handelt es sich um eine Kausalität, in beiden Fällen ist sie mit einer Notwendigkeit verbunden.

Was ist in den ersten beiden Absätzen nun eigentlich deduziert worden? Es ist die Möglichkeit kategorischer Imperative. Ihre Möglichkeit beruht auf der Idee der Freiheit, die ihrerseits möglich ist, weil sich Wesen, die unter der Idee der Freiheit handeln, als Glieder in der Verstandeswelt begreifen. Wir denken uns dem Moralgesetz unterworfen, weil die Verstandeswelt der Grund der Sinnenwelt ist. Dieser Gedanke wird bereits im ersten Absatz ausgedrückt. Aber erst im zweiten Absatz wird erläutert, wie das Verhältnis zu verstehen ist, in dem der Wille als reiner und sinnlich affizierter Wille zu sich selbst steht.

Unter Rückgriff auf den »praktischen Gebrauch der gemeinen Menschenvernunft« möchte Kant im dritten Absatz »die Richtigkeit dieser Deduktion« (454) bestätigen. Diese Bestätigung erfolgt mit Verweis auf einen Menschen, der einen »bösen Willen« (455) hat. Selbst der »ärgste Bösewicht« wünscht sich, »wenn er nur sonst Vernunft zu brauchen gewohnt ist,« (454) eine tugendhafte Gesinnung, wenn wir ihm Beispiele für sie vorstellen. Wegen »seiner Neigungen und Antriebe« (ebd.) schafft es der Bösewicht zwar nicht, eine gute Gesinnung zu haben. Aber er *wünscht* zumindest, er hätte sie. Dieser *Wunsch* trägt die Beweislast. Der Bösewicht beweist durch seinen Wunsch,

> »daß er mit einem Willen, der von Antrieben der Sinnlichkeit frei ist, sich in Gedanken in eine ganz andere Ordnung der Dinge versetze, als die seiner Begierden im Felde der Sinnlichkeit, weil er von jenem Wunsche keine Vergnügung der Begierden [...], sondern nur einen größeren inneren Wert seiner Person erwarten kann.« (454)

Der Bösewicht »kennt« das »Ansehen« des Gesetzes,

> »indem er es übertritt. Das moralische Sollen ist also eigenes notwendiges Wollen als Gliedes einer intelligibelen Welt und wird nur sofern von ihm als Sollen gedacht, als er sich zugleich wie ein Glied der Sinnenwelt betrachtet.« (455)

Der Bösewicht stellt nicht die Verbindlichkeit des moralischen Gesetzes in Frage, aber er ist auch nicht bereit, seine Pflicht zu tun. Er könnte, wenn er wollte, aber er will nicht. Er wünscht sich zwar, er hätte eine gute Gesinnung, es ist jedoch bloß ein Wunsch, kein fester Wille. Er lässt sich durch seine Begierden zum Handeln bestimmen, wohl wissend, nicht die »bessere Person« (455) zu sein, die er sein könnte, wenn er es denn wollte. Selbst bei einer Person, bei der viele es nicht erwarten würden, zeigt sich, dass wir etwas in uns unbedingt wertschätzen – und sei es zum Preis des Verzichts auf die Befriedigung unserer Neigungen.

Von der äußersten Grenze aller praktischen Philosophie

Dem eigenen Anspruch nach hat Kant die Möglichkeit eines kategorischen Imperativs in Abschnitt III.4 deduziert. Impliziert diese Rechtfertigung seiner Möglichkeit seine Wirklichkeit?

Einhörner sind pferdeähnliche Wesen mit einem langen, geraden Horn auf der Stirn. Sie sind mögliche Lebewesen. Aber es gibt sie nicht. Unter welcher Bedingung ist das, was möglich ist, auch wirklich? Bei Einhörnern ist die Antwort einfach: Wenn sie in unserer Erfahrung gegeben sind. Wie aber gelange ich von der Möglichkeit zur Wirklichkeit des kategorischen Imperativs? Freiheit mag eine Idee der Vernunft sein. Aber ist sie auch wirklich?

In den ersten beiden Sätzen von Abschnitt III.5 deutet Kant unter Rückgriff auf frühere Aussagen die Lösung des Problems an: »Alle Menschen denken sich dem Willen nach als frei. Daher kommen alle Urteile über Handlungen als solche, die hätten *geschehen sollen*, ob sie gleich *nicht geschehen sind*.« (455) Menschen denken sich dem Willen nach als frei, weil sie vernünftig sind. Und weil alle Menschen vernünftige Wesen sind, denken sich alle Menschen dem Willen nach als frei. Sie handeln, unausgesprochen oder nicht, unter der Idee der Freiheit.

Selbst der Bösewicht versetzt sich in Gedanken in eine von der Natur (Bedürfnisse und Neigungen) verschiedene »Ordnung der Dinge« (454). Da wir faktisch unter der Idee der Freiheit handeln, sind kategorische Imperative nicht nur möglich, sondern auch wirklich. Ihre Wirklichkeit dokumentiert sich in den normativen Urteilen, die wir über unsere Handlungen treffen. Die Wirklichkeit des kategorischen Imperativs zeigt sich in dem Gebrauch, den wir von der Idee der Freiheit machen. Wir können dies »Kants performativen Freiheitsbeweis« in Anlehnung an Austins Sprechakttheorie nennen: Indem ich etwas ankündige, tue ich es schon (»Hiermit schwöre ich, dass [...]«).

Doch der Schluss von der Möglichkeit auf die Wirklichkeit durch die praktische Inanspruchnahme der Idee der Freiheit sieht sich mit einem Einwand konfrontiert. Um diesen geht es vor allem in Abschnitt III.5. Der Einwand richtet sich gegen die Möglichkeit der Freiheit. Er gründet sich auf dem epistemologischen Status der Freiheit: Freiheit ist »nur eine *Idee* der Vernunft, deren objektive Realität an sich zweifelhaft ist.« (455) Es ist nicht möglich, ihre objektive Realität in der Erfahrung zu beweisen. Das sind betrübliche Aussichten für die reine praktische Vernunft. Wie kann uns die Vernunft das Gesetz geben, warum sollten wir uns ihrem Gebot unterwerfen, wenn die Freiheit »an sich zweifelhaft ist«?

Mit dem Begriff der Freiheit sind wir an die »äußersten Grenzen« (die »Grenze«, die »oberste Grenze«, 456, 462) aller praktischen Philosophie gestoßen. Grenzen trennen zwar, aber sie können auch erhellend sein, wenn wir uns fragen, was jenseits dieser Grenze der Fall sein mag. Die praktische Philosophie grenzt an die theoretische Philosophie. In der theoretischen (spekulativen) Philosophie ist die Freiheit ebenfalls Thema. Es ist ihre Aufgabe zu zeigen, dass der »Gedanke von der Freiheit« weder mit »sich selbst« noch mit »der Natur« (456) im Widerspruch steht. Die »spekulative Philosophie« erfüllt diese

»Pflicht« in der ersten *Kritik* im Abschnitt über »*Die Antinomie der reinen Vernunft*« (KrV A 406 / B 432 ff.). Unter Rückgriff auf seine Unterscheidung zwischen Ding an sich und Erscheinung (die Lehre vom Transzendentalen Idealismus) zeigt Kant dort, dass die Freiheit eine Idee der Vernunft ist, die nicht im Widerspruch mit der Naturkausalität steht. Die theoretische Philosophie beweist zwar nicht die »objektive Realität« der Freiheit, aber sie beweist, dass es sich bei ihr um eine mögliche Art von Kausalität handelt.

Dieser Beweis hat zwei Pointen:

Die *erste* Pointe besteht darin, dass die Vernunft gegenüber dem Skeptiker als ein vertrauenswürdiges Vermögen ausgezeichnet wird. Die Vernunft verstrickt sich nicht in Widersprüche.

Die *zweite* Pointe richtet sich speziell gegen den Fatalisten. Der »Fatalist« (456) ist ein Philosoph, der beweisen will, dass wir nicht frei sind. Doch einen derartigen Beweis kann es nicht geben. Weder können wir die »objektive Realität« der Freiheit beweisen noch einen Gegenbeweis führen. Das sind gute Nachrichten für die reine praktische Vernunft. Sie kann sich sicher sein, dass ihr ihre Geschäftsgrundlage, die Idee der Freiheit, weder durch Philosophie noch durch Naturwissenschaft entzogen werden kann.

Doch Kant begnügt sich in Abschnitt III.5 nicht mit dem Verweis auf die rettende Funktion der theoretischen für die praktische Philosophie. Er spezifiziert den praktischen Anspruch, den wir erheben, wenn wir unter der Idee der Freiheit handeln. Erstmals bedient er sich einer Terminologie, die zum juridischen Begriff der in Abschnitt III.4 durchgeführten Deduktion passt. In der Jurisprudenz bezeichnet eine Deduktion ein Verfahren, mittels dessen die legitimen Ansprüche einer Person auf den Gebrauch einer Sache vor Gericht gerechtfertigt werden können. Es gibt negative und positive Deduktionen.[10] In einer negativen Deduktion wird bewiesen, dass der Besitzanspruch einer Person unbegründet ist. Ganz in diesem Sinne kann Kants Kritik am Fatalisten verstanden werden. Unter Rückgriff auf die *Kritik der reinen Vernunft* beweist er, dass sich die Fatalisten fälschlich im Besitz eines Arguments wähnen, mit dem sie die Freiheit des Willens förmlich widerlegen wollen. Die positive Deduktion der Idee der Freiheit erfolgt unter Rückgriff auf die negative Freiheit, die Kant zu Beginn des dritten Abschnitts erläutert hat. Wenn der Begriff der negativen Freiheit zugestanden wird (und Kant setzt voraus, dass er von allen Menschen vernünftigerweise zugestanden werden muss), dann folgt aus ihm der positive Freiheitsbegriff. Der negative begründet einen positiven »Rechtsanspruch«:

> »Der Rechtsanspruch aber selbst der gemeinen Menschenvernunft auf Freiheit des Willens gründet sich auf das Bewußtsein und die zugestandene Voraussetzung der Unabhängigkeit der Vernunft von bloß subjektiv-bestimmenden Ursachen, die insgesamt das ausmachen, was bloß zur Empfindung, mithin unter die allgemeine Benennung der Sittlichkeit gehört.« (457)

Der positive Freiheitsbegriff manifestiert sich darin, dass »der Mensch sich eines Willens anmaßt, der nichts auf seine Rechnung kommen läßt, was bloß zu seinen Begierden und Neigungen gehört« (457). Handlungen, die wir aufgrund physischer Notwendigkeiten vollziehen müssen, rechnen wir uns nicht zu. Wir rechnen uns nur diejenigen Handlungen zu, die wir selbst gewollt haben. Dieses Selbst identifiziert Kant mit

10 Siehe Klemme 2014.

der Vernunftnatur des Menschen. Die »Intelligenz« ist unser ›eigentliches Selbst« (ebd., vgl. 458, 461).

Mit dem »eigentlichen Selbst« hat Kant – endlich – den spezifischen Grund der Geltung des kategorischen Sollens genannt. Ist die Verstandeswelt im Allgemeinen der »Grund« der Sinnenwelt und das »eigentliche Selbst« speziell der Grund meiner (freien) Handlungen in Raum und Zeit, dann hat das »eigentliche Selbst« eine normative Funktion für unser Wollen. Kants Ansicht entspricht dem traditionellen Verständnis von Grund (*ratio*) und Norm (*norma*, Gesetz, Regel, Richtschnur, Vorschrift), so wie es Baumgarten zum Ausdruck bringt: »Ein Satz, der eine dem Grunde gemäße Bestimmung aussagt, ist eine *Norm* (Richtschnur, Gesetz), ja *in weiterer Bedeutung* die Vorstellung einer dem Grunde gemäßen Bestimmung.« (2004, § 64; 2011, § 83)

Selbstverständlich gilt dies auch für den als Ursache interpretierten Grund: Verstehe ich mich aufgrund meiner Intelligenz als Ursache, als Urheber meiner Handlungen, dann stellt dies die Norm für mein Handeln als Sinnenwesen dar. Das bedarf keiner weiteren Begründung, und Kant gibt auch keine solche. Erhebe ich den Anspruch, Autor meiner Handlungen zu sein, findet dieser Anspruch seine Rechtfertigung in sich selbst. Sich einen Willen »an[zu]maßen«, bedeutet, sich als Urheber seiner eigenen Handlungen zu verstehen.

Sich selbst das Gesetz geben. Sich einen eigenen Willen anmaßen. Was bedeutet dies für die Frage nach der Grenze der praktischen Philosophie? Als Intelligenz bin ich mir bewusst, Glied in der Verstandeswelt zu sein, in der die »von Sinnlichkeit unabhängige Vernunft das Gesetz gebe« (457). Dieses Bewusstsein ist ein Denken. Ich denke mich »in eine Verstandeswelt hinein«, weil ich mir nur unter dieser Voraussetzung einen eigenen Willen zuschreiben kann. Um sich selbst als praktisch denken zu können, sieht sich die Vernunft »genötigt«, den »Standpunkt« »einer Verstandeswelt« (458) einzunehmen. Die Vernunft erzeugt die Bedingung, unter der sie sich selbst allein als praktisch denken kann. Kant rechtfertigt die Unterscheidung zwischen Ding an sich und Erscheinung nicht mit den Bordmitteln der *Kritik der reinen Vernunft.* Sie wird hier vielmehr mit einem genuin praktischen Argument gerechtfertigt.

Wir sind auf die Grenze der praktischen Philosophie gestoßen: Wir können uns dem Willen nach als frei denken, wir können uns als Subjekte denken, die sich als Vernunftwesen selbst das Gesetz des Gebrauchs ihres Willens geben. Aber wir können nicht »*erklären*«, »*wie* reine Vernunft praktisch sein könne, welches völlig einerlei mit der Aufgabe sein würde, zu erklären, *wie Freiheit möglich sei.*« (458–459) Was genau können wir nach Kant nicht erklären?

Freiheit ist eine »bloße Idee«, die

> »nur als notwendige Voraussetzung der Vernunft in einem Wesen [gilt], das sich eines Willens, d. i. eines vom bloßen Begehrungsvermögen noch verschiedenen Vermögens (nämlich sich zum Handeln als Intelligenz, mithin nach Gesetzen der Vernunft, unabhängig von Naturinstinkten zu bestimmen) bewußt zu sein glaubt.« (459)

Beachtenswert ist Kants zurückhaltende Ausdrucksweise: Die Idee der Freiheit gilt nur für ein Wesen, das sich eines Willens »bewußt zu sein glaubt«. Glaube ist ein »Führwahrhalten«, das für »subjektiv zureichend und [...] zugleich für objektiv unzureichend gehalten« wird (KrV A 822 / B 850). Wir sind von unserer Freiheit subjektiv überzeugt, können ihre objektive Realität aber nicht beweisen. Wir können nicht erklären, wie sie möglich ist. So können wir auch nicht ausschließen, dass wir als Glieder der intelligiblen Welt möglicherweise unter einer höheren (göttlichen) Kausalität stehen. Doch für eine Philosophie innerhalb der Grenzen der Vernunft spielt diese Möglichkeit keine Rolle. Alles andere wäre auch Schwärmerei.

Unsere Unfähigkeit zu erklären, »wodurch Vernunft praktisch« (459 Anm.) wird, fällt mit der Unmöglichkeit zusammen, »ein Interesse ausfindig und begreiflich zu machen, welches der Mensch an moralischen Gesetzen nehmen könnte« (460). Die Menschen *denken* sich ja nicht nur dem Willen nach als frei. Sie *schätzen* ihre Freiheit auch.

Zur Erläuterung dieses Interesses wendet sich Kant dem »moralische[n] Gefühl« zu. Es stellt nicht (wie die Moral-sense-Philosophen meinen) die »Richtschnur unserer sittlichen Beurteilung« (460) dar. Es muss vielmehr als die »*subjective* Wirkung« angesehen werden, »die das Gesetz auf den Willen ausübt, [...] wozu Vernunft allein die objectiven Gründe hergibt.« (Ebd.) Das moralische Gefühl stellt die »Grundlage« für unser Interesse am moralischen Gesetz dar.

Kants Ausführungen zum Verhältnis von Vernunft und Wille, Interesse und moralischem Gefühl sind dabei nicht frei von Komplikationen. Die Vernunft wird durch das Interesse zu einer »den Willen bestimmenden Ursache.« (459 Anm.) Kant spricht von einem »reinen Interesse« der Vernunft, einem »reinen Vernunftinteresse« (460 Anm.), das die Vernunft an einer Handlung nimmt, »wenn die Allgemeingültigkeit der Maxime derselben ein genugsamer Bestimmungsgrund des Willens ist.« (Ebd.) Mit diesen Äußerungen scheinen aber zwei verschiedene, wenn auch eng miteinander verknüpfte Perspektiven angesprochen zu werden:

1. Grundlegend für Kants Verständnis von Vernunft, Wille und Gesetz ist seine These, dass die Vernunft dem Willen »das Gesetz gebe« (457). Die Vernunft wird also ursprünglich dadurch praktisch, dass sie dem Willen ein Prinzip gibt,

durch das sich dieser Wille praktisch bestimmt. Warum die Vernunft dem Willen dieses Gesetz gibt, ist für ein reines Vernunftwesen recht einfach zu beantworten. Die Vernunft verlangt nach dem Unbedingten und Allgemeinen. Ihr Wesen ist die Notwendigkeit. Notwendig geltende Maximen sind Gesetze. Die Beziehung, in der ein reines Vernunftwesen zu seinem Willen steht, ist analytisch. Es folgt aus dem Begriff eines heiligen Vernunftwesens, das sich durch streng allgemeingültige Regeln zum Handeln bestimmt. Doch ein heiliges Wesen hat kein moralisches Gefühl und kein Interesse.

2. Wie schafft es die Vernunft aber, in einem nicht schlechterdings guten Willen praktisch zu werden? Das moralische Gefühl ist eine »*subjective* Wirkung«, die »das Gesetz auf den Willen ausübt.« (460) Welche Funktion hat dieses Gefühl? Da dieses Gefühl uns unsere Pflichten nicht zu erkennen gibt (also kein *principium dijudicationis* ist), liegt es nahe, an eine motivierende Funktion (*principium executionis*) zu denken. Motiviert uns das moralische Gefühl der Achtung, unsere Pflichten zu erfüllen? Dass dies nicht die Funktion des moralischen Gefühls sein kann, wird aus einer einfachen Beobachtung deutlich: Das Gefühl der Achtung ist ein Gefühl. Gefühle gehören zum Vermögen der Lust und Unlust. Als solche können Gefühle nicht motivieren. Sie können uns jedoch mittelbar motivieren, indem wir nach Regeln handeln, deren Vorstellung mit Lust bzw. mit der Vermeidung von Unlust verbunden sind. Damit die reine Vernunft uns zu Handlungen bewegen kann, muss es ihr möglich sein, in uns ein Gefühl der Lust zu bewirken, das mit der Befolgung des von ihr gegebenen Gesetzes verbunden ist. Dieses Gefühl nennt Kant »Achtung«, oder er spricht auch von einem »Interesse«.

Damit die reine Vernunft praktisch werden kann, muss sie uns »ein *Gefühl der Lust* oder des Wohlgefallens an der Erfüllung der Pflicht« einflößen (460). Würde diese Lust fehlen, würden wir zwar als Vernunftwesen *urteilen*, dass eine Handlung nicht mit der Allgemeingültigkeit einer Maxime vereinbar ist. Dieses Urteil hätte jedoch keine praktische Relevanz für uns. Wir würden diejenige Handlung wählen, an der wir die größte Lust empfinden. Durch das in uns bewirkte Interesse (das reine »Vernunftinteresse«, 460 Anm.) allein wird die »Vernunft praktisch« (459 Anm.).

Das moralische Gefühl steht für die zwischen reiner Vernunft und Gefühl bestehende Verbindung. Aber dieses Gefühl kann uns nicht »begreiflich« machen,

> »wie ein bloßer Gedanke, der selbst nichts Sinnliches in sich enthält, eine Empfindung der Lust oder Unlust hervorbringe; denn das ist eine besondere Art von Kausalität, von der, wie von aller Kausalität, wir gar nichts a priori bestimmen können, sondern darum allein die Erfahrung befragen müssen.« (460)

Es ist Inhalt eines Erfahrungsurteils, dass wir diese Lust an einer moralischen Handlung empfinden.

Wir waren bisher davon ausgegangen, dass das Gefühl der Achtung und das moralische Gefühl identische Ausdrücke sind. Tatsächlich wird aus den Ausführungen in der *Grundlegung* im Ganzen aber nicht ganz klar, ob dies von Kant auch so gemeint ist. Wenn das moralische Gefühl ein Gefühl der Lust an der Erfüllung und der Unlust an der Nichterfüllung (der Bösewicht, der seine schlechte Tat bereut) ist, dann liegt es nahe, es von einem Gefühl zu unterscheiden, das nicht auf den Vollzug der Handlung folgt, sondern mit der Vorstellung des moralischen Gesetzes als solchem verbunden ist. Nur wenn ich

Achtung gegenüber dem Gesetz empfinde, kann ich als Resultat auf meine vollzogene Tat Lust oder Unlust empfinden.

Es mutet in jedem Falle seltsam an, dass Kant den Begriff der Achtung hier in Abschnitt III.5 nicht erwähnt. Dies könnte zwei Gründe haben: Entweder gibt es (wie oben angedeutet) einen sachlichen Unterschied zwischen Achtung und moralischem Gefühl. Oder Kant ›entdeckt‹ den Terminus der Achtung erst nach seiner Abfassung des dritten Abschnitts. Kant müsste den dritten dann vor dem zweiten Abschnitt verfasst haben.

Wir können das Interesse, das wir am moralischen Gesetz nehmen, nicht erklären. Dennoch ist es vorhanden. Das Gesetz

> »interessiert, weil es für uns Menschen gilt, da es aus unserem Willen als Intelligenz, mithin aus unserem eigentlichen Selbst entsprungen ist; *was aber zur bloßen Erscheinung gehört, wird von der Vernunft notwendig der Beschaffenheit der Sache an sich selbst untergeordnet.*« (461)

Kant erklärt das Interesse als solches also nicht, sondern bewegt sich auf einer Ebene, die wir die »Phänomenologie unserer reinen Vernunft« nennen könnten. In unserer moralischen Urteilspraxis zeigt sich, dass wir Achtung vor unserer Vernunft haben. Die Vernunft ist die Quelle eines Prinzips, welches uns interessiert. Wir betrachten sie als unser »eigentliches Selbst«.

Die in der *Kritik der reinen Vernunft* formulierte Frage: »*Was soll ich tun?*« (KrV A 806 / B 833) findet in dem Satz: ›Was Du (als Vernunftwesen) willst!‹ ihre paradox anmutende Antwort. Würden wir kein Interesse an unserer Vernunft und damit an einer für alle Wesen gleichermaßen geltenden Gesetzgebung nehmen, würde diese Frage ausschließlich aus der Perspektive einer Vernunft beantwortet werden müssen, die im Dienste unserer subjektiven Zwecke steht. Die Frage des radikalen Skeptikers, warum er moralisch sein soll, wird durch den Verweis auf Voraussetzungen beantwortet, unter denen er seine Frage stellt: dem Gedanken, einen *eigenen* Willen zu haben, und dem *Gefühl der Achtung* für ein Gesetz, das diesen Willen zu einem vernünftigen Willen macht.

Kant hatte die Frage nach der Möglichkeit eines kategorischen Imperativs in Abschnitt III.4 beantwortet. Aber erst jetzt, in Abschnitt III.5, wird deutlich, welcher Erkenntnisanspruch mit dieser Deduktion eigentlich verbunden ist. Es handelt sich nicht um eine aus der Perspektive der theoretischen Vernunft geführte Deduktion, die die objektive Gültigkeit oder Realität eines Begriffs oder eines Prinzips zu beweisen erlaubt.[11] Der Erkenntnisanspruch ist viel bescheidener:

> »Die Frage also: wie ein kategorischer Imperativ möglich sei, kann zwar so weit beantwortet werden, als man die einzige Voraussetzung angeben kann, unter der er allein möglich ist, nämlich die Idee der Freiheit, […]; aber wie diese Voraussetzung selbst möglich sei, läßt sich durch keine menschliche Vernunft jemals einsehen.« (461)

Obwohl wir diese Voraussetzung nicht erklären können, sind wir »von der *Gültigkeit dieses Imperativs*« (461) überzeugt. Die Idee der Freiheit hat für uns in Gestalt des kategorischen Imperativs eine praktische Wirklichkeit. Unsere theoretische Unwissenheit gegenüber der Möglichkeit einer reinen Vernunft, die eine gegenüber unseren aus dem Bereich unserer Sinnlichkeit stammenden »Bewegursachen« (462) einschränkende

11 Kants in der *Kritik der praktischen Vernunft* geübte Kritik an der »vergeblich« (5:47) gesuchten Deduktion kann m. E. aus diesem Grunde nicht als Selbstkritik, nicht als Kritik an der Position der *Grundlegung* gemeint sein.

Funktion hat, führt zu keinem praktischen Zweifel an der Geltung ihres Prinzips. Wir handeln unter der Idee der Freiheit, weil uns unsere Freiheit interessiert.

Wie immer Kants Deduktion der Idee der Freiheit und des kategorischen Imperativs im Detail beschrieben werden mag: Sie mutet angesichts der praktischen Relevanz des kategorischen Sollens für unser Handeln erstaunlich zurückhaltend an. Doch Kant hat seine Ausführungen zur »obersten Grenze aller moralischen Nachforschungen« (462) nicht in der Absicht geschrieben, Bescheidenheit zum Ausdruck zu bringen. Seine Grenzziehung dient vor allem auch dazu, alternative ethische Projekte in ihre Grenzen zu weisen:

> *Einerseits* soll verhindert werden, dass die Vernunft »in der Sinnenwelt auf eine den Sitten schädliche Art nach der obersten Bewegursache und einem begreiflichen, aber empirischen Interesse herumsuche« (462).
> *Andererseits* soll allen Versuchen ein Riegel vorgeschoben werden, in der Verstandeswelt selbst nähere Auskunft über die Quelle und den Grund unserer Verbindlichkeit finden zu wollen. Wie die reine Vernunft praktisch wird, wissen wir nicht.

Vorsorglich weist Kant mit Blick auf seine in der *Grundlegung* nicht ausgeführte Moraltheologie darauf hin, dass diese Grenzziehung nicht ausschließt, dass wir »die Idee der reinen Verstandeswelt« zur Grundlage »eines vernünftigen Glaubens« an ein »allgemeines Reich der Zwecke an sich selbst (vernünftiger Wesen)« (462) machen. Denn dieses Ideal eines Reichs der Zwecke, das Kant in der gleichnamigen Formel des kategorischen Imperativs anspricht, kann in uns »ein lebhaftes Interesse an dem moralischen Gesetze in uns [...] bewirken.« (463) Selbstverständlich wäre dieses »lebhafte Interesse« nicht das ausschlaggebende Motiv dafür, warum wir unsere Pflicht erfüllen. Dies kann nur die Achtung vor dem Moralgesetz als solche sein.

Die »Schlußanmerkung«

In der nur einen einzigen längeren Absatz umfassenden »Schlußanmerkung« äußert sich Kant erneut zum Verhältnis von Vernunft und Gesetz. Er weist darauf hin, dass die Vernunft in ihrem spekulativen und praktischen Gebrauch stets zu der »absoluten Notwendigkeit« von dem führt, was ist oder was geschieht.

Kant bewegt sich mit seiner Auffassung von der Bedeutung des Begriffs der Notwendigkeit für unser Denken und Wollen ganz im Fahrwasser von Wolff (und Leibniz). Die Vernunft geht von einer »*Bedingung*« aus, und sucht »rastlos das Unbedingt-Notwendige« (463) zu dieser Bedingung. Letzteres kann sie sich jedoch nicht »begreiflich machen« und ist »glücklich genug, wenn sie nur den Begriff ausfindig machen kann, der sich mit dieser Voraussetzung verträgt.« (Ebd.) Die Voraussetzung, von der die Vernunft in ihrem spekulativen Gebrauch ausgeht, ist die Welt. Dieser Gebrauch führt auf den Begriff ihrer »obersten Ursache« (ebd.).

Bemerkenswert ist der Unterschied zum praktischen Gebrauch der Freiheit. Dieser führt gerade nicht (wie der spekulative Gebrauch im Falle der obersten Ursache der Welt und ihrer Gesetze) zur Notwendigkeit der Freiheit als der obersten Ursache des moralischen Gesetzes. Zu welcher Notwendigkeit führt der praktische Gebrauch der reinen Vernunft dann?

Bei allen Lesern, die in der *Grundlegung* einen förmlichen Beweis für die »absolute Notwendigkeit« des kategorischen Imperativs zu finden gehofft hatten, wird sich jetzt ein Gefühl der Enttäuschung einstellen. Einen derartigen Beweis kann es Kants Auffassung nach gar nicht geben. Das »oberste Prinzip der Moralität«, der kategorische Imperativ, kann »seiner absoluten Notwendigkeit nach nicht begreiflich« (463) gemacht werden. Die »Deduktion« liefert keinen Notwendigkeitsbeweis »des obersten Prinzips der Moralität« (ebd.). Wir verfügen nicht über die Erkenntnismittel, um uns die oberste Bedingung der Möglichkeit eines kategorischen Imperativs begreiflich zu machen. Wir können nicht verstehen, wie reine Vernunft praktisch, d. h. wie Freiheit möglich ist.

Vorausgesetzt, dass die Vernunft in ihrem praktischen Gebrauch die »absolute Notwendigkeit« eines unbedingt geltenden praktischen Gesetzes nicht einsichtig machen kann: Müssen wir dann nicht »die praktische unbedingte Notwendigkeit des moralischen Imperativs« (463) selbst in Frage stellen? Wenn Kant von der »absoluten Notwendigkeit« spricht, die wir nicht »begreiflich machen« können, bezieht er sich auf den kategorischen Imperativ. Für uns Menschen ist uneinsichtig, wie wir ein reines *Vernunftinteresse* an dem moralischen Gesetz nehmen können. Dass wir dieses Interesse nehmen, steht für ihn jedoch außer Frage. Die Unmöglichkeit, die absolute Notwendigkeit begreiflich zu machen, tangiert die praktische Wirksamkeit des kategorischen Imperativs nicht. Maßen wir uns einen »eigenen Willen« an, stehen wir unter einer unbedingten praktischen Notwendigkeit. Im Gefühl der Achtung anerkennen wir sie auch subjektiv.

V. Ausblick

Letzte Gedanken und Fragen

Freiheit ist ein anderes Wort für Gesetz, Notwendigkeit, Verbindlichkeit, für Autonomie und für reine Vernunft. Wer die im Begriff des Gesetzes zum Ausdruck gebrachten Bedingungen nicht achtet, unter denen alle vernünftigen Wesen sich selbst erhalten und ihre Freiheit gebrauchen können, der hat keinen guten Willen. Wer täuscht, betrügt, nur den eigenen Vorteil sucht, wer nicht bereit ist, sein Streben nach der Befriedigung seiner Bedürfnisse und Interessen durch gesetzesfähige Prinzipien einzuschränken, der erhebt sich über alle anderen Menschen. Für diese Person sind andere Menschen immer nur Mittel für die Realisierung ihrer subjektiven Zwecke.

Kant ist sich sehr wohl im Klaren darüber gewesen, dass Menschen niemals einen heiligen Willen erlangen werden. Wir werden es als Individuen nicht schaffen, immer aus Achtung vor dem Moralgesetz zu handeln. Und vor allem werden wir niemals wissen können, ob unsere jeweilige Handlung einen inneren moralischen Wert hat. Denn über die eigentlichen Motive unseres Handelns haben wir kein gesichertes Wissen. Wir können uns täuschen. Wir meinen möglicherweise, die Achtung sei das ausschlaggebende Motiv unseres Handelns. Tatsächlich treibt uns unsere Eigenliebe an. Im scharfen Kontrast zu Ethiken beispielsweise des aristotelischen Typs ist es Kants Verständnis nach aber gerade nicht die Praxis, die öffentliche Seite unseres Handelns, die uns mit letzter Gewissheit den guten vom schlechten Menschen zu unterscheiden erlaubt.

Trotz seiner nüchtern-realistischen Sicht auf die Moralwilligkeit der Menschen vertritt Kant ein durchaus optimistisches Menschenbild. Er ist davon überzeugt, dass jeder Mensch moralfähig ist. Jeder Mensch nimmt »ein natürliches Interesse an der Moralität«[1], jeder Mensch (»selbst der ärgste Bösewicht«) wünscht sich eine gute Gesinnung. Im Wunsch des Bösewichts nach einem guten Willen manifestiert sich unsere vernünftige Natur, wenn auch in ihrer schwächsten Gestalt. Immoralisten gibt es Kants Überzeugung nach nur auf dem Papier. Sie mögen in Seminaren das Wort führen und die Spalten der Feuilletons füllen. Im wirklichen Leben begegnen sie uns nur in Gestalt von Menschen, die sich selbst täuschen. Kein Mensch erklärt sich ernsthaft für vogelfrei, kein Mensch kann sich vernünftigerweise zum Mittel erklären, über das andere nach Lust und Laune verfügen können. Zudem ist Kant davon überzeugt, dass es keine uneigennützige Bosheit gibt. Keiner will das Böse bloß deshalb tun, *weil* es böse ist. Keiner ist bereit, seine eigene Wohlfahrt um der bösen Tat willen zu opfern.

Selbst im Rahmen seiner Lehre vom radikalen Bösen behauptet Kant dies nicht. So radikal ist das radikale Böse dann doch nicht. Der »ärgste Bösewicht«, den sich Kant vorzustellen vermag, ist ein Mensch, der seinen Vorteil über seine Pflicht stellt. Der nicht bereit ist, sich einen festen Willen (Tugend) zu erwerben, um die Hindernisse seines moralischen Fortschritts, seine ihn bestürmenden Neigungen, zu überwinden. Zwar ist es richtig, dass wir sein Wollen und Tun verurteilen. Bei aller Schlechtigkeit bleibt dieser Mensch aber eine Person, die unsere Achtung verdient. Durch keine Tat kann er sein »eigentliches Selbst« verlieren.

Der »wesentliche Zweck«, »der Endzweck«, »die ganze Bestimmung des Menschen« ist die Moral. »Die Gesetzgebung

1 »Das menschliche Gemüt nimmt (so wie ich glaube, daß es bei jedem vernünftigen Wesen notwendig geschieht) ein natürliches Interesse an der Moralität, ob es gleich nicht ungeteilt und praktisch überwiegend ist.« (KrV A 829–830 / B 857–858 Anm.)

der menschlichen Vernunft (Philosophie)« betrifft nicht nur das Naturgesetz und die Natur, sie betrifft »auch das Sittengesetz« und die Freiheit. Diese Gesetzgebung bezieht sich nicht nur »auf alles, was *da ist*«, sie betrifft auch »das, was da *sein soll*.« (KrV A 840 / B 868)

Was *soll* da sein? Eine Welt, in der die Menschen sich wechselseitig als vernünftige Wesen achten. Die Radikalität dieser Auffassung kann nicht überbetont werden. Kant predigt jedoch keine (stoische) Weltflucht, er verlangt nicht, dass wir unseren Naturzweck der eigenen Glückseligkeit nicht wertschätzen. Ganz im Gegenteil. Aus der Perspektive der reinen praktischen Vernunft betrachtet ist der Naturzweck des Menschen von großer moralischer Bedeutung. Wir sollen ihn befördern. Wir sollen dies jedoch im Rahmen einer allgemeinen Gesetzlichkeit der Freiheit tun. Was wirklich zählt, ist deshalb nicht das angenehme Leben. Was zählt, ist unser fester Wille, den Menschen als Selbstzweck zu achten.

In einer Vorlesung über Anthropologie aus den frühen 1770er Jahren versuchte Kant, seinen Studenten plastisch vor Augen zu führen, worauf es in ihrem Leben ›eigentlich‹ ankommt:

»Ein Mensch zu seyn ist wircklich eine unwichtige Sache, aber eins ist ihm Wichtig die Rechtschaffenheit, dass er sein gegebenes Wort halte. Wohl leben, einige Jahre länger leben, ist so was, was vorzüglich den Wahn und die Eitelkeit begünstigt, wir müssten nicht eine Wichtigkeit daraus machen, weil es andere thun. Die Betrachtung der Kurze des Lebens kann uns am besten zur Gemüthsruhe und Zufriedenheit helfen. Genaue Befolgung dessen, was uns die Moral vorschreibt, damit das Gewissen uns nichts Vorwerfe ist mit ein kräftiges Mittel zur Zufriedenheit. Was können wir davor dass die Dinge in der Welt nicht nach unserm Wunsch gehen, unserer Zufriedenheit sollen sie uns doch nicht rauben. […] Was hilft mir das am Ende des Lebens, dass ich so und so viel geschmauset habe. Der moralische Charackter des Menschen ist das einzige wichtige an ihm. Diesen soll er unbefleckt erhalten, dass macht seine wahre Zufriedenheit und sein Vergnügen aus, und macht ihn nicht unwürdig auf etwas beßeres in der Zukunft zu hoffen.« (25:169–170; vgl. 370–371)

Dieses Zitat könnte den Eindruck erwecken, als ob die reine Vernunft Weltverzicht zum Programm erheben würde. Doch genau das Gegenteil ist der Fall: Wir dürfen unsere subjektiven Zwecke nicht nur befolgen, wir sollen dies auch tun. Unsere Wertschätzung darf sich nicht nur in unserer Gesinnung zeigen. Wir sollen auch dafür Sorge tragen, dass wir im äußeren Gebrauch unserer freien Willkür die Rechte der Menschen wahren. Wir haben nicht nur ethische Pflichten, wir haben auch Rechtspflichten. Und diese Rechtspflichten beruhen auf dem angeborenen Recht der Freiheit (vgl. 6:237).

Es würde Kants praktische Philosophie grob verkürzen, wenn wir diese Pflichten auf die Lehre vom kategorischen Imperativ reduzierten. In seiner *Rechtslehre* und in seiner politischen Philosophie wendet sich Kant den Bedingungen und Prinzipien zu, unter denen Menschen aus Fleisch und Blut ihr höchstes politisches Gut, den ewigen Frieden auf der Welt, erreichen können. Die reine Vernunft gebietet nicht nur die Achtung vor dem kategorischen Imperativ als dem höchsten Prinzip unserer Freiheit. Sie gebietet auch die Schaffung von rechtlichen Verhältnissen, unter denen der Mensch nicht länger wie eine Sache behandelt wird. Die reine Vernunft fordert die Menschen auf, sich in einen ihren Willen vereinigenden »rechtlichen Zustand« zu begeben, »um dessen, was Rechtens ist, teilhaftig zu werden.« (6:311)

Der rechtliche Zustand ist ein bürgerlicher. Die Bürger sind im Idealfall nur denjenigen Gesetzen unterworfen, die sie sich (der Idee nach) selbst gegeben haben. Die bürgerliche Gesellschaft ist das Reich der Zwecke, politisch gedacht. Seine Existenz stellt die Bedingung dar, unter der das moralische Handeln der Individuen wahrscheinlicher ist als im Naturzustand. Kant nimmt nicht nur ein großes Interesse an der rechtlichen Verfassung eines Staatsvolks. Er plädiert auch für die Schaffung von Institutionen (Universitäten, Schulen), die die Menschen subjektiv befähigen, ihre Freiheit innerhalb der durch die Freiheit anderer Menschen gesetzten Grenzen zu gebrauchen. Während wir nicht erwarten können, dass das Individuum seine moralische Bestimmung erreicht, dürfen wir dies auf der Ebene der menschlichen Gattung, dürfen wir dies auf der Ebene von Recht und Politik, hoffen. Wir sind nicht nur moralisch-rechtlich verpflichtet, uns in einen bürgerlichen Zustand unter der Gesetzgebung des allgemeinen Willens zu begeben. Wir nehmen daran auch als Naturwesen ein Interesse. Die Alternative zu wirksamen Rechtsverhältnissen ist die Rechtlosigkeit, der Krieg aller gegen alle. Wer bei Verstand ist, will solches überwinden (vgl. 8:366).

Kants Philosophie der Freiheit, seine Lehre vom kategorischen Imperativ und von der Würde des Menschen beruht nicht nur auf metaphysischen Voraussetzungen. Sie ist Metaphysik, Metaphysik der Sitten. Der Gedanke, dass das *»verpflichtende* Ich« nicht mit dem *»verpflichteten«* (6:417) Ich identisch sein kann, weil ich (als Vernunftwesen) mich selbst (als Sinnenwesen und Mensch) sonst nicht aktiv nötigen könnte, ist in der Geschichte der Philosophie nicht auf große Zustimmung gestoßen. Dass der Mensch in zwei verschiedenen Bedeutungen »betrachtet« (6:418) werden muss, als *homo phaenomenon* und als *homo noumenon*, also als Mensch in der Erscheinungswelt und als Wesen in der Verstandeswelt, bildet jedoch die Voraussetzung für Kants Konzeption der Verbindlichkeit. Ohne sie wäre nicht verständlich, wie der Mensch sein eigenes Wollen aus verschiedenen Perspektiven beurteilen kann. Ohne sie könnte nicht einsichtig gemacht werden, dass die Vernunftnatur das »eigentliche Selbst« des Menschen konstituiert. Kants Konzeption der Verbindlichkeit setzt dabei ein bestimmtes normatives und kausales Verhältnis voraus, in dem der Mensch zu sich selbst und zur vernünftigen Natur generell steht. Könnte die Kritik an diesem Selbstverhältnis nicht mit den Mitteln von Kants eigener Philosophie oder der nach-kantischen Philosophie zurückgewiesen werden, müssten wir die Idee des Menschen als Selbstzweck aufgeben.

Kants Philosophie ist keine Philosophie der Versöhnung, keine Philosophie, die auf die Einheit von Denken und Sein zielt. Vielmehr lebt sie von Dualismen, Differenzen und Spannungen, die weder im Denken noch im Wollen ganz überwunden werden können. So gibt es nach Kant auch keinen philosophisch plausiblen Standpunkt, von dem aus wir den Begriff der Verbindlichkeit irgendwie ›aufheben‹ könnten.

Dies bedeutet jedoch nicht, dass wir es mit einem *»unglückliche[n] Bewußtsein«* (1970, 163) zu tun hätten, wie Georg Wilhelm Friedrich Hegel (1770–1831) im Rahmen der *Phänomenologie des Geistes* (1807) behauptet. Hegels Kant-Kritik lebt von Voraussetzungen, die Kant aufgrund ihres spekulativen Gehalts nicht hätte akzeptieren können. Auch hier bewahrheitet sich, dass die Kritik mehr über die Ansichten des Kritikers als über die Position des Kritisierten aussagt.

Doch wir sollten es uns auch nicht zu einfach machen: Die Kants Philosophie von Anfang an begleitende Kritik ist ein wichtiger Indikator für Schwach- und Problemstellen, über die es sich nachzudenken lohnt. Es sind Einwände und Bedenken, die von Philosophen, Theologen und Autoren wie Christian Garve, Friedrich Heinrich Jacobi, Herman Andreas Pistorius,

Carl Leonhard Reinhold, Friedrich Schiller, Georg Wilhelm Friedrich Hegel, Arthur Schopenhauer, Friedrich Nietzsche, Max Weber, Max Scheler, William Frankena, Elisabeth Anscombe und Jürgen Habermas (um nur einige zu nennen) ausgeführt worden sind. Auf einige von ihnen hat Kant in späteren Publikationen noch reagieren können, auf andere leider nicht mehr. Hier eine kleine Auswahl quasi nach dem Zufallsprinzip:

- Kant ist Metaphysiker (Metaphysik ist schlecht, weil bloß spekulativ).
- Es gibt keine reine Vernunft.
- Weder erkennen wir unsere Pflichten durch reine Vernunft noch kann sie uns motivieren.
- Alle Philosophie ist Anthropologie.
- Die Unterscheidung zwischen einer pflichtmäßigen und einer Handlung aus Pflicht ist nicht plausibel.
- Der Grund der Ethik ist das Gefühl.
- Der kategorische Imperativ ist ein bloß formales Prinzip, aus dem sich entweder keine oder aber beliebige Pflichten ableiten lassen.
- Die Natur kennt keine Zwecke, weder in theoretischer noch in praktischer Hinsicht.
- Kant begnügt sich mit Gesinnungen, hätte aber den Begriff der Verantwortung in das Zentrum stellen sollen.
- Der kategorische Imperativ ist ein monologisches, aber kein intersubjektives Prinzip.
- Das kategorische Sollen hat keine Objektivität.
- Die Gesetzesethik hat einen christlichen Ursprung und ist ohne diesen nicht verständlich.
- Warum sollte ich Menschen achten, die noch nicht (ungeborenes Leben, Kinder) oder nicht mehr vernunftfähig sind?
- Es gibt keine Pflicht gegenüber sich selbst.

– Alle Pflichten beruhen auf Rechten, die andere Menschen mir gegenüber haben.
– Die (unvernünftige) belebte und unbelebte Natur wird moralisch nicht berücksichtigt.
– Kant ist ein Anthropozentrist.
– Das Verhältnis von reiner Moralphilosophie und Anthropologie bleibt unbestimmt.
– Wie kann sich der freie Wille als Teil der noumenalen Welt für eine pflichtwidrige Handlung entscheiden?
– Der Begriff der Maxime ist unbrauchbar, weil unklar.
– Die Bedeutung der Urteilskraft und der konkreten Situationen wird von Kant unterschätzt.
– Es gibt Menschen, die kein Gewissen und keine Achtung vor dem moralischen Gesetz haben.
– Kant verwechselt Pflichten mit sozial vermittelten Normen.
– Es gibt *die* menschliche Natur nicht, sie ist ein soziales Konstrukt.
– Die Geltung von Normen und Werten beruht auf unseren Bedürfnissen und Fähigkeiten.

Die Liste kritischer Einwände und Bedenken, die gegenüber Kants *Grundlegung* erhoben wurden und auch heute noch mit guten Gründen erhoben werden können, ist zweifellos sehr lang. Aber ihre Länge bestätigt die philosophische Bedeutung dieses Textes mehr als dass sie durch sie grundsätzlich infrage gestellt würde. Es lohnt sich, seine eigenen Gedanken über die Grundlagen der Moralphilosophie und Ethik in der Auseinandersetzung mit Kant zu schärfen. Dabei ist zu berücksichtigen, dass die *Grundlegung* der Beantwortung einer einzigen, allerdings im Zentrum der Philosophie der Freiheit stehenden Frage dient: Wie ist ein kategorischer Imperativ möglich? Wer Kants gesamte praktische Philosophie in den Blick nehmen möchte, muss sich auf die Lektüre zahlreicher anderer Schriften Kants einlassen, von der *Kritik der praktischen Vernunft* über die *Metaphysik der Sitten* bis hin zur *Anthropologie in pragmatischer Hinsicht* (1798). Vermutlich wird auch ein neugieriger Blick in die *Kritik der reinen Vernunft* ebenso unvermeidlich sein wie die mühevolle Beschäftigung mit den philosophischen Kontexten und Problemstellungen, in denen diese Schriften stehen und an Konturen gewinnen.

Der preußische König Friedrich II. hatte im Jahre 1780 von einem Lehrer der Philosophie verlangt, dass dieser in seinen Vorlesungen über Moral »etwas vom Sokrates sagen« und »vorzüglich bey dem Buch des Cicero *de officiis* verweilen [wird], dem besten, das je über die Moral geschrieben worden [ist], und jemals geschrieben werden wird.« (1780, 42) Wir können uns denken, wie Kant seines Königs Worte kommentiert haben würde, wenn er sie zur Kenntnis genommen hätte: Sokrates und Cicero sind zweifellos vorzügliche Moralphilosophen, aber das beste Buch zum Thema muss erst noch geschrieben werden.

Literaturhinweise

Quellen

Achenwall, Gottfried / Pütter, Johann Stephan (1750): *Elementa iuris naturae*. Göttingen. (*Anfangsgründe des Naturrechts*. Hrsg. und übers. von Johann Stephan Schröder. Frankfurt a. M. / Leipzig 1995.)

Baumgarten, Alexander Gottlieb (1751): *Ethica philosophica*. Halle.

– (1760): *Initia philosophiae practicae primae acroamatice*. Halle.

– (2004): *Metaphysik*. Übers. von Georg Friedrich Meier. Nach dem Text der 2., von Johann August Eberhard bes. Ausg. 1783. Hrsg. von Dagmar Mirbach. Jena.

– (2011): *Metaphysica / Metaphysik* (1739). Hrsg. von Günter Gawlick / Lothar Kreimendahl. Stuttgart-Bad Cannstatt.

Crusius, Christian August (1767): *Anweisung, vernünftig zu leben* […]. Die Dritte und vermehrte Auflage. Leipzig. (1. Aufl. 1744.)

– (1753): *Entwurf der nothwendigen Vernunft-Wahrheiten*. 2. Aufl. Leipzig. (1. Aufl. 1745.)

Eberhard, Johann August (1781): *Sittenlehre der Vernunft*. Berlin.

Fordyce, David (1757): *Anfangsgründe der Philosophischen Sittenlehre*. Berlin.

Friedrich II., König von Preußen (1780): *Ueber die deutsche Litteratur, die Mängel die man ihr vorwerfen kann, die Ursachen derselben und die Mittel sie zu verbessern*. Übers. von Christian Wilhelm von Dohm. Berlin.

Garve, Christian (1772): »Anmerkungen des Uebersetzers«. In: Adam Ferguson: *Grundsätze der Moralphilosophie*. Leipzig. S. 285–420. (= Reprint: *Reception of the Scottish Enlightenment in Germany: Six Significant Translations, 1755–1782*. Hrsg. von Heiner F. Klemme. Bd. 6. Bristol 2000.)

– (1783): *Philosophische Anmerkungen und Abhandlungen zu Cicero's Büchern von den Pflichten*. Bde. 1–3. Breslau.

Hegel, Georg Wilhelm Friedrich (1970): *Phänomenologie des Geistes*. Hrsg. von Eva Moldenhauer / Karl Markus Michel. Frankfurt a. M.

Höffner, Ludwig Julius Friedrich (1780): *Naturrecht des einzelnen Menschen*. Gießen. (4. Aufl. 1788.)

Home, Henry, Lord Kames (1768): *Versuch über die ersten Gründe der Sittlichkeit und der natürlichen Religion*. Braunschweig. (Zit. nach der Ausg. Wien 1786.)

Jakob, Johann Heinrich (1794): *Philosophische Sittenlehre*. Halle.

Kant, Immanuel (1900 ff.): *Gesammelte Schriften*. Hrsg. von der Preußischen Akademie der Wissenschaften [u. a.]. Berlin.

– (1961): *Grundlegung zur Metaphysik der Sitten*. Hrsg. von Theodor Valentiner. Stuttgart.

– (1986): *Briefwechsel*. Hrsg. von Otto Schöndörffer. Bearb. von Rudolf Malter. Hamburg.

– (1998): *Logik-Vorlesung*. Unveröffentlichte Nachschriften II. Hrsg. von Tillmann Pinder. Hamburg.

– (2004): *Vorlesungen zur Moralphilosophie*. Hrsg. von Werner Stark. Berlin / New York.

– (2010–2014): »Naturrecht-Feyerabend«. In: *Stellenindex und Konkordanz zum ›Naturrecht-Feyerabend‹*. (= *Kant-Index*. Bde. 30.1–30.02.) Hrsg. von Gianluca Sadun Bordoni [u. a.]. Stuttgart-Bad Cannstatt.

Meier, Georg Friedrich (1764): *Allgemeine practische Weltweisheit*. Halle. (Nachdr.: Hildesheim 2006.)

– (1765): *Metaphysik*. Dritter Theil. 2. Aufl. Halle. (Nachdr.: Hildesheim 2007.)

– (1766): *Philosophische Sittenlehre*. Vierter Theil. 2. Aufl. Halle. (Nachdr.: Hildesheim 2007.)

Rousseau, Jean-Jacques (1762): *Aemil, oder Von der Erziehung*. Berlin / Frankfurt a. M. / Leipzig.

– (1763): *Der gesellschaftliche Vertrag, oder die Grundregeln des allgemeinen Staatsrechts [...] mit des Herrn Hofraths Geigers Anmerkungen*. Marburg.

– (2001): *Diskurs über die Ungleichheit / Discours sur l'inégalité*. Hrsg. von Heinrich Meier. 5. Aufl. Paderborn [u. a.].

Smith, Adam (1770): *Theorie der moralischen Empfindungen*. Braunschweig. (= Reprint: *Reception of the Scottish Enlightenment in Germany: Six significant Translations, 1755–1782*. Hrsg. von Heiner F. Klemme. Bd. 4. Bristol 2000.)

Stäudlin, Carl Friedrich (1824): *Geschichte der Lehre von dem Gewissen*. Halle.

Sulzer, Johann Georg (1773): *Vermischte philosophische Schriften. Aus den Jahrbüchern der Akademie der Wissenschaften zu Berlin gesammelt.* Leipzig.

Tetens, Johann Nikolaus (1775): *Ueber die allgemeine speculativische Philosophie.* Bützow/Wismar. (Neuausg. hrsg. von Wilhelm Uebele. Berlin 1913.)

Walch, Johann Georg (1775): *Philosophisches Lexicon*, vierte Auflage in zween Theilen. Hrsg. von Johann Christian Hennings. Leipzig.

Wolff, Christian (1728): *Discursus praeliminaris de philosophia in genere / Einleitende Abhandlung über Philosophie im allgemeinen.* Hrsg. von Günter Gawlick / Lothar Kreimendahl. Stuttgart-Bad Cannstatt 1996.

– (1720): *Vernünfftige Gedancken von der Menschen Thun und Lassen, Zu Beförderung ihrer Glückseeligkeit.* 4. Aufl. Frankfurt a. M. / Leipzig 1733. (Nachdr.: Hildesheim / New York 1976.)

– (1736): *Vernünfftige Gedancken von dem gesellschaftlichen Leben der Menschen und insonderheit dem gemeinen Wesen zur Beförderung der Glückseligkeit des menschlichen Geschlechts.* 4. Aufl. Frankfurt a. M. / Leipzig.

– (1738–1739): *Philosophia practica universalis.* Bde. 1–2. Frankfurt a. M. / Leipzig. (Nachdr.: Hildesheim / New York 1971.)

– (1754): *Grundsätze des Natur- und Völckerrechts, worinn alle Verbindlichkeiten und Rechte aus der Natur des Menschen in einem beständigen Zusammenhange hergeleitet werden.* Halle. (Nachdr.: Meisenheim/Glan 1980.)

Zedler, Johann Heinrich (Hrsg.) (1732–1754): *Grosses vollständiges Universal-Lexicon aller Wissenschafften und Künste.* Halle/Leipzig.

Forschungsliteratur

Allison, Henry E. (1990): *Kant's Theory of Freedom.* Cambridge.

– (2011): *Kant's »Groundwork for the Metaphysics of Morals«.* Oxford.

Ameriks, Karl / Sturma, Dieter (Hrsg.) (2004): *Kants Ethik.* Paderborn.

Baum, Manfred (2015): »Metaphysik«. In: *Kant-Lexikon.* Hrsg. von Marcus Willaschek [u. a.]. Bd. 2: 1530–1541.

Blöser, Claudia (2014): *Zurechnung bei Kant. Zum Zusammenhang von Person und Handlung in Kants praktischer Philosophie.* Berlin/Boston.

Bojanowski, Jochen (2006): *Kants Theorie der Freiheit.* Berlin.

Brandt, Reinhard (2010): *Immanuel Kant – Was bleibt?* Hamburg.

– (2014): *Die Bestimmung des Menschen bei Kant.* Hamburg.

Delfosse, Heinrich (Hrsg.) (2000): *Kant-Index. Bd. 15: Stellenindex und Konkordanz zur »Grundlegung zur Metaphysik der Sitten«.* Stuttgart-Bad Cannstatt.

Ebert, Theodor (1976): »Kants kategorischer Imperativ und die Kriterien gebotener, verbotener und freigestellter Handlungen«. In: *Kant-Studien* 67. S. 570–583.

Engstrom, Stephen (2009): *The Form of Practical Knowledge. A Study of the Categorical Imperative.* Cambridge, Mass.

Falduto, Antonino (2014): *The Faculties of the Human Mind and the Case of Moral Feeling in Kant's Philosophy.* Berlin/Boston.

Freudiger, Jürg (1999): *Kants Begründung der praktischen Philosophie. Systematische Stellung, Methode und Argumentationsstruktur der »Grundlegung zur Metaphysik der Sitten«.* Bern [u. a.].

Geismann, Georg (2009): *Kant und kein Ende.* Bd. 1. Würzburg.

Guyer, Paul (2007): *Kant's »Groundwork for the Metaphysics of Morals«. A Reader's Guide.* London / New York.

Henrich, Dieter (1975): »Die Deduktion des Sittengesetzes. Über die Gründe der Dunkelheit des letzten Abschnittes von Kants ›Grundlegung zur Metaphysik der Sitten‹«. In: *Denken im Schatten des Nihilismus.* Hrsg. von Alexander Schwan. Darmstadt. S. 55–112.

Höffe, Otfried (Hrsg.) (1989): *Grundlegung zur Metaphysik der Sitten. Ein kooperativer Kommentar.* Frankfurt a. M.

Horn, Christoph / Schönecker, Dieter (Hrsg.) (2006): *Kant's »Groundwork of the Metaphysics of Morals«. New Interpretations.* Berlin / New York.

– / Mieth, Corinna / Scarano, Nico (2007): »Kommentar«. In: Immanuel Kant: *Grundlegung zur Metaphysik der Sitten.* Hrsg. von Christoph Horn [u. a.]. Frankfurt a. M. S. 105–343.

Klemme, Heiner F. (2001): »Perspektiven der Interpretation: Kant und das Verbot der Lüge«. In: *Kant verstehen / Understanding Kant.* Hrsg. von Dieter Schönecker / Thomas Zwenger. Darmstadt. S. 85–105.

– (2004): *Immanuel Kant*. Frankfurt a. M. / New York.
– (2006): »Praktische Gründe und moralische Motivation. Eine deontologische Perspektive«. In: *Moralische Motivation. Kant und die Alternativen*. Hrsg. von H. F. K. / Manfred Kühn / Dieter Schönecker. Hamburg. S. 113–153.
– (2013): »Kants Erörterung der ›libertas indifferentiae‹ in der ›Metaphysik der Sitten‹ und ihre philosophische Bedeutung«. In: *Internationales Jahrbuch des Deutschen Idealismus / International Yearbook of German Idealism* 9/2011. Hrsg. von Fred Rush / Jürgen Stolzenberg. Berlin. S. 22–50.
– (2014): »Freiheit oder Fatalismus? Kants positive und negative Deduktion der Idee der Freiheit in der ›Grundlegung‹ (und seine Kritik an Christian Garves Antithetik von Freiheit und Notwendigkeit)«. In: *Deduktion oder Faktum?* Hrsg. von Heiko Puls. Berlin/Boston. S. 61–103.
– (2015): »Freiheit, Recht und Selbsterhaltung. Zur philosophischen Bedeutung von Kants Begriff der Verbindlichkeit«. In: *Normativität des Lebens – Normativität der Vernunft?* Hrsg. von Markus Rothhaar / Martin Hähnel. Berlin/Boston. S. 95–116.
– (2015a): »›als ob er frei wäre‹. Kants Rezension von Johann Heinrich Schulz' ›Versuch einer Anleitung zur Sittenlehre für alle Menschen‹«. In: *Crítica y Metafísica. Homenaje a Mario Caimi*. Hrsg. von Claudia Jáuregui [u. a.]. Hildesheim [u. a.]. S. 200–211.
– / Kuehn, Manfred (Hrsg.) (2016): *The Bloomsbury Dictionary of Eighteenth Century German Philosophers*. London / New York. (1. Aufl. London / New York 2010.)
Köhl, Harald (1990): *Kants Gesinnungsethik*. Berlin / New York.
Korsgaard, Christine M. (1996): *Creating the Kingdom of Ends*. Cambridge.
Löwith, Karl (2013): *Das Individuum in der Rolle des Mitmenschen* (1928). Freiburg/München.
Ludwig, Bernd (1999): »Warum es keine hypothetischen Imperative gibt, und warum Kants hypothetisch-gebietende Imperative keine analytischen Sätze sind«. In: *Aufklärung und Interpretation*. Hrsg. von Heiner F. Klemme [u. a.]. Würzburg. S. 105–124.
– (2008): »Was wird in Kants ›Grundlegung‹ eigentlich deduziert?

Über einen Grund der vermeintlichen Dunkelheit des ›Dritten Abschnitts‹«. In: *Jahrbuch für Recht und Ethik* 16. S. 431–463.
Milz, Bernhard (1998): »Zur Analytizität und Synthetizität der ›Grundlegung‹«. In: *Kant-Studien* 89. S. 188–204.
O'Neill, Onora (2013): *Acting on Principle. An Essay on Kantian Ethics.* 2. Aufl. Cambridge.
Paton, Herbert James (1947): *The Categorical Imperative. A Study in Kant's Moral Philosophy.* London. (Dt. Übers.: *Der kategorische Imperativ.* Berlin 1962.)
Porcheddu, Rocco (2016): *Der Zweck an sich selbst. Eine Untersuchung zu Kants »Grundlegung zur Metaphysik der Sitten«.* Boston / New York.
Puls, Heiko (Hrsg.) (2014): *Kants Rechtfertigung des Sittengesetzes in »Grundlegung III«. Deduktion oder Faktum?* Berlin/Boston.
– (2016): *Sittliches Bewusstsein und kategorischer Imperativ in Kants »Grundlegung«. Ein Kommentar zum dritten Abschnitt.* Berlin/Boston.
Schadow, Steffi (2013): *Achtung für das Gesetz. Moral und Motivation bei Kant.* Berlin/Boston.
Schnoor, Christian (1989): *Kants kategorischer Imperativ als Kriterium der Richtigkeit des Handelns.* Tübingen.
Schönecker, Dieter / Wood, Allen W. (2002): *Kants »Grundlegung zur Metaphysik der Sitten«. Ein einführender Kommentar.* Paderborn. (4. Aufl. 2011.)
Schönecker, Dieter (1999): *Kant: Grundlegung III. Die Deduktion des kategorischen Imperativs.* Freiburg.
– (Hrsg.) (2015): *Kants Begründung von Freiheit und Moral in »Grundlegung III«. Neue Interpretationen.* Paderborn.
Schröer, Christian (1988): *Naturbegriff und Moralbegründung. Die Grundlegung der Ethik bei Christian Wolff.* Stuttgart.
Schwaiger, Clemens (1999): *Kategorische und andere Imperative. Zur Entwicklung von Kants praktischer Philosophie bis 1785.* Stuttgart.
– (2011): *Alexander Gottlieb Baumgarten – Ein intellektuelles Porträt. Studien zur Metaphysik und Ethik von Kants Leitautor.* Stuttgart-Bad Cannstatt.
Sensen, Oliver (2011): *Kant on Human Dignity.* Berlin / New York.
– (Hrsg.) (2013): *Kant on Moral Autonomy.* Cambridge.

Steigleder, Klaus (2002): *Kants Moralphilosophie. Die Selbstbezüglichkeit reiner praktischer Vernunft.* Stuttgart/Weimar.

Timmermann, Jens (2003): *Sittengesetz und Freiheit.* Berlin.

– (2007): *Kant's »Groundwork of the Metaphysics of Morals«. A Commentary.* Cambridge.

– (Hrsg.) (2009): *Kant's »Groundwork of the Metaphysics of Morals«. A Critical Guide.* Cambridge.

Ulman, Jennifer K. (2010): *An Introduction to Kant's Moral Philosophy.* Oxford.

Willaschek, Marcus [u. a.] (Hrsg.) (2015): *Kant-Lexikon.* Bde. 1–3. Berlin/Boston.

Wyrwich, Thomas (2011): *Moralische Selbst- und Welterkenntnis. Die Deduktion des kategorischen Imperativs in der Kantischen Philosophie.* Würzburg.

Sachregister

Personenregister

Zum Autor

Heiner F. Klemme, geb. 1962, studierte Philosophie, Religionswissenschaft und Sinologie in Marburg, Edinburgh und Bonn, Promotion 1995 an der Universität Marburg, Habilitation 2003 an der Universität Magdeburg, Professor für praktische Philosophie an der Universität Wuppertal (2006–2008), Professor für Philosophie der Neuzeit und Leiter der Kant-Forschungsstelle an der Universität Mainz (2008–2014), seit 2014 Professor für Geschichte der Philosophie und Leiter des Immanuel-Kant-Forums an der Martin-Luther-Universität Halle-Wittenberg. 1. Vorsitzender der 2017 neugegründeten »Christian-Wolff-Gesellschaft für die Philosophie der Aufklärung«. Gastprofessuren in Brasilien und China. Forschungsschwerpunkte in den Bereichen der Philosophie der Neuzeit und der praktischen Philosophie.

Monographien: *Kants Philosophie des Subjekts* (1996), *Immanuel Kant* (2004), *David Hume zur Einführung* (^{2}2014), *Immanuel Kant. Philosophie für Einsteiger* (zusammen mit Ansgar Lorenz, 2017); Herausgeber (Auswahl): Immanuel Kant, *Über den Gemeinspruch – Zum ewigen Frieden* (1992), Immanuel Kant, *Kritik der Urteilskraft* (^{2}2006), *Kant und die Zukunft der europäischen Aufklärung* (2009); Mitherausgeber: *Moralische Motivation* (2006), *Kant-Studien* und *Kant-Studien-Ergänzungshefte* (seit 2008).